大学生生涯规划与就业指导

刁元斌　宋霞　编著

天津大学出版社
TIANJIN UNIVERSITY PRESS

图书在版编目（CIP）数据

大学生生涯规划与就业指导 / 刁元斌，宋霞编著. 天津 ： 天津大学出版社，2025. 8. -- ISBN 978-7-5618-8092-0

Ⅰ. G647.38

中国国家版本馆CIP数据核字第2025CX3395号

出版发行	天津大学出版社
地　　址	天津市卫津路92号天津大学内（邮编：300072）
电　　话	发行部：022-27403647
网　　址	www.tjupress.com.cn
印　　刷	河北鑫彩博图印刷有限公司
经　　销	全国各地新华书店
开　　本	787mm×1092mm　1/16
印　　张	20.75
字　　数	418千
版　　次	2025年8月第1版
印　　次	2025年8月第1次
定　　价	79.00元

前言

PREFACE

当青年学子怀揣憧憬踏入大学校园，一场关于成长与选择的旅程已然启航。如何从“被动学习”转向“主动规划”？如何在纷繁的职业信息中锚定方向？如何将校园所学转化为职场竞争力？这些问题，既是每一位大学生的困惑，也是《大学生生涯规划与就业指导》编写的初心所在。

本书以“生涯觉醒—自我认知—职场探秘—决策导航—信息洞察—求职赋能—职场进阶”为主线，构建了一套兼具理论深度与实践价值的生涯规划体系。我们深知，职业规划不是静态的“路线图”，而是动态的“成长术”。基于此，本书在内容设计上突出三大特色。

本土化实践。结合我国职业教育发展现状与就业市场趋势，融入“职教高考”“1+X 证书制度”等政策解读，剖析新能源、人工智能等新兴行业的人才需求，让规划贴合时代脉搏。

项目式训练。设计“我的英雄之旅”“孤岛求生”“目标设定工作坊”“简历打分”等项目式小挑战，覆盖自我认知、职业探索、决策规划、求职准备等关键环节，让学生在沉浸式体验中理解生涯规划的必要性，掌握实用工具，明晰发展方向。

全周期覆盖。从大一的生涯觉醒到职场新人的角色转型，覆盖大学生涯全阶段，既关注短期求职技巧，更强调长期职业素养的培育，如抗压能力、持续学习力等。

书中穿插了“成长小故事”，既有高职学子从技能大赛获奖到企业技术骨干的成长经历，也有职场新人从迷茫到适应的蜕变历程。这些真实案例告诉我们：职业成功没有统一模板，但清晰的规划、持续的行动与灵活的调整，永远是破局的关键。

特别值得一提的是，本书同步配套视频学习资源与互动扫码模块，通过可视化内容拓展学习维度，让纸质教材与数字资源形成互补，满足个性化学习需求。

本书由武汉职业技术大学刁元斌副教授牵头组建团队完成编著工作。刁元斌副教授全面负责书籍总体框架设计,并承担审稿修订任务;宋霞担任全书统稿,同时负责样章设计与课件模板设计工作。各章节具体编写分工如下:宋霞独立完成第一章、第五章的撰写;第二章由武浩敏、刘霖玲、钱鑫垚协作编写;第三章由邹丹联合刘霖玲、钱鑫垚共同完成;第四章的编写工作由关勇、魏子汉负责;第六章由段河阳与龙珍妮共同创作;陈玲玲独立承担第七章的编写任务。本书的编著凝聚了各位作者的专业智慧与辛勤付出,力求为读者呈现高质量的知识内容。

此外,张明勇、宋霞、武浩敏、刘霖玲、包丽雅、程文谦等参与了数字资源建设,同时陈川原创的漫画作品为教材内容增添了亮色;彭朝晖高效推进组织协调工作,保障了编著过程的有序开展;同时,天津大学出版社的余婷编辑对各方进行反复协调,为本书的顺利出版奠定了坚实基础。

愿本书成为大学生的“职业导航仪”与成长指南,帮大家在自我认知中发现优势,在职场探秘中把握趋势,在决策选择中坚定方向。毕竟,最好的规划不是预知未来,而是让每一步都走在靠近目标的路上。

编者

2025 年 7 月

目录

CONTENTS

第一章

生涯觉醒：开启职业探索之旅

青年人正处于学习的黄金时期，应该把学习作为首要任务，作为一种责任、一种精神追求、一种生活方式，树立梦想从学习开始、事业靠本领成就的观念，让勤奋学习成为青春远航的动力，让增长本领成为青春搏击的能量。

——节选自 2013 年 5 月 4 日习近平总书记在同各界优秀青年代表座谈时的讲话

漫画说生涯

考公
职业→
人生
←创业
迷
←回家乡
升学
未来方向→
升学
躺平
考公
创业
爸妈说考编稳定
学长建议先实习
我真正喜欢什么？
"敢问路在何方？!"
「开学第一周」
"初入大学有点儿懵？
别怕！
规划好 就能路路通！"

学习暖心话

当同学们满怀憧憬踏入大学校园,正式开启人生新征程,一系列挑战也随之而来。如何快速融入全新的校园环境,适应与高中截然不同的学习模式和生活节奏?怎样在多元的社交场景中找准自己的定位,建立良好的人际关系?又该如何在琳琅满目的专业选择和未来发展路径前,明晰自身方向?这些都是大学新生切实面临的主要问题。而这些表象之下,需要解决的主要矛盾,是新生们现有认知和能力与大学新要求、未来社会需求之间的矛盾。对此本章将深入剖析并尝试给出初步解答。

进阶小目标

1. 认知觉醒:领悟生涯规划意义,把握大学关键阶段
2. 实践探索:掌握规划方法技巧,建立个人发展档案
3. 理论研习:学习职业规划理论,理解发展指导价值
4. 方向定位:立足职业教育特色,制定职业导向学业规划

【成长小故事】

老师,我是2023级学生。马上就要大二了。我仍然很迷茫,找不到大学的目标,更不知道应该如何规划自己未来之路。本以为大一刚开始,适应一下大学生活就能慢慢找到目标,但事实并非如此。周围的室友总是打游戏,课上老师也不会像高中老师那样一直督促我,平时作业也不像高中那么多。因为离家远,父母也不会天天管束我。我很焦虑,完全不知道该怎么办,怕再这样耗下去就完蛋了。

第一节 初识生涯：打开职业世界大门

进阶小目标

1. 理解生涯发展规律，提升自主发展能力
2. 运用生涯理论知识，增强问题解决能力
3. 培养积极职业心态，奠定职业发展基础

一、从不同角度理解生涯

常说的生涯到底是什么呢？我国古人把“生涯”看成是“人生的极限”。庄子说过：吾生也有涯，而知也无涯。人之形，性、愚、智、修、短各有所极，道出了生命的极限，强调“时间性”的内涵。中国文人从生活的体验中又将“生涯”视为“生活”或“生活的方式”，中国人的生涯观也有空间性。

对于专门研究生涯或者从事生涯咨询的工作者来说，生涯是“生活里各种事态的连续演进方向；它统合了人一生中依序发展的各种职业和生活的角色，由个人对工作的投入而流露出独特的自我发展形势”；生涯也是“人生自青春期到退休之后，一连串有酬或无酬职位的总和，除了职业之外，包括任何和工作有关的角色，如学生、持家者、公民等等角色。”（金树人，2007）

对大多数人来说，生涯可能不是一个特别抽象、概括的定义，而是一些能随口说出来，用来描述自己或别人生活状态的形象说法。

如刚被炒鱿鱼的人会很绝望地讲：“我真是走投无路了。”而辛苦找了好几个月工作，终于拿到录用通知的应届毕业生，就会特别开心地说：“我终于也有点收获啦。”

为了更好地理解生涯，人们用比喻来描述其复杂性和多样性。美国著名的生涯规划理论专家舒伯将生涯比作彩虹，不同色带代表不同角色，直观展现生涯的丰富性。他还指出生涯如周期，生涯发展具有阶段性，包括成长、探索、稳定、维持和退出等阶段；职业生涯管理、心理学家施恩提出的职业锚理论将职业中不可放弃的核心价值比作“锚”，帮助个人找准职业定位。以下将通过九种常见的生涯比喻，从九个

不同维度呈现生涯的特点。

（一）生涯如“传承”

生涯的起点受性别、种族、家庭背景等不可控因素影响。社会学强调这些因素对生涯发展的决定性作用，我们无法选择自己的起点，但我们可以在“传承”中创造可能，选择如何走好自己的人生道路。只要我们认清现实，积极行动，就能突破限制，创造属于自己的精彩人生。

【成长小故事】

小李是某高职院校汽车维修专业的学生，父亲是一名普通工人，家庭经济条件有限。为了减轻家庭负担，他利用课余时间兼职打工，同时刻苦学习专业知识，常在实训车间练习到深夜。大二时，他参加了省级技能大赛并获得三等奖，这让他信心倍增。实习期间，他主动申请到一家知名汽车维修企业学习，从最基础的轮胎更换做起，虚心请教老师傅，认真记录每一个维修细节。凭借扎实的技术和勤奋的态度，并因解决了一次复杂的发动机故障而受到领导赏识，毕业后顺利留任。如今，他已成长为企业的技术骨干，不仅收入稳定，还开始带徒弟，实现了从普通学生到行业精英的蜕变。

（二）生涯如“周期”

生涯发展具有阶段性规律，每个阶段有相关的任务需要完成。正如舒伯的生涯发展阶段理论所描述的，生涯发展是一个持续的、动态的过程，贯穿人的一生。30 岁前，我们通常处于探索阶段（Exploration Stage），主要任务是探索兴趣、发展技能、积累经验，为未来的职业发展打下基础。30~40 岁，则进入建立阶段（Establishment Stage），我们需要确定职业方向，搭建职业平台，努力在所选领域取得成就。而 45 岁后，可能逐渐进入维持阶段（Maintenance Stage），重心在于保持已有的职业地位和技能，并可能开始考虑职业转型或为退休做准备。图 1-1 为舒伯的著名生涯彩虹图。

此外，埃里克森的社会心理发展理论也为我们理解生涯发展提供了视角。每个阶段都有其特定的心理社会危机需要解决，例如，青年期（18~25 岁）面临“亲密关系 vs 孤独”的挑战，成年中期（40~65 岁）则面临“繁殖 vs 停滞”的挑战。成功解决这些危机，有助于个体更好地适应生涯发展的各个阶段，了解这些规律有助于更好地规划和管理生涯。

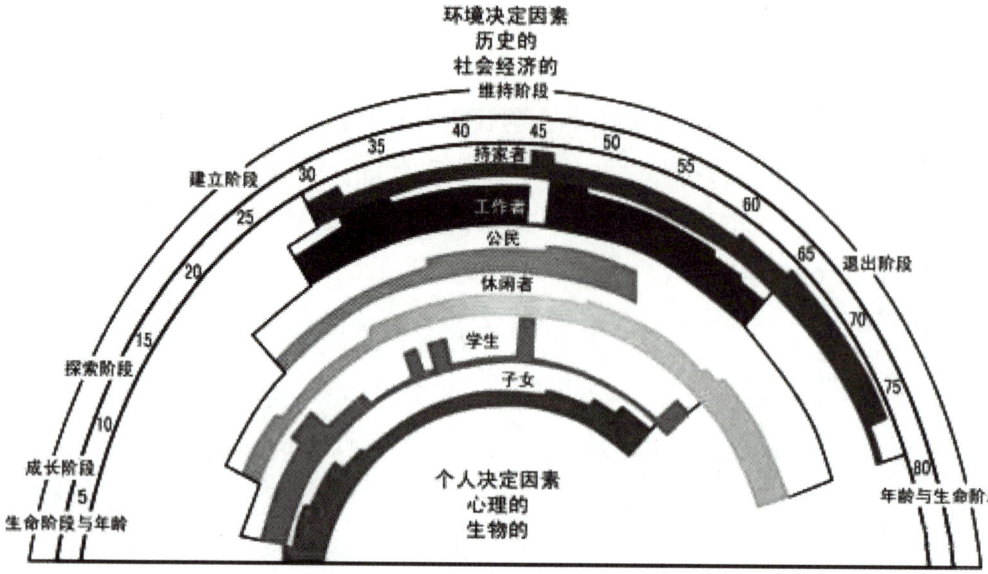

图 1-1　舒伯的生涯彩虹图

【成长小故事】

小王是高职院校电子商务专业的毕业生，初入职场时在京东商城担任客服，每天处理大量客户咨询，积累了良好的沟通技巧。为了拓宽视野，他主动申请轮岗，先后尝试了运营助理、市场推广等岗位，参与了“618 大促”和“双 11 狂欢节”等大型促销活动的策划与执行，逐渐摸清了电商行业的运作规律。30 岁后，他明确了职业方向，专注于电商运营，通过自学 Google Analytics 和 SEO 优化工具，成功将公司某品类的销售额提升了 30%。凭借出色的业绩，他晋升为运营经理，开始带领团队，并多次在公司年会上分享经验。如今，他已成长为京东商城的核心骨干，负责家电事业部的整体运营，实现了从基层客服到管理层的跨越。

（三）生涯如“行动”

在生涯发展中，个人具有主观能动性，能够通过积极的行动和反思实现自我认知与成长。生涯建构理论强调，个体通过不断的行动和实践，逐步建构对自我的理解，从而明确生涯目标。社会认知生涯理论指出，个人的学习经历和态度会深刻影响其职业选择，过往的经验和环境因素在生涯决策中扮演重要角色。同时，社会认知理论进一步表明，个体对行为结果的预期以及自我效能感（即对自己能力的信心）是决定职业兴趣与目标的关键因素。综合来看，生涯发展是一个动态的过程，既需要个体主动探索与实践，也受到学习经历、态度、结果预期和自我效能感的共同影响。图 1-2

为社会认知生涯理论图。

社会认知生涯理论(Social Cognitive Career Theory,SCCT)

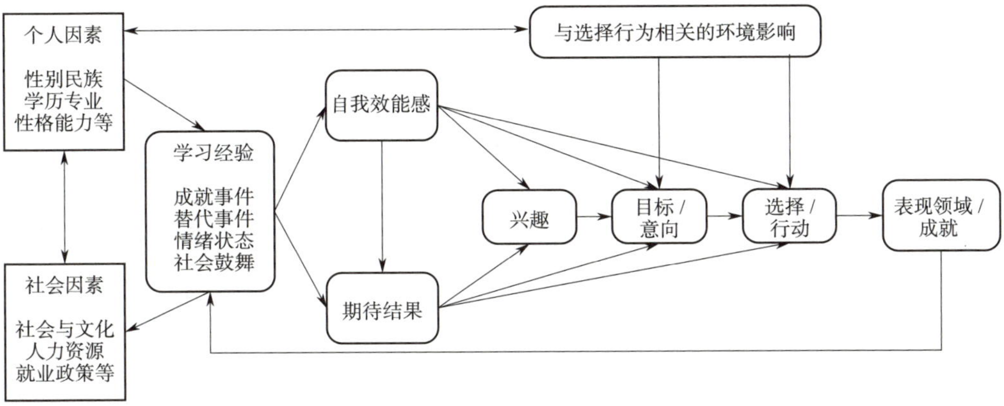

图 1-2 社会认知生涯理论图

【成长小故事】

小熊是某高职院校大数据专业的一名学生。他深知,在这个数据驱动的时代,扎实的专业技能和全面的综合素质是通往成功的关键。于是,从入学开始,小熊就为自己制订了清晰的成长计划,并一步步付诸行动。大一阶段,他脚踏实地,认真学习MySQL、Hadoop等核心课程,并通过考取国际认证协会(IPA)中级工程师认证和华为鸿蒙开发者认证,夯实了专业基础。同时,他加入学校的"求是"博士工作室,参与并主导了多项科创项目,进一步锻炼了团队协作和项目管理能力。大二时,小熊不仅深化了专业技能,还积极参与"挑战杯""互联网+"等科创比赛,主动承担路演任务,在省级和国家级比赛中屡获佳绩。此外,他通过参加语言类比赛和活动,提升了沟通与表达能力,逐渐从一名技术型学生成长为综合素质突出的全能型人才。到了大三,小熊进入武汉达梦数据库营销部实习,担任产品展厅讲解员。在实习期间,他不仅积累了宝贵的实战经验,还深入了解了国产化技术的应用与发展,培养了强烈的责任感和使命感。

小熊的每一步行动都为他未来的职业发展奠定了坚实基础。他的经历告诉我们,生涯发展并非一蹴而就,而是通过持续的行动、反思与成长,逐步实现自我价值的过程。正如小熊常说的那样:"梦想不是遥不可及的,只要你愿意行动,每一步都会离它更近。"

（四）生涯如“匹配”

在生涯发展过程中，传统的职业理论如帕森斯的认知匹配论，霍兰德职业兴趣理论强调个人特质与职业环境的匹配，认为个体的兴趣、能力与职业要求的一致性对职业满意度至关重要。然而，生涯发展并非静态，而是一个动态的过程。人和环境总是在动态匹配、互相适应，你很难一下子就够到你的想法，但是你可以跟你的环境互相匹配，共同成长。生涯建构理论（Career Construction Theory）指出，个体通过不断适应和调整，主动建构自己的职业生涯，而非被动接受既定的职业匹配。此外，生涯适应力理论（Career Adaptability Theory）进一步强调，个体需要具备适应变化的能力，包括关注（Concern）、控制（Control）、好奇（Curiosity）和信心（Confidence），以应对职业环境的变化和个人成长的需求。因此，生涯发展不仅需要初始的匹配，更需要在动态变化中不断调整与适应，以实现个人与职业的持续契合。记住，别被测试结果框住，人都是混搭色。图 1-3 为霍兰德六种职业类型图。

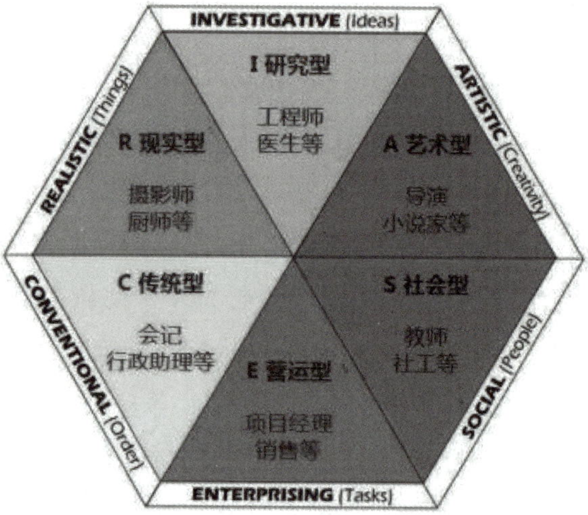

图 1-3　霍兰德六种职业类型图

【成长小故事】

小刘是某高职院校会计专业的毕业生，毕业后进入一家小型企业担任财务助理，负责日常账务处理和报表编制。起初，她觉得自己与这份工作非常匹配，能够运用所学的会计知识，工作也得心应手。然而，随着公司业务规模的扩大，财务数据量激增，她逐渐发现自己对数据的敏感度和兴趣远超传统会计工作。为了更好地应对工作需求，她利用业余时间自学了 Python 和 Excel 高级数据分析，并报名参加了 Tableau 可视化工具的培训课程。在一次公司年度财务分析项目中，她运用新学的技能，成功为公司优化了成本结构，并提出了一系列数据驱动的决策建议，得到了领导的认可。凭借出色的表现，她顺利转型为公司的数据分析师，负责业务数据挖掘和财务预测模型的构建。如今，她已成为公司数据团队的核心成员，实现了从传统会计到数据分析师的职业跨越。

（五）生涯如“旅行”

如果把生涯比作一场旅途，我们需要思考：这是一次长期还是短期的旅行？是否有明确的方向和目的地？是否需要规划路线和地图？职业道路通常有几种类型：组织型生涯，目标是“一直向上发展”，但金字塔结构意味着大多数人难以攀上塔顶；职业型生涯，依靠专业技术在不同组织间流动，但需要不断学习；创业型生涯，自主性强，但可能缺乏保障；无边界生涯，灵活且富有创造性，但也可能走向社会的边缘。无论选择哪条路，都需要一张“地图”来指引方向，包括职业和行业信息、职位描述、资格认证规则等，并需要不断更新，因为信息会过时，路径会变化。今天的职业生涯可能没有永久的“家园”，我们或许会一直处于旅行中，甚至走过多种类型的路。但生涯旅途的目的，不一定是到达某个地方，而是享受旅途本身。明确你的职业目标，但也要关注主观满意感；积累技能，拓展人脉，为旅途做好准备；不断更新你的“地图”，适应变化的环境。生涯旅途充满未知与挑战，但也充满机遇与精彩。勇敢规划，享受过程，创造属于你的独特旅程！

【成长小故事】

张磊，某职业院校机电专业毕业，他的生涯如同一场精彩的旅途。他以全国技能大赛金奖为起点，在汽车焊装车间稳扎稳打，三年晋升为机器人班组长，走的是“组织型”路径。但他不安于现状，考取工业机器人系统运维师证，跳槽新能源电池厂担任技术顾问，实现了“职业型”跃迁。2023年，他更是大胆联合创办“智能制造极客工作室”，为中小工厂提供“机器人调试+短视频运维”打包服务，玩起了“无边界”融合。他用《设备健康档案》积累技术资本，借行业展会构建人脉节点，每年更新“技能地图”，不断拓展自己的边界。他的工卡挂绳上印着：“流水线是我的罗马，而我要走向所有可能的方向。”

（六）生涯如“关系”

职业生涯如同一次旅程，绝非孤单前行。成功的职业发展，离不开人际关系网络的支撑。社会网络理论将人脉关系分为“强联系”和“弱联系”。强联系指与家人、亲密朋友等关系密切的人，他们了解你，但信息相对同质化；而弱联系则指那些关系较为疏远，但连接不同社交圈的人，例如行业活动认识的同行、实习同事、社交平台上的专业人士等。正是这些弱联系，能提供意想不到的信息和机会。弱联系能帮助我们跨越信息壁垒，获取潜在的职业机会，因为它们连接着不同的社交圈，提供更多元的信息。回顾职业生涯，我们记住的往往不是具体的工作，而是那些曾一起共事的人，这些关系对职业发展有着深远的影响。对于大学生来说，积极发展弱联系至关重要。这需要主动参与各种活动，例如社团、实习、行业会议等，拓展人脉。同时，有效的自我展示和寻求老师指导也至关重要。真诚地展现自身技能和潜力，并积极寻求经验丰富的专业人士的建议和帮助，才能为职业生涯奠定坚实的基础。总之，职业成功不仅依赖个人努力，更需要构建强大的人脉网络，而这其中，弱联系扮演着不可或缺的角色。

"人脉资源"学名"社会资本"，是可通过有目的的行动获取的社会结构资源。提升人力资本同时，需拓展运用社会资本。用学校资源刷存在感、凭专业技能破冰、靠价值互动维护，三步打造"弱联系"引擎，助拓人脉抓机会。

扫一扫，了解详情

（七）生涯如"角色"

生涯就像一场"角色扮演"游戏，我们每个人都是演员，一生中会扮演很多不同的角色，比如学生、子女、员工、父母等等，每种角色都有它的"剧本"，也就是别人对你的期望。然而，在工作中，我们可能会遇到"角色冲突"，就像演戏时，导演、编剧对你的角色有不同的要求，让你不知道该听谁的，领导和同事的期望不一样，让你左右为难；也可能会遇到"角色超载"，就像一个演员要同时演好几个角色，忙不过来，任务太多太重，超出你的能力范围，让你压力巨大。这些"角色问题"都可能让你感到焦虑，甚至对职业生涯产生怀疑。那么，如何应对"角色危机"？首先要平衡角色，就像舒伯的"生涯彩虹图"告诉我们的，除了工作，我们还有家庭、朋友、爱好等等，要学会平衡工作和生活，不要让工作占据你全部的时间和精力；其次要做自己，角色很重要，但不要迷失自我，不要为了迎合别人的期望，而放弃自己的个性和想法；最后要创新角色，职场就像一个"街头剧院"，没有固定的剧本，你可以根据自己的特长和兴趣，创造属于自己的角色，比如主动承担一些新的任务，或者尝试一些新的工作方式。通过合理规划时间、明确优先级以及培养适应力，可以更好地应对角色挑战，为未来的职业与生活奠定坚实基础。

【成长小故事】

小张是某高职院校的播音主持专业学生，同时还是社团骨干、兼职员工、班长和朋友等多重角色。面对繁重的学业任务、社团活动、兼职工作以及班级事务和社交需求，他经常感到时间与精力不足，甚至遭遇角色冲突。为了应对这些挑战，小张开始合理规划时间，明确学业优先，灵活调整安排，并积极寻求支持。通过不断努力，他逐渐在多重角色中找到平衡，学业成绩稳步提升，社团活动成果显著，兼职工作得到认可，班级事务处理得当，朋友关系也更加融洽。小张的经历展现了高职生如何在多重角色中协调与成长，为未来的职业与生活奠定坚实基础。

（八）生涯如“资源”

将生涯视为“资源”，恰似把自身当作满载宝藏的“百宝箱”，亟待挖掘与利用。职场中，个人能力构成“人力资源”，而经营好这份专属“百宝箱”，需持续积累四类核心资本：其一，明确方向（观念资本），以价值观为锚，明晰职业追求——偏爱挑战或向往稳定？唯有校准方向，方能靶向匹配理想工作，激发持久动能；其二，练好本领（人力资本），沉淀过硬技能与经验，构筑职业安身之本，就如武侠高手需以“绝世武功”闯荡江湖，职场人亦需以人际交往、团队合作、持续学习、问题解决等能力为根基，解锁“能做事”的底气；其三，塑造心态（心理资本），以乐观开朗、目标导向为内在引擎，决定“是否愿意做事”的主观能动性；其四，广交朋友（社会资本），搭建异质性社会关系网络，积累可信赖的社会支持，所谓“朋友多了路好走”，良性人脉不仅是机遇的“桥梁”，更能在关键时刻赋予“有机会做事”的突破口。四类资本相互协同，共同支撑职业发展的可能性：观念资本领航方向，人力资本夯实根基，心理资本驱动行动，社会资本拓展机遇，助力职场人实现个人目标与企业发展的双赢。从当下起，悉心经营你的“生涯百宝箱”，让每一份“资源”都成为职业跃升的助推力。

（九）生涯如“故事”

把生涯看作一则“故事”。这意味着，每个人的生涯历程都是独特的，丰富多样的，并且充满了个人的主观色彩。在这个故事中，没有绝对的好与坏、对与错；同一段经历，不同的人可能有不同的解读，而同一个人在不同的阶段也可能会对同一段经历做出不同的理解。因此，生涯并不是固定的，而是可以根据我们的视角和选择不断重新书写。生涯故事值得讲述，首先是因为它本身有趣，其次是因为我们赋予了它意义。通过叙述生涯故事，我们可以从中抽离出一些关于自我发展的线索。这正如萨维科斯的生涯建构理论所说的“叙事同一性”，即我们通过讲述生涯故事，不仅可以向他人展示自己的过去，还可以在这个过程中为自己的未来设定目标和方向。

【成长小故事】

小郭是某高职院校工业机器人专业学生,从入学第一天起,他就明确了自己的职业目标——成为一名工业机器人调试工程师。他连续三年保持专业课第一,荣获多项奖学金和省级技能大赛一等奖,并考取了高级工业机器人系统运维员证书。这些“线索”不仅展现了他的专业能力,也为他的职业发展埋下了伏笔。

在实训室管理中,小郭发现设备维护流程烦琐,于是他主动优化了管理方案,将设备故障率降低了30%。这一“剧本改动”不仅提升了实训室效率,还让他在实习时被一家知名企业看中,成为重点培养对象。此外,他参与科研项目时,将工业机器人与人工智能结合,提出了创新解决方案,进一步拓宽了自己的技术边界。

小郭不仅是技术达人,还是学生社团负责人和团支书。他组织社团活动时,将工业机器人技术融入趣味竞赛,吸引了大量同学参与,甚至在校外也小有名气。他还通过国际交流项目,与国外同行分享经验,将“中国技术”带向世界。这些“番外”不仅丰富了他的校园生活,也让他的职业故事更加立体。

小郭通过“埋线索”展现专业实力,“改剧本”优化实践路径,“加番外”丰富个人经历,最终成功实现了成为工业机器人调试工程师的梦想。他的经历告诉我们,职业发展不仅需要扎实的技术,还需要主动创新和全面发展。

设想一下你求职面试时,如何通过讲述自己过往的教育经历和工作经验来构建一份有主题的简历。把你的职业生涯想象成一本自编自导的青春成长小说,你既是主角又是编剧。同一段实训课经历,可以是“菜鸟被师傅骂哭的社死现场”,也可以是“技能觉醒的关键转折章”。

在职场中,能够清晰地表达自己的成就故事非常重要,而STAR法则是帮助我们做到这一点的绝佳工具。STAR代表情境(Situation)、任务(Task)、行动(Action)和结果(Result),它为我们提供了一个结构化的框架,让我们能够有条理地讲述自己的经历。

扫一扫,了解详情

生涯就像万花筒,不同视角带来不同启发。以上从“周期”“关系”“资源”“角色”“故事”等比喻出发,解释了生涯发展的阶段性、人脉的重要性、资本的积累、角色的平衡以及故事的独特性。生涯发展的多元比喻为现代职业规划提供了具象化的认知框架,而中国传统生涯智慧则以千年沉淀的哲学思想,为这些框架注入了更深层的文化底色与实践智慧。中国传统生涯智慧融合了儒道两家的核心理念,形成了一套独特的生命发展哲学:儒家提出的“修身,齐家,治国,平天下”(《大学》)之道构建了阶梯式发展路径，强调道德修养是事业发展的根基；道家则通过“柔弱胜刚强”（《老子》）等思想，倡导审时度势、随势而动的环境适应智慧。这种刚柔并济的处世哲学，配合孔子“吾十有五而志于学，三十而立，四十而不惑，五十而知天命，六十而耳顺，七十而从心所欲，不逾矩。”的年龄阶段论，共同构成了一个兼顾个人修为、家庭责任、社会贡献的立体发展框架，既注重内在德性的持续修炼，又强调对外部机遇的灵活把握。

这些古今交融的生涯智慧，犹如一盏盏明灯，既能照亮你审视内心的自我认知之路，亦能指引你在复杂多变的职业环境中锚定方向，从容勾勒属于自己的独特生涯蓝图。

职业生涯规划是解锁职业发展密码的关键钥匙，而经典理论则是前人智慧的结晶，每一个理论都是一盏明灯，既能帮你看清“我适合做什么”的自我定位，也能指引“我如何走得更远”的路径选择。

扫一扫，观看视频

二、职业生涯

职业生涯是个人从职业探索到退出岗位的全程发展历程，涵盖职业选择、成长、转变与成就等阶段。这一过程不仅是职业活动与经历的集合，更是融合个人兴趣、能力、价值观的人生旅程。其核心包括以下两点。

外职业生涯，由工作单位、职务、环境、待遇等外部因素构成，易受外界影响。

内职业生涯，指知识、观念、能力、心理素质等内在素养，需自主积累且不因外部变动丧失。内职业生涯是职业成功的核心，尤其在职业生涯早期需优先发展。

三、职业生涯的特点

（一）可规划性

通过战略性把握发展方向，整合过程中的偶然因素，提供总体指导而非细节预言。

（二）差异性

受个体特质、能力、背景影响，职业目标、路径及结果具有独特性，个性化规划更具指导意义。

（三）阶段性

发展过程可划分为不同阶段，前一阶段是后一阶段的基础，需高质量完成各阶段任务。

（四）发展性

个体通过持续努力提升能力与职业水平，同时在与环境的互动中动态调整规划。

> 同学们，当西方生涯理论的科学框架遇上中国传统生涯智慧的哲学思辨，会碰撞出怎样的职业规划新视角？让我们一同解锁古今融合的生涯认知，从多元维度看懂职业选择、发展与自我实现的底层逻辑。
>
> 扫一扫，了解详情

技能小挑战

挑战 1:生涯“联想”

目标:通过创造性联想,帮助学生建立对“生涯”概念的个性化理解,激发生涯规划的内在动力。

时间:15 分钟(含 3 分钟思考+10 分钟书写+2 分钟分享)。

要求:使用比喻手法,将生涯比作具体事物;每个联想需包含至少 2 个生涯特征;语句完整有画面感。

流程:

Step 1 示范:生涯就像一本自传体小说,每一章都是新的职业角色,而你是作者也是主角。

Step 2 结构化书写。

生涯就像:
生涯就像:
生涯就像:
生涯就像:
生涯就像:
生涯就像:
生涯就像:
生涯就像:

Step 3 小组互评。

使用“3-2-1”反馈法:3 个欣赏点→2 个启发→1 个改进建议。

挑战 2:我的英雄之旅

目标:挖掘个人优势,构建能力图谱,赋能未来场景。

时间:20 分钟。

要求:红/蓝笔分色书写,小组互动聚焦可迁移能力。

流程:

Step 1 个人高光时刻挖掘(5 分钟)。

红色笔(具体经历):

在______________(场景)中,我通过______________(行动),最终实现了______________(结果)。

蓝色笔(核心能力):

能力 1:______________。(如:危机处理/创意设计)

能力 2:______________。

Step 2 小组智慧碰撞(8 分钟)。

讲述:轮流分享高光故事(3 分钟)→相互提问(2 分钟)→提炼关键词(1 分钟)。

点赞:用句式:“我发现你特别擅长________,因为________________。”

记录: 最有启发的评价。

__________(组员名字)发现我的独特优势:________________,谢谢你!

Step 3 能力图谱建构(7 分钟)。

将便签拼成图谱,完成宣言:

我的________能力,可以帮助我在________(未来场景)中________。

课后延伸任务(可选):

☑ 拍照上传社交媒体#我的英雄之旅;

☑ 用 STAR 法则挖掘 1 个隐藏优势。

温馨提醒:任务完成后存入“个人成长档案袋”。

挑战 3：探索我的生涯信念

目标：觉察限制性信念，开启生涯自主意识。

时间：25 分钟。

要求：生涯信念是可以改变的，无需否定过去的想法。限制性信念可能有积极初衷（如保护自己），但需觉察其两面性。规划是动态过程，允许试错与调整。观察一周内受这些信念影响的选择，记录在生涯成长手册中。

流程：

Step 1 自我评估——我的想法是什么？（5 分钟）

阅读以下 13 条生涯信念，勾选你认同或曾有过的想法（可多选）。

第一组（1~9）：

(　　)选专业是父母的事，我只需好好学习

(　　)职业选择不能更改，必须一步到位

(　　)一生只能有一个“完美职业”，绝不能选错

(　　)别人早有规划，我还没想好就是失败

(　　)测验/专家能直接告诉我该做什么

(　　)不按家人期待选择就是对不起他们

(　　)有兴趣就一定能成功

(　　)工作只为赚钱，无所谓做什么

(　　)事业只有成功或失败，没有中间状态

第二组（10~13）：

(　　)必须完全控制目标，不能有差错

(　　)计划未来不靠谱，世界变化太快

(　　)理工科/管理类工作不适合女生

(　　)做不出选择就暂时逃避

Step 2 信念溯源——这些想法从何而来？（小组讨论，10 分钟）

选一条你勾选的信念，回答：

1. 你如何理解这句话？

2. 它最早出现在你生活中的哪个场景？（如家庭、学校经历等）

组内分享：倾听他人故事，记录一条让你印象深刻的信念来源。

Step 3 挑战信念——换个角度看问题。（个人思考+集体辩论，10 分钟）

找例外：你或身边的人是否曾打破这条信念？举例说明。

（例：有人换专业后发展更好→反驳“职业不能更改”。）

Step 4 重构信念——与信念友好相处。（课后作业）

完成以下句子。

· 这条信念曾帮助我：________________________

· 但它也限制了我：______________________

· 如果把它当作一位“老朋友”，今后我会这样与它相处：

____

____

· 活出不一样的自己，我可以从一件小事开始：

____

____

第二节 学业筑基：连接未来职业发展

进阶小目标

1. 掌握职教知识，构建职业认知框架
2. 提升规划技能，做好职业发展准备
3. 树立正确观念，融入国家建设大局

【成长小故事】

我叫李龙，今年23岁，是某高职院校的一名青年教师。说出来你可能不信，几年前我还是个学钳工的中职生，现在却成了增材制造设备操作项目的全国技能大赛金牌得主！这几年，我的人生简直像开挂，在职业院校完成了我的逆袭。谁说职业院校的学生就不能有出息？

在中华人民共和国第二届职业技能大赛上，我需要用增材制造设备，也就是3D打印机，在不到6个小时的时间里设计、制造出一台黄豆筛选机。听起来是不是有点不可思议？但我告诉自己，一定要冷静！我迅速调整心态，仔细研究设备，一点点摸索，很快就掌握了各项操作，最终顺利完成了作品。这离不开我之前参加各种实践和竞赛积累的经验。

我的故事要从2018年说起。那年我参加技能高考，考入了某高职院校的机电工程学院机械制造与自动化专业。大一下学期，学院选拔科研助理，我了解到学校有个3D打印应用技术协同创新中心，便积极申请，没想到成功入选。在那里，我跟随行业导师学习3D打印技术，参与了一系列科研实践项目，熟练掌握了系统的操作技能。因为业务能力突出，大学毕业后，我直接入职了华为数字能源技术有限公司，从事新能源电池的开发测试工作。

去年，我作为特殊人才被聘为学校专业教师，一边教书，一边备战技能大赛。现在，我站在领奖台上，回想起这几年的经历，真的觉得不可思议。那个懵懂的中职生，因为一次偶然的机会接触了3D打印，从此改变了人生轨迹。感谢学校，感谢老师，感谢这个时代，更感谢我自己当初的积极行动和规划！

2025 年 1 月，中共中央、国务院印发了《教育强国建设规划纲要（2024—2035 年）》，在职业教育领域提出，要加快建设现代职业教育体系，培养大国工匠、能工巧匠、高技能人才。

一、高等职业教育

2024 年 12 月，世界职业技术教育发展大会上发布了《中国职业教育发展报告》（下称《报告》）。《报告》指出，我国职业学校每年培养超千万毕业生，开展 1300 万人次培训，一线新增从业者中有七成来自职业院校。目前我国已形成“中—专—本”完整职教体系，正大力推进职普融通。

高等职业教育以技术技能培养为核心，深化产教融合。通过“招生即招工”的现代学徒制，校企联合订单培养，实现毕业即就业；课程紧扣区域产业需求动态调整，邀请企业技术骨干参与教学。

职教课堂践行“车间即课堂”，实训室配备真实生产线，教师定期赴企业实践更新知识。“1+X”证书制度让学生毕业时既获学历证书，又有职业技能证书。培养兼具技术实操能力与职业素养的复合型人才，课程融入前沿技术，确保学生紧跟产业发展。高职教育如同“人才快充站”，快速响应产业需求，输送实用型人才，服务经济发展。

同学们，想知道职业教育如何助力未来发展吗？观看微课揭秘职教内涵与特征，带你看清成长新赛道！

扫一扫，观看视频

二、职业的内涵

职业（Occupation），根据中国职业规划师协会的定义，是性质相近工作的总称，通常指个人服务社会并作为主要生活来源的工作。在特定的组织内，它表现为职位（即岗位 Position），我们在谈某一具体的工作（职业）时，其实也就是在谈某一类职位。每一个职位都会对应着一组任务（Task），作为任职者的岗位职责。而要完成这些任务就需要这个岗位上的人，即从事这个工作的人，具备相应的知识、技能、态度等，表 1-1 为职业的构成要素。

表 1-1 职业的构成要素

要素维度	核心内涵	典型示例与规范
职业功能	特定岗位的工作内容与职责范围	导游需完成线路规划、知识讲解、危机处理等任务
职业能力	专业技能（如机械制图）与通用能力（如团队协作）的复合要求	教师需兼备学科知识传授与班级管理能力，并通过教师资格认证
职业规范	包含职业道德（如会计不做假账）与行业技术标准（如 ISO 质量管理体系）	工程师需遵守《职业工程师伦理守则》及行业安全规范
职业发展	纵向晋升通道（技工→技师→高级技师）与横向技能拓展机制	IT 从业者需持续学习云计算、AI 等新技术应对行业迭代

三、职业的价值

职业作为个体与社会交互的核心载体，其价值体系呈现多元复合特征。

于个体而言，职业首先构筑生存根基，薪资为生活保障提供坚实支撑，同时搭建能力进阶通道，更赋予社会价值认同，超半数专业技术人员通过职业实践获得使命感与成就感。

于社会角度看，职业体系作为经济发展的“细胞”，是经济运行的根基。2022 年新版《中华人民共和国职业分类大典》将职业划分为 8 个大类、2967 个工种，推动劳动力等生产要素高效配置；职业资格制度以统一标准规范行业秩序；职业技能等级认证如电工、程序员考级，不仅让用人单位能直观评估人才能力，也显著增强个人职场竞争力。

在技术革新与产业升级背景下，职业价值通过人职动态调适实现持续进化。新兴职业的涌现与传统职业的迭代，要求个体构建复合能力结构，社会同步更新职业标准，最终形成个体发展与社会进步的协同共生关系。

成长思辨台

当人工智能替代部分传统职业时，职业的个人功能与社会功能将发生哪些演变？这对你的专业学习提出哪些新要求？

十年寒窗终圆大学梦，高等学府实为立体化成长场域，需以系统性思维锻造综合素养。

认知重构维度。中学阶段“填鸭式”学习模式在此转向自主性知识建构，真正的学术探索始于对“大学轻松论”的颠覆，学霸群体通宵打磨方案的常态，印证着学习范式从被动接受向主动创造的跃迁。

专业纵深维度。大学教育绝非知识拼盘，而是聚焦领域专长的孵化机制。计算机专业学生的代码实战能力、医学专业学生的基础诊疗水平，均体现着“准职业人”培养的靶向性，恰似运动员在专业训练场的技能精修。

社会资本维度。同窗情谊、师生联结与社团网络构成隐性成长资产。当下共赴学业挑战的室友、指导科研的教授、行业实践中结识的学长，未来或成为创业伙伴、职业引路人，形成可持续发展的人脉生态链。

试错容错维度。大学特有的弹性发展空间，赋予选课调整、专业转换、技能重塑等试错机会。这种“可修正成长模式”恰如游戏中的复活机制，与职场严苛的容错环境形成鲜明对比，实为职业探索的黄金缓冲期。

若将大学比作知识自助餐厅，有人精研菜单搭配出满汉全席，有人仅取基础餐食虚度时光，更有人沉迷杂务荒废正餐。毕业时刻方知，成长账单终需以职业竞争力兑付。尤其在职业教育领域，科学规划需遵循“认知-实践-发展”逻辑，通过“自我认知-实践验证-能力-迭代”的闭环，完成从专业学习者到技术技能人才的质变。

大学时光转瞬即逝，如何高效提升职业竞争力？这节微课为你拆解规划秘籍，助你抢占未来职场先机！

扫一扫，观看视频

（一）职业认知与适应阶段（一年级）

大一是从基础教育向职业教育过渡的关键期，核心任务是建立生涯规划意识，完成以下三个转变，即从被动学习到主动探索、从理论学习到实践认知、从统一培养到个性发展。以下是行动建议。

1. 融入职业环境。熟悉实训场地、主动向老师请教操作技巧，建立专业社交圈。

2. 实践中认知自我。多尝试不同实训项目，用《职业能力成长档案》记录收获，如汽车维修专业小王通过实训发现动手优势，最终在全国技能大赛获奖。

3. 夯实三大能力。一是专业基本功。掌握理论知识与核心技能，规范操作流程，理解技术原理。二是现代技术应用。学习行业前沿技术，如数字化、智能化，参与校企项目或竞赛。三是自主学习能力。建立学习档案，培养信息检索与知识整合能力，形成终身学习习惯。

（二）专业能力发展阶段（二至三年级）

此阶段需构建完整专业能力体系，通过“课程学习”“实训实践”“竞赛提升”三位一体模式强化素养。同学们应聚焦以下核心行动。

（1）知识体系拓展。深耕专业核心课程，主动选修跨学科内容（如数控专业学习加工工艺），积极参与技能竞赛，在实践中拓宽知识边界。

（2）职业能力认证。分阶段考取三类证书：先攻基础类，如机电专业电工操作证，再攻专业类，如工业机器人操作与运维证书，最后冲刺拓展类，如可编程控制系统设计师认证；数字经济相关专业可瞄准电子商务师、互联网营销师等方向。

（3）理论实践融合。主动参与校企合作项目，如电商专业全程参与 200 场直播实战，将证书备考与真实工作场景结合，在实操中提升动手能力与职业素养。

（三）职业准备与转型阶段（三至四年级）

毕业学年是从校园走向职场的重要过渡期，需重点把握以下三大环节。

1. 顶岗实习。积极参与校企合作“预备员工”项目，通过深入企业实践了解行业运作模式，结合真实工作场景完成毕业设计或技能展示，将理论知识转化为实际解决问题的能力。

2. 求职准备。系统整理在校实践成果，制作包含作品集、项目证明等在内的立体化求职材料；针对性参加模拟面试训练，提升沟通表达与应变能力；学习劳动法规常识，为职场权益保护筑牢基础。

3. 长期规划。制定 3~5 年职业发展规划，明确阶段性目标；定期参加行业技能培训，保持专业竞争力；主动加入行业协会或专业社群，拓展职业人脉资源，为持续发展铺路。

实践表明，认真完成实习、成果梳理及系统求职准备的同学，就业成功率显著提高。职业发展是动态过程，需在不同阶段结合行业变化与个人成长及时调整方向，确保稳步前行。

> 职业竞争力包含人力资本、心理资本、社会资本，大学是积累职业竞争力资本的黄金期，微课将为你未来职业路带来启发。
>
> 扫一扫，观看视频

技能小挑战

挑战 1：启航日志——我的成长三阶段探索

目标：帮助大学生梳理学业与职业发展路径，增强自我认知与规划能力。

时间：建议分三阶段完成（每部分 30 分钟，总计 1.5 小时），可灵活调整进度。

要求：

（1）**书面/电子记录：**确保思考内容可回溯。

（2）**真实具体：**避免空泛回答，结合自身情况。

（3）**主动调研：**可查阅专业资料、就业报告或咨询学长。

板块	问题/任务	填写区域	备注/提示
1. 了解自己	你为什么选择现在的专业？		兴趣、就业前景、家庭影响等
	你对自己的专业了解多少？未来的就业方向有哪些？		可查阅专业介绍或就业报告
	你希望大学三年能有哪些成长？（技能、兴趣、社会经验等）		具体目标，如“考取××证书”
2. 了解大学	大学和高中最大的区别是什么？		学习方式、时间管理、自由度等
	你认为大学里最重要的三件事是什么？		如学业、社交、实习等
	你的学校或专业有哪些成长资源？（社团、讲座、实训基地等）		可咨询学长或官网
3. 初探职业世界	你的专业可以从事哪些工作？		列举 3~5 个相关职业
	你听说过的职业有哪些？有没有感兴趣的？		如“数据分析师”“教师”
	你对未来工作环境的期待？（自由职业、稳定性、地域等）		可结合个人价值观

挑战 2：专业连线，发现职业未来

目标：探索所学专业与未来职业的关联性；分析目标职业所需技能与发展前景；制订个人职业能力提升计划。

时间：30 分钟。

要求：自由组合，每组 4~6 人；选定 1 名组长（负责计时与流程把控）；选定 1 名记录员（整理讨论成果）；可借助信息化手段调研。

流程：

Step 1 导入思考（5 分钟）。

我选择本专业的原因是：____________________

我期待的未来职业关键词：__________________

（如：创新、稳定、高薪、自由）

如果专业是种子，职业会开出什么花？

____

Step 2 头脑风暴（10 分钟）。

个人任务（写在便签纸上）：____________________

我的专业：____________________

相关职业探索（至少 3 个）：____________________

①________________（如：人工智能工程师）

②________________（如：数据分析师）

③________________（如：智能产品经理）

小组任务：

①轮流分享个人清单，选出 **3~5 个高频职业**；

②讨论补充**新兴跨界职业**（如：新能源汽车+用户体验设计师）；

③将共识职业写在白板“未来职业”区。

Step 3 连线与分析（10 分钟）。

1. 画两个圆圈

左边写专业名称（如：建筑工程技术）；

右边贴小组讨论出的 3~5 个相关职业。

2. 用彩笔连线并标注

红线：急需掌握的技能（如：BIM 建模）。

蓝字：行业前景（例：2025 年智能建造师需求+25%）。

黄标：需补足的差距（如：考取一级建造师证书）。

Step 4 总结与分享（5 分钟）。

我们小组发现：

本专业可发展延伸至：①______②______③______领域。

推荐潜力职业：____

理由：__________（例：政策支持/薪资水平/个人适配度）

重点突破技能：____

建议提升方式：________________________________（选修××课程/参加××竞赛/考取××证书）

挑战 3:“三力”成长日志

目标:定期评估人力、社会与心理资本,动态调整职业发展策略。

时间:每学期初/末各填写 1 次(建议单次耗时 ≤20 分钟)。

要求:客观对比数据,增量分析需量化(如绩点从 3.2 提升到 3.5),改进计划需具体可行。研究表明,一个人的职业竞争力是由三种关键资本共同决定的:首先是人力资本,它决定了“我能不能做好”,包括与人打交道、团队协作、持续充电和解决难题这四项核心能力;其次是心理资本,它影响着“我愿不愿意做”,需要保持积极心态和明确目标;最后是社会资本,它关系到“我有没有机会做”,既要有可靠的后援团,也要建立多样化的人脉圈。这三者就像职业发展的三根支柱,缺一不可,共同支撑着我们在职场中的成长与发展。

填写说明与示例

1. **学期初状态:**描述学期初各项能力/资源水平(例:专业基础薄弱)。
2. **学期末状态:**记录学期末提升情况(例:掌握 Python 数据分析)。
3. **增量分析:**对比成长幅度(例:技术显著提升,人脉拓展缓慢)。
4. **改进计划:**针对不足制订下学期计划(例:报名行业交流会)。

本型资类	具体指标	学期初状态	学期末状态	增量分析	改进计划
人力资本	1. 专业技能提升(证书/新技术)				
	2. 学习成绩(GPA/课程表现)				
	3. 实践能力(实习/项目)				
社会资本	1. 人脉拓展(专家/校友)				
	2. 团队合作(社团/小组)				
	3. 资源获取(实习/行业信息)				
心理资本	1. 自信心(挑战应对)				
	2. 抗压能力(学业/生活)				
	3. 职业目标清晰度(规划)				

定期填写,持续优化。成长需要积累,坚持必有收获!

本章凝萃

职业生涯规划就像一场精彩的成长冒险！我们通过舒伯的“生涯彩虹”、霍兰德的“人职匹配”等理论工具和 SWOT 分析认识自己，结合国家发展需求找准方向，完成从“我想做什么”到“我能做什么”的认知升级。记住，这个过程就像打游戏升级，要一步步完成定向到定位，定点到定心的任务哦！

大学就是我们的职业训练营。大一要像探险家一样，通过实训和社团活动寻找兴趣点；大二、大三要变身技能达人，考“1+X”证书，参加各种实战项目；毕业季就要华丽转身，用 STAR 法则包装自己的成长故事，带着“硬核技术”和“职场情商”的双重“buff”闯荡江湖。

职业生涯规划可不是一劳永逸的事，要保持“行动+反思”的循环模式。定期检查进度，拓展人脉资源，紧跟 AI 等新技术趋势升级技能包。最终我们会发现，职业发展不仅是谋生手段，更是实现自我价值的舞台，完美诠释“修身、立业、济世”的人生智慧！

第二章

自我认知：发现你的职业密码

青年的人生目标会有不同，职业选择也有差异，但只有把自己的小我融入祖国的大我、人民的大我之中，与时代同步伐、与人民共命运，才能更好实现人生价值、升华人生境界。离开了祖国需要、人民利益，任何孤芳自赏都会陷入越走越窄的狭小天地。

——节选自 2019 年习近平总书记在纪念五四运动 100 周年大会上的讲话

漫画说生涯

1.
BOSS
你不要
过来呀..

五花八门
的职业
到底哪个
是我喜欢的
???
小职

回家吧！
找个稳当活儿，
钱够花就行！
年轻就是本钱！
拼一把才知道自己
多能打！

技能
大赛
一等奖
专业第一
学生会主席
预备党员
班
长
校园
长跑冠军

学习暖心话

亲爱的同学们,如今的你已经了解了什么是生涯,也做好了全力奋斗的准备吧?那么在未来激烈竞争的求职市场中,如何精准地定位自己的优势,脱颖而出获得心仪岗位的青睐?怎样在复杂多变的职业环境中找准自己的角色,实现自身价值的最大化?又该如何在纷繁众多的职业选择和发展机遇前,明晰自身真正的追求?这些是每一位即将开启大学生活的同学都要面对的关键问题。而在这些问题背后,核心在于自我认知与就业需求之间的契合。要想在求职就业中乘风破浪,全面认识自我是关键一步,了解自己的兴趣所在,明确自己的性格特点,知晓自己的技能水平,把握自己的价值观取向,才能在职业的广阔天地里找到适合自己的方向,开启精彩的职业人生。接下来,让我们一同深入探索这一重要课题。

进阶小目标

1. 自我洞察:掌握自我认知概念,奠定职业选择基础
2. 自我剖析:全面剖析多维自我,挖掘个人优势能力
3. 测评分析:会用各类测评工具,辩证评估测评结果
4. 方向探寻:运用自我评价方法,匹配个人职业方向

【成长小故事】

开学有段时间了,我仍然很迷茫,原本以为大一适应一下生活就能找到方向,可现实却是每天在宿舍和教室之间机械往返。每天站在校园里看着来来往往忙碌的学长学姐,我却不知道自己到底适合什么、想要什么、将来又能干什么?兴趣爱好广泛却浅尝辄止,性格具有"多面"却无从抉择,专业课程学起来吃力又不知道转专业是否可行。看着周围同学参加社团、考证升学、准备竞赛,我只能在朋友圈点赞里假装参与感。更糟糕的是开始怀疑自己喜欢的专业是否真的喜欢。当初选专业时全凭高中老师建议,现在却发现课程内容和想象中完全不一样。每次在图书馆看到那些同级生专注学习的样子,我都觉得自己像被抛在了时间的背面。老师,我真的不知道该怎么办才好了。

第一节 全面认知：绘制个人特质地图

进阶小目标

1. 理解自我认知的内涵及其多维度构成要素
2. 能够准确描述自我认知在个人成长和职业发展中的作用
3. 能够使用工具进行初步的自我评估

一、自我认知的内涵

自我认知是指个体对自己的认识和理解，涵盖了对个人特点、价值观、动机、情绪和能力等方面的认知。它是一种主观意识的体验，是我们认识自我、了解自己的过程。自我认知在人的发展、情绪管理、决策制定等方面起着重要作用，且与个体的心理健康、社会关系和职业发展有着密切的关联。

从职业生涯规划的范畴来看，自我认知是指从个人职业发展角度对自我进行全面分析，明确个人职业发展方向，获得自我价值认同。它是个体进行职业决策的重要前提，可以从兴趣、人格、能力、价值观等几个维度进行探索。

二、自我认知的构成要素

自我认知由多个方面构成，这些方面相互交织、相互影响，共同作用于个体对自身的全面了解。自我认知是一个动态的过程，需要不断探索和反思，以适应环境变化和实现个人目标。

（一）自我观察

自我观察是指个体对自身行为、情绪和思维的觉察。通过观察自己的行为模式和情绪反应，个体可以更好地了解自己的性格特点和心理状态。例如，一个人在面对压力时，能够观察到自己是否容易焦虑，从而采取相应的应对措施。

（二）自我评价

自我评价是指个体对自己行为、能力和价值的判断。它包括对自己的优点和缺点的评估，以及对自己的成就和不足的认识。自我评价不仅影响个体的自尊和自信，还影响其行为动机和目标设定。例如，一个对自己能力评价较高的个体，可能更愿意接受挑战，设定更高的目标。

（三）自我体验

自我体验是指个体对自己内心感受的觉察和理解。它包括对自身情绪（如喜怒哀乐）、动机（如成就动机、亲和动机）、价值观（如对公平、正义的追求）等方面的体验。自我体验反映了个体对自身行为和心理状态的主观感受，影响个体的行为决策和情绪调节。例如，一个对自己价值观有清晰认识的人，更容易在面对道德困境时做出符合自身价值观的选择。

（四）自我控制

自我控制是指个体对自己行为和情绪的调节和管理能力。它包括自立、自主、自制、自强等方面。自我控制使个体能够根据自己的目标和价值观，调整自己的行为和情绪，从而更好地适应环境和实现自我发展。例如，一个具有较强自制力的人，能够抵制诱惑，坚持完成自己的学习或工作任务。

三、自我认知在职业选择中的重要性

自我认知在职业选择中扮演着至关重要的角色，它是职业决策的基石，能够帮助个体在众多职业选项中筛选出与自身特点相匹配的方向。通过深入了解自己的兴趣、性格、技能、价值观等多方面特性，个体能够明确自身的优势与劣势，从而在职业选择中做出更加科学、合理的决策，避免盲目跟风和随意选择，为未来的职业发展奠定坚实的基础。

【成长小故事】

在 1972 年，史蒂夫·乔布斯怀揣着对电子学的浓厚兴趣和对人文艺术的独特热爱，踏入了里德学院。然而，大学的课程设置与他的内心追求并不完全契合，乔布斯很快发现自己对许多专业课程提不起兴致，它们无法满足他对知识的探索欲。于是，他做出了一个大胆的决定：辍学。但辍学并不意味着放弃学习，他义无反顾地投身于自己感兴趣的领域。他旁听了书法课程，在那里，他对不同字体的笔画、间距等细节之美有了深刻的认知，而当时的计算机世界对这些细节还毫无概念。

1976 年，乔布斯与沃兹尼亚克等人创立了苹果公司。在公司发展初期，他们推出了一款又一款具有创新性的产品，但市场反响并不如预期。面对困境，乔布斯意识到自己不仅是一个技术专家，更是一个懂得将科技与艺术完美结合的设计师。于是，他决定改变公司的发展方向，开始注重产品的设计感和用户体验。他坚信，科技产品应该兼具功能性和美观性，让用户在使用过程中感受到愉悦和满足。这一独特的理念，让苹果公司逐渐在市场上崭露头角。

1997 年，苹果公司陷入困境，乔布斯亲自参与了 iMac、iPod、iPhone 和 iPad 等产品的设计，将科技与艺术完美地结合起来，打造出一个个具有革命性的产品。这些产品不仅改变了人们的生活方式，也让苹果公司重新成为全球科技行业的领导者。

（一）认识自我是制定科学决策的依据

自我认知为职业决策提供了关键的信息，是职业选择的起点。它帮助个体了解自己的兴趣、能力、价值观、性格等多方面特性，这些特性决定了个体在不同职业领域中的适应性和发展潜力。台湾生涯规划专家金树人教授提出的职业规划三叶草模型（图 2-1），是本土化职业规划理论的重要成果，它将职业规划的关键要素比作三叶草的三片叶子，强调兴趣、能力、价值的动态共生关系。理想职业状态是三者形成闭环：兴趣→发展能力→兑现价值→强化兴趣。当兴趣未转化为能力时，可能产生“失落感”；当能力无法兑现价值时，可能引发“厌倦感”；当价值与兴趣不匹配时，可能导致“焦虑感”。

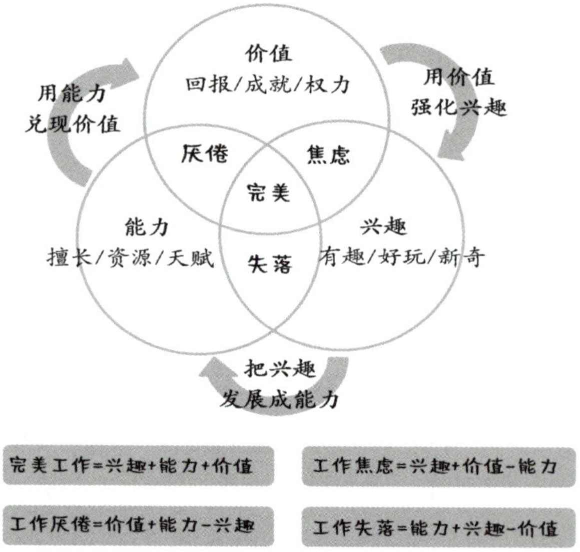

图 2-1　职业规划三叶草模型

（二）认识自我是职业适应与发展的关键

自我认知对职业适应和发展起着至关重要的作用。当个体对自己的性格特点和工作风格有清晰的认识时，能够更好地适应职业环境，融入团队，减少职业适应期的焦虑和不适感。在职业发展过程中，自我认知也有助于个体明确自己的职业目标和方向,有针对性地进行自我提升和技能拓展,从而实现职业的持续发展和晋升。

(三)认识自我是提高职业稳定性的保障

自我认知有助于提高职业选择的稳定性。当个体选择与自我认知相符合的职业时,更可能在该职业领域中长期发展,减少职业转换的频率,从而积累更多的专业经验和技能,为职业的稳定发展奠定基础。

1. 自我认知有利于提升职业忠诚度

对自己所选职业有清晰认知的人,往往对该职业有更高的忠诚度,愿意为之付出努力和时间,从而在职业中获得更多的成长和回报,提升职业忠诚度。

2. 自我认知有利于个体应对职业挑战

在面对职业发展中的困难和挑战时,具有清晰自我认知的个体能够更好地调整心态,采取积极的应对措施,增强职业的稳定性。例如,当工作遇到瓶颈时,能够分析是职业选择本身的问题还是自身能力与职业要求的不匹配,从而做出合理的调整决策,如转岗、进一步深造或转换行业等。

同学们,想探寻职业规划的神奇密码吗?扫描右侧二维码,跟随台湾生涯规划专家金树人教授,解锁他独创的职业规划三叶草模型!快来看看,如何让理想职业在闭环流转中绽放光彩!

扫一扫,观看视频

技能小挑战

挑战 1:使用乔韩窗口认识自我

目标:深入了解自己的内心世界,探索自我认知的盲区,挖掘潜在的优势与不足,为个人成长和职业发展提供精准的方向指引。

时间:30 分钟。

要求:乔韩窗口是一种心理学工具,用于帮助个人了解自我认知和人际认知。它分为公开、隐秘、盲目和未知四个象限。公开象限是自己与他人都知晓的部分;隐秘象限是自己清楚但他人未知的;盲目象限是他人看到而自己未察觉的;未知象限是自己和他人都不了解的。让我们一起踏上这场自我探索之旅,通过绘制乔韩窗口,全面剖析自己,发现那些隐藏在内心深处的宝藏与挑战。准备好了吗?让我们开始吧!

流程:

Step 1 准备好一张足够大的纸张、几支不同颜色的笔,这是我们将要绘制乔韩窗口的"画布"。

Step 2 在纸张的正中心,清晰地写下自己的名字,用彩色笔将名字修饰一下,使其更加醒目,它将成为你探索自我世界的中心点。

Step 3 在名字的周围,分别用四个象限来表示乔韩窗口的四个区域:公开区域、隐秘区域、盲目区域、未知区域。

Step 4 认真思考自己的特质,填写四个区域。你也可以问问身边的人,他们是如何认识你的?有没有哪些特质是你不知道,但别人知道的呢?或许蕴藏着巨大的潜质呢!

我的姓名：________________

公开区域	隐秘区域
盲目区域	**未知区域**

挑战 2:绘制我的“泡泡拼图”

目标:通过充分挖掘个人资源,树立积极自我认知。

时间:15 分钟。

要求:“你需要意识到自己一直被丰盛包围着”,这句话是不是很有意思?其实,我们每个人都拥有许多宝贵的财富,只是有时候我们没有察觉到它们的存在。今天,就让我们通过这个活动,一起发现自己的丰盛之处吧!

流程:

Step 1 **绘制个人形象。**在纸张中心画出自己的形象。可以是简笔画,也可以是较为详细的画像,重点是画出独一无二的自己。

Step 2 **绘制小泡泡。**在自己的周围,画出一个个小泡泡。这些小泡泡可以是圆形,也可以是其他你喜欢的形状。

Step 3 **回忆与感受。**回忆和感受自己所爱的、在意的、相信的、拥有的、希望的、喜欢的、珍视的事物。给自己 1~2 分钟的时间,让这些美好的画面和情感在脑海中浮现。

Step 4 **填充小泡泡。**将刚刚回忆和感受的事物填入你周围的小泡泡中。可以是一些关键词,也可以是一些简短的句子。在填充小泡泡的过程中,觉察自己当下的感受。

我的姓名：________________

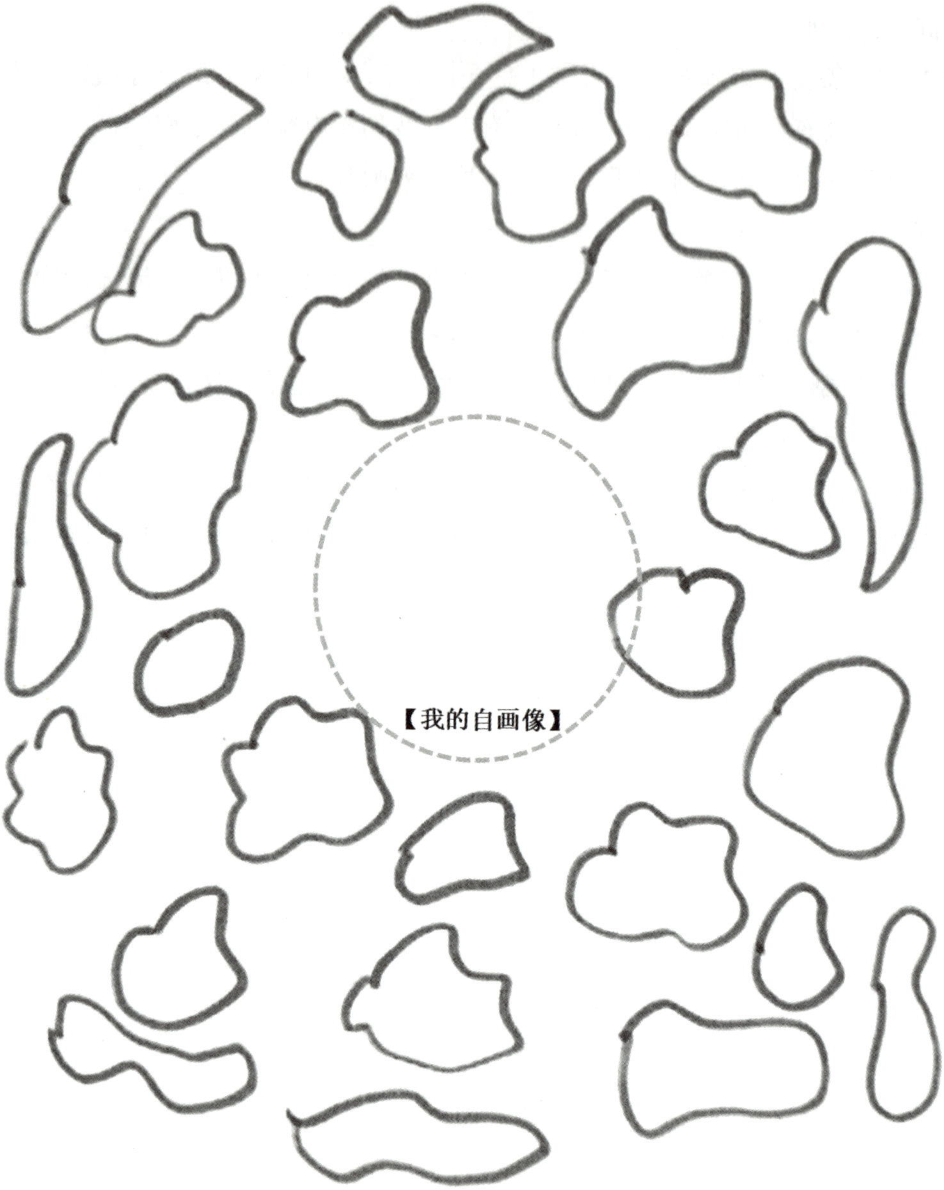

第二节 性格揭秘:解锁适配职业领域

进阶小目标

1. 理解性格的定义以及性格对职业选择的影响
2. 能够运用 MBTI 测评工具了解自己的性格类型
3. 学会运用性格评估的结果,分析自己适合的职业

【成长小故事】

在大学的社团招新面试中,不同性格的同学表现得各具特色。小明是个典型的外向型同学。他一进门就热情地和面试官打招呼,脸上挂着灿烂的笑容。在自我介绍环节,他滔滔不绝地讲述自己的兴趣爱好、高中经历,还主动分享了一些有趣的往事,逗得面试官们哈哈大笑。当被问及对社团活动的计划时,他眼睛一亮,兴奋地提出好几个创意想法,甚至现场模拟起活动场景。他的热情和活力感染了整个面试间,让人印象深刻。

与小明形成鲜明对比的是小静,她属于内向型性格。刚进入面试室时,她有些许紧张,低着头,轻声和面试官问好。自我介绍时,她声音小小的,但逻辑清晰地讲了自己的特长和对社团的向往。虽然不善言辞,可当被问到专业知识时,她眼中闪过一丝光芒,有条不紊地给出了自己的见解。面对陌生的社团干部,她没有过多寒暄,但字字珠玑,展现了自己的实力。

社团负责人感慨:“不同性格的孩子各有优势。小明的热情能带动社团氛围,小静的沉稳和实力是攻克难题的保障。我们期待他们在社团中碰撞出火花,共同成长。”

一、什么是性格

你是否留意到,在团队协作中,有些同学能自然地担当起组织协调的职责,而另一些同学则在幕后专注钻研技术细节?这些不同的行为模式背后,隐藏着性格特质的关键影响。

从心理学视角来看，性格是个体在成长历程中逐渐形成的稳定态度体系与习惯化行为模式。它如同一双“隐形的手”，在我们应对挑战、处理人际关系以及做出决策时，发挥着潜移默化的引导作用。接下来，让我们一同深入探索心理学对性格的权威解读，从经典理论出发，剖析自身与他人的行为逻辑，洞察性格特质如何塑造我们的日常生活与职业选择。

（一）奥尔波特的人格特质理论

美国心理学家戈登·奥尔波特是人格心理学的先驱。他认为，特质是构成人格的基本元素，是人以一种特殊方式做出反应的倾向，以人的“神经心理系统”为基础，虽不能直接观察到，但可通过行为证实。奥尔波特将人格特质分为共同特质和个人特质。共同特质是同一文化形态下的人们所共有的；个人特质是个人所独有的，代表着个体之间的差异。个人特质又分为首要特质、中心特质和次要特质。首要特质是个体最典型、具概括性的特质；中心特质是构成个体独特性的几个重要特质；次要特质是个体不太重要的特质，往往在特殊情境下才表现出来。这些特质相互组合，形成了独一无二的个体。

（二）荣格的心理类型理论

瑞士心理学家荣格提出了心理类型理论。他根据里比多的倾向划分性格类型，个体的力比多活动倾向于外部环境的是外倾型，重视外在世界，爱社交、活跃、开朗等；倾向于自己的是内倾型，重视主观世界、好沉思、善内省等。此外，荣格还指出个人的心理活动有感觉、思维、情感和直觉四种基本机能。按照两种态度类型与四种机能的组合，荣格描述了性格的八种机能类型。这些类型并不是截然分开的，绝大多数人都是兼有外倾性和内倾性的中间型，且每个人也能同时运用四种心理机能，只是各人的侧重点不同。

（三）艾森克的人格维度理论

英国心理学家艾森克通过因素分析方法，提出了人格的三个基本维度，即外倾性、神经质和精神质。外倾性维度反映了个体在社交场合中的活跃程度和情绪体验的积极程度；神经质维度涉及个体情绪的稳定性和易感性；精神质维度则与个体的冲动、冷酷等特质相关。艾森克的理论为人格的生物学基础研究提供了框架，具有较高的科学性和可测量性。

（四）卡特尔的 16PF 理论

美国心理学家卡特尔运用因素分析法，发现了 16 种人格根源特质，并编制了卡特尔 16 种人格因素问卷（16PF）。这 16 种根源特质包括温暖、推理、情绪稳定性、支配性等，16PF 通过测量这些特质来全面评估个体的人格特征，在临床医学、人才选拔和培养等领域具有较高的应用价值,是世界公认的权威人格测验方法之一。

二、性格与职业的关系

在探索职业发展的道路上,性格是一个不可忽视的关键因素。正如心理学家荣格所言:“性格是人格的外部表现,它是个体对外部环境的适应方式。”性格作为个性特征的核心组成部分,深刻地影响着我们的职业选择与发展路径。它不仅塑造了我们的行为模式,还决定了我们在特定职业环境中的适应能力与表现水平。

(一)性格产生环境偏好

性格作为个性的核心组成部分,深刻影响着我们对特定环境的偏好。心理学研究表明,性格特质不仅反映了我们对世界的独特认知,还决定了我们对不同环境的适应性和舒适度。这种偏好源于个体在长期生活和学习中形成的相对稳定的心理特征。

(二)性格决定职业倾向

每个人的性格特质都独一无二,这些特质不仅反映了我们对世界的独特认知,还在很大程度上决定了我们对不同职业的偏好与倾向。从日常观察中就不难发现,性格外向、善于交际的人,往往更倾向于选择销售、公关等需要频繁与人打交道的职业;而性格内向、喜欢独处的人,则可能更适合从事研究、写作等需要深度思考与专注的工作。这种现象背后,是性格特质对职业兴趣的潜在影响。

(三)性格影响职业表现

性格不仅影响职业选择,还直接关系到我们在职场中的表现。一个性格乐观、抗压能力强的人,在面对工作压力与挑战时,能够保持积极的心态,从而更好地完成任务;而一个性格敏感、容易焦虑的人,则可能在职场竞争中感到力不从心。心理学家艾森克的人格维度理论为我们提供了理解这一现象的框架。他将人格划分为外倾性、神经质和精神质三个维度。其中,神经质维度衡量个体情绪的稳定性。高神经质得分的人更容易受到焦虑、抑郁等负面情绪的影响,而低神经质得分的人则表现出更强的情绪稳定性。这种性格特质的差异直接影响了个体在面对职业挑战时的应对方式。

(四)性格关乎职业适配

性格的多样性是人类社会的宝贵财富。心理学研究表明,没有一种性格类型在所有情境下都占据绝对优势,职业成功的关键在于性格特质与职业要求的适配度。这种适配不是简单的“性格决定命运”,而是通过自我认知与职业环境的互动,实现人岗匹配的动态平衡。

性格如同职业道路上的"隐形导航仪",没有绝对优劣,只有是否指向最适合你的目的地。真正的职业智慧,在于理解自己的性格密码,找到与之共鸣的职业频率,并在动态适配中实现人与职业的共同成长。通过深入了解自己的性格特质,我们可以更明智地做出职业选择,更有效地发挥自身优势,从而在职业道路上走得更稳、更远。

三、解锁性格密码

在规划职业生涯的旅程中,性格探索就像一把神奇的钥匙,能帮你打开自我认知的大门。你是否曾好奇,为什么自己在某些场合如鱼得水,而在另一些场景却感觉格格不入?答案很可能藏在你的性格里。别担心,这并不是一场复杂的寻宝游戏。我们有专业的性格评估工具来助力,它们就像贴心的向导,能帮你精准地找到自己的性格特质,让未来的职业道路更加清晰。

(一)MBTI 性格理论

1.MBTI 性格类型指标——荣格理论的实践延伸

MBTI(迈尔斯布里格斯类型指标)由凯瑟琳·库克·布里格斯与女儿伊莎贝尔·迈尔斯于 1942 年开发,其理论根基源于瑞士心理学家卡尔·荣格的心理类型理论。

MBTI 理论将性格划分为四个维度,每个维度包含两种相对的基本态度或功能,分别是外向(E)与内向(I)、实感(S)与直觉(N)、思考(T)与情感(F)、判断(J)与感知(P)。这四个维度的不同组合,形成了 16 种独特性格类型,每种类型都具有不同的特点和行为模式,为个体提供职业定位参考;同时强调"性格无优劣,适配为关键",例如内向型(I)个体倾向于从内心世界获取能量,更适合独立研究、编程等需深度专注的岗位,而外向型(E)个体通过外部互动激发活力,更擅长市场营销、公共关系等社交驱动型工作,帮助个体在职业选择中实现性格特质与岗位需求的科学匹配。表 2-1 为 MBTI 性格理论划分维度表。

表 2-1 MBTI 性格理论划分维度

I	**内向型 Introvert** 从自身的内心世界思考、独处中获得能量,喜欢安静的环境,更倾向于深思熟虑	**能量倾向**	E	**外向型 Extrovert** 从外部世界(人、活动)中获得能量,喜欢社交和互动,更倾向于主动表达

续表

N	**直觉 Intuitive** 关注整体模式和可能性，擅长联想和推理，喜欢创新思考，注重概念和未来愿景	接受信息	S	**实感 Sensing** 关注具体事实和细节，依赖感官体验，喜欢实际经验，更注重现实和可验证的信息
F	**情感 Feeling** 以个人价值和情感为基础，重视和谐人际关系和主观感受，倾向于感性决策	处理信息	T	**思维 Thinking** 以逻辑和客观分析为基础，重视公平、原则和事实，倾向于理性决策
P	**感知 Perceptive** 喜欢灵活性和适应性，偏好开放性和随性，喜欢探索不同可能性，倾向于推迟决策	行为方式	J	**判断 Judging** 喜欢计划和组织，偏好有条理、有结构的生活，喜欢制定目标和规划，倾向于提前决策

MBTI 量表是一种性格评估工具，它基于瑞士心理学家荣格的理论，由凯瑟琳·库克·布里格斯和伊莎贝尔·迈尔斯母女编制。通过评估个体在四个维度上的偏好，将人分为 16 种性格类型。该量表帮助人们更好地了解自己和他人的性格倾向，从而改善人际关系、职业选择等方面。

扫一扫，了解详情

2.16 种性格类型及职业适配

MBTI 理论将性格划分为 16 种独特类型，每种类型包含特定行为模式与偏好。这些性格类型与职业适配紧密相关，不同性格在职业选择中各有优势领域。了解这 16 种性格类型及其职业适配（表 2-2），能帮助我们更好地将性格优势与职业要求对接，实现职业发展中的扬长避短。

表 2-2 16 种性格类型及职业适配

类型	特点	适配职业
ISTJ 物流师	**务实 可靠 有序**	会计、审计员、项目经理、物流经理、数据分析师、IT 系统管理员、质量控制专员、法务专员、记录管理员、仓库主管、银行柜员、技术文档编写员、办公室协调员、工程技术员、系统分析师、药房技术员、实验室技师、土木工程师、建筑师、制造业生产调度员
ISFJ 守卫者	**忠诚 关怀 细心**	护士、医生、教师、图书管理员、档案管理者、客户服务代表、人事专员、营养师、社会工作者、职业咨询师、心理辅导员、家庭护理员、儿童保育员、历史学家、翻译、编辑、平面设计师、室内装饰师、美容师、摄影助理、服装设计师、古董修复师、社区服务志愿者、婚庆策划师、宗教工作领导者

续表

类型	特点	适配职业
INFJ 倡导者	理想 主义 内省 深思 熟虑	作家、心理学家、心理咨询师、社会工作者、非营利组织负责人、精神科医师、艺术治疗师、神职人员、法律顾问、编辑、出版商、教育顾问、研究学者、历史学家、小说家、诗人、剧本创作人、游戏设计师、动画制作人、视觉艺术家、导演、网页设计师、用户体验研究员、产品策略师
INTJ 建筑师	创新 独立 远见 卓识	软件开发工程师、系统架构师、数据科学家、人工智能专家、网络安全分析师、数据库管理员、高级产品经理、企业战略顾问、风险投资家、创业家、专利律师、科研人员、物理学研究员、数学家、经济学家、大学教授、行业分析师、航空航天工程师、机械工程师、建筑设计总监、城市规划师
ISTP 鉴赏家	灵活 好奇 实用 主义	汽车修理工、电工、飞行员、焊接工、消防员、急救医护人员、警察、私人侦探、机械师、户外探险向导、武术教练、赛车手、建筑工人、管道工、电子工程师、计算机硬件技术人员、网络安装与维修员、摄影摄像师、调酒师、商业飞行员、航空机械师、潜水员、特技演员、拳击教练、工业设计师、造船工程师、冲浪教练
ISFP 冒险家	敏感 艺术 和平 主义	音乐家、舞蹈家、画家、摄影师、陶艺家、珠宝设计师、时尚设计师、园艺师、厨师、糕点师傅、侍酒师、旅游博主、宠物美容师、自然保护区护林员、特殊教育教师、康复治疗师、瑜伽教练、按摩治疗师、芳香疗法治疗师、风景园林设计师、手工匠人、婚礼策划师、陶瓷艺术家、木匠、香薰蜡烛制作者、花店老板
INFP 调停者	理想 创意 寻求 意义	作家、记者、诗人、编剧、自由职业者、小说家、编辑、翻译、插画师、摄影师、视频剪辑师、网页设计师、游戏设计师、社交媒体经理、心理咨询师、社工、非营利组织工作者、教师、特殊教育教师、艺术治疗师、音乐治疗师、文化遗产保护者、文化评论家、电影评论家、书评人、博物馆策展人、公益广告文案、旅行作家
INTP 逻辑 学家	理智 分析 性强 创造 思维	软件工程师、数据科学家、算法工程师、机器学习专家、人工智能研究员、系统分析师、网络安全专家、硬件工程师、电子工程师、专利律师、市场研究分析师、管理咨询师、战略规划师、质量保证工程师、产品设计师、IT 项目经理、投资银行家、风险资本家、大学教授、科学研究者、工程学科教师、科幻作家
ESTP 企业家	外向 冒险 现实 主义	销售代表、房地产经纪人、健身教练、警察、消防员、空中乘务员、急救医疗服务人员、餐饮服务经理、赛事活动协调员、私人保镖、室内装饰顾问、美容美发师、摄影摄像师、酒店前台接待、汽车修理技师、电工、机械师、运动员、导游、电视节目主持人、特技演员、模特儿、夜店 DJ、职业顾问、汽车赛手、飞行员
ESFP 表演者	活力 充沛 社交 强	演艺人员、舞蹈演员、歌手、播音员、电视节目主持人、客服代表、空乘人员、导游、健身教练、餐厅服务员、调酒师、美容师、发型师、化妆师、服装设计师、活动策划师、婚礼策划师、儿童护理员、社会工作者、护士、营养师、体育教练、摄影摄像师、平面设计师、儿童戏剧指导、宠物训练师、酒店经理、旅游顾问
ENFP 竞选者	热情 乐观	创意总监、营销策略师、公关专家、社会媒体经理、数字内容创作者、广告撰稿人、新闻主播、电台 DJ、演员、导演、剧作家、摄影师、美术设计师、动画师、音乐制作人、生涯顾问、心理辅导员、人力资源经理、招聘顾问、健康教育者、治疗师、瑜伽或冥想导师、儿童看护员、演讲教练、书籍编辑、旅游博主

续表

类型	特点	适配职业
ENTP 辩论家	聪明 辩论 高手	创业家、产品经理、市场营销主管、品牌经理、商业分析师、市场调研分析师、软件开发者、系统架构师、网络工程师、数据科学家、人工智能专家、机器人工程师、基因工程师、科技发明家、专利律师、风险投资家、并购顾问、企业策略师、科技趋势分析师、科技博客作者、财经评论员、投资银行家、金融分析师
ESTJ 总经理	领导 力强 注重 效率	项目经理、生产经理、业务分析师、供应链经理、物流专家、质量控制主管、采购经理、仓库管理员、财务分析师、会计师、审计员、税务顾问、成本估算师、保险评估师、地产开发经理、建筑项目监督、工业工程师、制造工程师、设备维修技师、工艺工程师、工厂主管、警督、学校校长、餐厅老板、酒店经理
ESFJ 执政官	乐于 助人 讲究 礼节	客户服务代表、接待员、办公室经理、行政助理、会议协调员、旅行社顾问、礼宾部经理、餐厅经理、宴会协调员、酒店服务经理、护士、护理人员、家庭保健助手、幼儿园老师、小学教师、学校辅导员、活动策划师、社区服务工作者、社会工作者、老年护理专家、婚庆策划师、房地产经纪人、零售销售人员
ENFJ 主人公	同情 心强 善于 沟通	心理咨询师、临床心理学家、婚姻与家庭咨询师、社工、非营利组织经理、人力资源经理、招聘顾问、职业生涯顾问、教育顾问、教育管理者、成人教育讲师、辅导教师、公共关系经理、营销传播经理、品牌经理、客户成功经理、社会媒体经理、内容创作与策展、人力资源发展专家、团队建设协调员、非政府组织领导人
ENTJ 指挥官	决断力强 战略 眼光	首席执行官、企业总裁、公司创始人、战略规划顾问、高级项目经理、运营总监、管理咨询师、风险资本家、投资银行家、军事指挥官、警察部门高层、法院法官、检察官、律师、立法者、政治领袖、外交官、政策分析师、工程经理、IT 项目经理、系统分析师、软件架构师、网络安全专家、国防分析师、宇航工程师

3. 辩证看待 MBTI 性格测试

MBTI 测试结果能够为职业选择提供有价值的参考。它揭示了不同性格类型在职业兴趣、能力和工作满意度方面的差异，帮助个体根据自己的性格特点找到更合适的职业方向。但 MBTI 职业性格测试也存在以下的局限性，需要我们学会辩证看待。

（1）测试结果可能存在偏差。

MBTI 测试结果可能会受到测试者当时的情绪状态、环境因素以及对问题理解的主观性等因素的影响。因此，测试结果可能存在一定的偏差，不能完全准确地反映个体的性格特点。例如，一个人在心情愉悦时进行测试，可能会倾向于选择更积极、外向的选项，而在情绪低落时则可能表现出更内向、消极的倾向。

（2）类型划分相对简单化。

MBTI 将复杂的人格特性简化为 16 种类型，这种分类方式虽然有助于快速理解和应用，但也可能忽略了人格的多样性和复杂性。事实上，每个人的性格都是独一无二的，不能简单地被归类到某一特定类型中。这种简单化的划分可能会导致个体在自我认知和职业选择时过度依赖测试结果，而忽视了自身性格的独特性和可塑性。

（3）警惕刻板印象和标签化。

过度依赖 MBTI 测试可能导致对个体的刻板印象和类型标签化。人们可能会根据他人的 MBTI 类型对其性格和能力做出片面的判断，而忽视了个体在不同情境下的多样性和变化性。这种标签化可能会限制个体的发展潜力，使他们被固定在某一特定类型的角色中，难以突破自我设限。

（二）DISC 职业性格模型

1. DISC 职业性格模型概述

DISC 职业性格模型（图 2-2）是由美国心理学家威廉·莫尔顿·马斯顿于 20 世纪 20 年代提出，后经保罗·马洛尼等人进一步发展和完善。马斯顿博士在 1928 年的著作《常人之情绪》中，首次将人的行为分为四种基本类型，即支配型（Dominance）、影响型（Influence）、稳健型（Steadiness）和谨慎型（Compliance），这四个单词的首字母组合在一起，就是我们熟知的 DISC。DISC 职业性格模型能够快速识别个体在团队中的角色倾向，例如“支配型（D）”适合领导岗位，“谨慎型（C）”擅长细节把控，但也存在局限，如仅反映行为表象，无法揭示深层动机或价值观，需结合其他测评（如价值观问卷）使用，避免标签化解读。

图 2-2 DISC 职业性格模式

2. DISC 职业性格模型分类

DISC 理论认为，普通人存在四种行为风格，我们可以用横轴和纵轴来区分。横坐标的两端分别是任务导向和人际导向,也就是当你在做决策时,是优先考虑任务完成还是人的感受;纵坐标的两端分别是直接和间接,也就是做事时是单刀直入,还是委婉被动。D 型(支配型)的人反应快、关注事,具有果断和直接的特点;I 型(影响型)的人反应快、关注人,善于社交和影响他人;S 型(稳健型)的人反应慢、关注人,做事细致有耐心;C 型(谨慎型)的人反应慢、关注事,注重细节和规则。

DISC 模型不仅是理解个体行为模式的工具,也是促进团队协作和沟通的关键。在职场中,DISC 模型有广泛应用。例如,销售人员需要高 I(影响型)特质去影响客户;客服人员需要高 S(稳健型)特质保持冷静和耐心;管理人员需要高 D(支配型)特质推动公司政策执行;一线生产工人和操作员需要高 C(谨慎型)特质完成需要严格遵循规章制度的细节性工作。

DISC 模型强调每种性格类型都有其独特优势和价值,没有优劣之分。了解自己和他人的性格类型,有助于增进理解和沟通,推动个人和团队的发展,见表 2-3 所示。

表 2-3 DISC 职业性格模型四种行为风格

DISC 特质	职场特征
D(支配型)	1. 没有兴趣从事一成不变的工作 2. 没有耐心遵循僵硬的管道升迁 3. 乐于挑战,追逐更大的权力、更高的位置 4. 不怕压力,期待工作像战场一样充满挑战 5. 不喜欢当幕僚,希望可以掌控全局
I(影响型)	1. 希望有舞台,能得到掌声 2. 能与人互动接触 3. 工作气氛愉快 4. 不喜欢官僚作风 5. 工作环境允许一些天马行空的想法
S(稳健型)	1. 能稳定执行工作 2. 能高度支持团队工作 3. 尽心尽力,一步步达成组织的目标 4. 不喜欢管理他人,不喜欢压力,也不愿意向他人施压 5. 作风保守、被动 6. 能长时间做一成不变的工作
C(谨慎型)	1. 追求高品质、追求完美、不断改善 2. 重视规划、顺序、流程与制度 3. 喜欢谨慎思考后才做出行动 4. 善于修正他人的论点 5. 注重事实的正确性及数据的完整性 6. 可以独立工作,如在家办公、在实验室工作

DISC性格测试表是一种行为评估工具，主要通过分析个体在支配性、影响性、稳健性和谨慎性四个维度上的行为特点，来判断一个人的性格类型。这种测试广泛应用于团队管理、领导力发展、人际关系改善等多个领域，有助于提高沟通效率和团队协作效果。	扫一扫，了解详情

技能小挑战

挑战 1:性格密码卡牌

目标:帮助同学们更好地认识自己和他人,提升自我认知和人际交往能力,增强班级凝聚力。

时间:15 分钟。

要求:接下来,我们一起来解锁“性格密码卡牌”吧!通过手中的卡牌,你可以快速找到和自己性格相似的小伙伴,还能更深入地了解自己的性格特点。这将是一场充满惊喜的自我探索和社交之旅,说不定还能挖掘出你性格中隐藏的小宝藏呢!

流程:

Step 1 选出性格特征词:从手中的 16 张卡牌中挑选最符合自己性格特征的 3 个词,填写在“探寻我的 MBTI”表格上。如果挑选的 3 个词不完全符合你的性格特征,写完 3 个词之后,再添加 1~2 个最符合自己性格特征但卡牌中没有的新词。

Step 2 分组交流与互评:在小组内分享自己选择的性格特征词,听听同学们对自己性格的看法或意见,更全面地认识自己。

Step 3 赠送卡牌:剪下卡牌,挑选出最符合班上某位同学性格的词,将卡牌(不超过 2 张)送给对方。在赠送的过程中,要说“送给[性格描述]的你”,即读出卡牌上的词。

Step 4 分享感受:统计收到卡牌的数量,在小组内分享你收到卡牌的感受,以及你对赠送卡牌活动的看法。

性格密码卡牌

我的姓名：____________

与我匹配的性格卡牌：____________、____________、____________、

我还具备的性格特点：____________、____________、____________、

我的感受：①________________________

②________________________

③________________________

沿虚线剪下

幽默	活泼	冷静	安静
好奇	勤奋	独立	友善
理性	喜冒险	灵活	细心体贴
果断	负责	健谈	乐于助人

挑战 2:我的性格色彩盘

目标:通过绘制性格色彩盘,更清晰地认识自己的性格特点,增强自我认知,同时也能理解性格的多样性和复杂性。

时间:15 分钟。

要求:性格就像一块色彩斑斓的拼图,每种颜色代表你的一面:温暖的黄、沉稳的蓝、热情的红,还是自由的绿?闭上眼睛想一想,当你开心、愤怒或者安静时,你会是什么颜色?画出属于你的"性格色彩拼图",探索每种颜色占比,了解多彩的自己!

流程:

Step 1 在纸上画一个大圆,这个圆就是你的性格"大舞台"。

Step 2 用彩色笔将圆分成几个扇形区域,每个区域代表你性格的一个侧面。比如,你觉得代表自己热情开朗的红色一面占 30%,就用红色涂出一个 30%的扇形;你觉得代表自己细心谨慎的蓝色一面占 20%,就用蓝色涂出一个 20%的扇形,还有粉色、紫色、黄色等你喜欢的颜色和你的性格特点。

Step 3 在每个扇形区域内写上对应的性格特点,比如"热情开朗的我""细心谨慎的我"等。

Step 4 如果可以改变自己的性格色彩结构,你想如何改变呢?请你再画一次。或者也可以选择不改变,表示很喜欢现在的自己。

Step 5 介绍自己的性格色彩盘,分享自己最喜欢的性格色彩以及为什么这样分配比例?分享你的改变计划。其他同学认真倾听,并给予反馈和建议,比如"我觉得你这热情开朗的一面我平时就经常看到呢,和你说的一样!"或者"我倒是觉得你细心谨慎的那部分比例是不是还可以再高点呀,因为上次小组作业你检查问题可细致了。""我觉得你的改变非常棒,因为……"

我的性格色彩盘

我的姓名：____________________

现在的我

改变后的我

第三节 兴趣探索:定位心动职业方向

进阶小目标

1. 理解职业兴趣概念,掌握职业兴趣类型
2. 运用科学测评工具,评估个人兴趣倾向
3. 应用兴趣测评结果,制定职业发展策略

【成长小故事】

小达是个充满好奇心的男孩,他对大自然有着浓厚的兴趣。小时候,他常常跑到家附近的树林里,观察蚂蚁搬家、蝴蝶翩飞,一待就是一整天,小小的身影在林间穿梭,像一只勤劳的小蜜蜂。

到了大学,小达选择了自然科学专业。专业课程晦涩难懂,但他从不退缩,把课余时间都用在了泡图书馆、做实验上。教授们看他勤奋努力,都十分喜欢他,纷纷给他开小灶,分享前沿知识和珍贵资料。

毕业后,小达决定参加"贝格尔号"的环球航行考察,这一决定让家人和朋友都替他捏了把汗。航行中,危险无处不在,暴风雨让船只剧烈摇晃,小达和船员们被折腾得面色苍白、呕吐不止;更糟糕的是,淡水和食物开始短缺,大家的体力一点点被耗尽。小达的身体也亮起了红灯,但他心底的热爱之火仍在燃烧,他咬牙坚持着,每天仍准时出现在甲板上,收集标本、记录数据。

经过五年的漫长航行,小达带着海量的资料和标本返回英国。他一头扎进研究里,将所见所闻化作文字和图表,可研究工作并不顺利,他提出的一些新观点引发了巨大争议,一些科学家和宗教人士纷纷指责他,这让他陷入了深深的自我怀疑。但小达回想起航海时的所见所感,那些生动的事实不断给他力量,让他坚信自己的研究有重大意义。最终,他鼓起勇气,将多年心血凝聚成《物种起源》,公之于众。小达就是举世闻名的查尔斯·达尔文。《物种起源》一经发表,就在科学界引发了轰动,彻底改变了人类对生物起源的认知。

回顾查尔斯·达尔文的科学生涯,正是他对自然的热爱赋予了他无尽的力量,支

撑他跨越重重障碍，将兴趣发展为终身事业，为人类科学进步做出了不可磨灭的贡献。

一、认识和理解兴趣

（一）兴趣的内涵

兴趣是个体对某种事物或活动所表现出的积极态度和心理倾向，心理学将兴趣定义为个体对特定事物或活动的积极探究倾向，它像磁石般吸引着我们的注意力，驱动我们主动投入时间与精力。从大脑活动层面来看，当我们从事感兴趣的事情时，多巴胺分泌增加，带来愉悦感和满足感，进而强化行为动力。从心理学角度来看，兴趣是推动个体学习和探索的内在动力，对个人的职业发展和成长具有深远影响。

（二）心流理论

心流理论是心理学家米哈里·契克森米哈赖提出的重要概念，它指的是人们在全神贯注地投入某项活动中时，会体验到一种忘我、时间飞逝、充满创造力和满足感的心理状态。在这种状态下，人们会感到高度的兴奋和充实，这种体验能够极大地增强个人对活动的兴趣和投入度。

进入心流状态的人通常有以下特征：注意力高度集中，排除一切干扰；时间过得飞快或缓慢，失去时间感；忘记自我，与活动融为一体；对活动有强烈的控制感；对活动的目标和反馈有清晰的感知；活动的难度适中，既有挑战性，又能胜任。

我们可以通过日常活动记录，找出那些让自己感到愉悦、专注和忘我的活动。这些活动往往与我们的兴趣紧密相关。我们可以准备一个笔记本或使用手机应用，随时记录下那些让自己进入心流状态的活动。将识别出的心流触发活动与具体的兴趣领域相关联。

【成长小故事】

广告营销专业大二学生肖晓在广告公司实习时，用“美好时光日志”记录日常，逐渐发现自己的“心流密码”。她在为品牌撰写宣传文案时，常进入“沉浸式创作”状态：“当我用文字传递品牌价值观时，仿佛与产品融为一体，连修改十几次都不觉得累。”

这种对文字与品牌叙事的深度共鸣，与她处理数据报表时的烦躁形成鲜明对比。通过日志复盘，她清晰捕捉到“心流体验”集中于创意表达领域，从而明确职业方向，放弃数据分析岗邀约，专注品牌策划。她大三加入学校创意工作坊深化实践后，成功入职知名 4A 公司。

如今作为品牌策划专员,肖晓常向新人分享日志里的感悟:“那些让你忘记时间、全情投入的事,藏着职业兴趣的答案。”这份基于心流理论的自我觉察,成为她从学生到职场人的关键导航。

二、兴趣的产生与培养

兴趣,是一种能让人沉浸其中、获得快乐并不断探索的动力。它就像一颗种子,在合适的土壤中能生根发芽,长成参天大树。而兴趣的培养,也有一定的规律可循。

(一)兴趣的产生

1. 感官兴趣——兴趣的起点

感官兴趣是最直接、最基础的兴趣层次,它主要来源于视觉、听觉、味觉、嗅觉和触觉等感官的刺激。就像看到一块巧克力蛋糕,你可能会被它诱人的外观吸引,闻到香味就垂涎欲滴,这就是感官兴趣在起作用。感官兴趣让你对周围的世界产生好奇,是兴趣的起点。然而感官兴趣有个特点,就是来得快,去得也快,所谓“一时兴起”。

2. 自觉兴趣——兴趣的深入

当一个人对某件事产生了感官兴趣后,如果能进一步去了解它,就可能发展为自觉兴趣。自觉兴趣是一种更深入、更有意识的兴趣层次。自觉兴趣还有一个特点,就是它能形成一个良性循环。当你在学习和实践中取得进步,就会获得成就感,而成就感又会激发你更大的兴趣,促使你投入更多的时间和精力去探索和学习。

3. 志趣兴趣——兴趣的升华

志趣是兴趣的最高层次,它是一种与个人价值观紧密相连的兴趣,是兴趣的升华阶段。当一个人的志趣形成后,无论遇到什么困难和挫折,都无法磨灭他对这件事情的热爱。志趣是一种深层次的精神追求,它能让人在追求兴趣的过程中实现自我价值,找到人生的方向和职业发展意义。

(二)兴趣的培养

1. 广泛体验

多接触新鲜事物,给感官兴趣提供丰富的土壤。比如,去博物馆参观,感受历史文化的魅力;参加户外活动,欣赏大自然的美景;或者尝试不同的美食,探索味觉的奥秘。这些体验可能会点燃你对某个领域的兴趣火花。

2. 深入学习

当对某件事产生感官兴趣后,要及时抓住这个机会,深入了解相关的知识。比如,你对天文学感兴趣,可以阅读科普书籍、观看纪录片,甚至参加天文观测活动。

通过学习,你会对天文学有更全面、更深入的认识,从而将感官兴趣转化为自觉兴趣。

3. 价值结合

思考自己的价值观,将自己的兴趣与个人价值结合起来,赋予兴趣更深刻的意义。比如,你喜欢写作,你可以通过写作来传递正能量,帮助他人解决问题,或者记录自己的成长历程,这样写作就不仅仅是一种爱好,而是一种与你价值观紧密相连的志趣。

兴趣就像一颗种子,需要我们在生活的土壤中精心培育。通过广泛体验、深入学习和与价值结合,将兴趣转变为职业,实现个人价值。

三、认识职业兴趣

虽然兴趣和职业兴趣都体现了个体对特定事物的积极倾向,但它们在内涵和外延上存在显著差异。兴趣是一个更为宽泛的概念,它涵盖了我们生活的各个方面,包括爱好、休闲活动等。而职业兴趣则特指个体对职业领域的偏好和倾向,它更加关注我们在职业选择和发展中的内在动力。此外,兴趣可能随着时间和环境的变化而发生变化,而职业兴趣则相对稳定,它是我们职业倾向和职业选择的重要依据。

(一)职业兴趣的内涵

职业兴趣则是指个体对特定职业领域、工作内容或职业环境的偏好和倾向。职业兴趣不仅可以体现我们对职业活动的喜爱程度,还预示着我们在特定职业领域中的潜在能力和发展前景。与广泛的兴趣相比,职业兴趣更加具体和聚焦,它直接关联到个体的职业满意度和职业成就。

(二)霍兰德职业兴趣理论

20世纪60年代,美国著名职业指导专家霍兰德在帕森斯观点的基础上,提出了职业兴趣理论(图2-3),这是职业兴趣探索领域的重要理论之一。该理论指出,人的人格类型、兴趣爱好与职业选择之间存在着紧密且不可分割的联系。当个体从事与自身兴趣相契合的职业时,能够从工作中获得更强的内在驱动力,以更加积极主动的态度投入工作,并且在工作过程中体验到更高的愉悦感和满足感。

霍兰德将人格与兴趣结合起来研究,将人格特质分为现实型(Realistic)、研究型(Investigative)、艺术型(Artistic)、社会型(Social)、企业型(Enteprising)和常规型(Conventional)六大类,并通过六边形模型展示了它们之间的关系。同样,霍兰德将人所处的外界环境和工作条件也进行了归类,划分为对应的六种职业环境类型,即现实型、研究型、艺术型、社会性、企业性和常规型。每一种个人特质在对应的环境类型中的工作或学习最协调和匹配,由此获得的职业满意度、职业稳定性与职业成就感也最高。职业生涯规划的首要目标便是寻求这种个人特质与职业环境类型的适配与一致。[①]

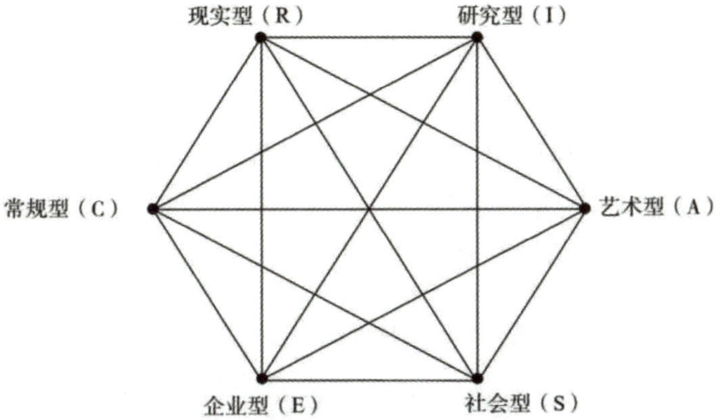

图 2-3 霍兰德职业兴趣理论

六种人格类型与职业环境类型的具体特征及适配关系如下。

1. 现实型(R)

这类人通常动手能力强,喜欢户外活动和机械操作,倾向于从事技能性、实用性的工作,如电工、木匠、机械师等。他们注重实际和具体的事物,偏好通过身体和手工技能来解决问题。与现实型相匹配的职业环境往往提供明确的任务和实际的操作流程,注重效率和成果。

2. 研究型(I)

研究型的人往往具有较高的智力水平和好奇心,喜欢探索和研究新事物,热衷于分析和解决复杂问题。他们通常适合从事科研、工程、数据分析等工作。研究型人格与研究型职业环境相适配,这种环境鼓励创新思维和深入探究,为他们提供了发挥智力优势的平台。

3. 艺术型(A)

具有艺术型人格的人富有创造力和想象力,喜欢艺术创作和自由表达,注重自我感受和个性化。他们更适合从事写作、绘画、音乐、设计等创意型工作。在艺术型的职业环境中,个体能够享受创作自由,表达自己的情感和想法。

4. 社会型(S)

社会型的人通常具有较高的社会责任感和人际交往能力,乐于帮助他人,注重团队合作。他们适合从事教育、咨询、医疗、社会工作等职业。在社会型的职业环境

① 那菊华,刘万韬,王钰允:《大学生职业生涯规划》,西安:西安电子科技大学出版社,2015。

中，人际关系和谐，注重沟通与协作，个体能够在帮助他人的过程中实现自我价值。

5. 企业型（E）

企业型人格的人通常具有较强的领导和组织能力，喜欢竞争和挑战，追求成就和地位。他们适合从事管理、销售、政治等职业。企业型职业环境强调领导力和决策能力，为他们提供了展示个人魅力和实现抱负的机会。

6. 常规型（C）

常规型的人注重细节和秩序，喜欢有规律和结构化的工作环境，擅长组织和管理数据。他们适合从事会计、秘书、行政助理、图书管理员等职业。在常规型的职业环境中，工作流程规范，注重细节和准确性，个体能够在有序的环境中发挥自身优势。

通过运用霍兰德职业兴趣量表（SDS）等测评工具，同学们可以得出自己在六个方面的得分，其中得分最高的三个方面就构成了我们的兴趣类型模式，通常用三个字母表示，如RIE、AIS等。

扫一扫，了解详情

成长思辨台

1. 兴趣是一成不变的吗？兴趣一定能转化为职业吗？
2. 喜欢和擅长是什么关系？如何让“喜欢做”变成“能做好”？
3. 如果不喜欢所学专业，是继续坚持还是尝试转专业？

想知道自己的兴趣与哪些职业完美契合吗？扫描右侧二维码，一起走进霍兰德职业兴趣理论的世界。这个经典理论将职业兴趣划分为六大类型，像一把精准的钥匙，帮你找到兴趣与职业的连接点。快来探索，发现那些与你特质相匹配的职业方向吧！

扫一扫，观看视频

技能小挑战

挑战1:孤岛求生

目标:“孤岛求生”可不是普通的生存挑战哦,这里藏着神秘的职业密码,它能帮助我们找到内心真正的热爱,让迷茫不再。

时间:20分钟。

要求:亲爱的同学们,今天我们要玩一场“生存游戏”——假设你乘坐的飞机突然故障,必须紧急降落在附近的一座岛屿上。好消息是:附近有六座岛屿,岛屿资源丰富,足够你生存;坏消息是:你只能选择其中一座,而且一旦降落,至少要生活一年!你会选择哪座岛屿?

表2-4 “孤岛求生”岛屿描述

种类	描述
R岛屿	岛上自然生态保持得很好,有各种野生动物。居民以手工见长,自己种植花果蔬菜、修缮房屋、打造器物、制作工具;喜欢户外运动
I岛屿	岛上有多处天文馆、科技博览馆及图书馆。居民喜好观察、学习,崇尚和追求真知,常有机会和来自各地的哲学家、科学家、心理学家等交换心得
A岛屿	岛上充满了美术馆、音乐厅,街头雕塑和街边艺人,弥漫着浓厚的艺术文化气息。居民保留了传统的舞蹈、音乐与绘画,许多文艺界的朋友都喜欢来这里找寻灵感
S岛屿	岛上居民个性温和、友善、乐于助人,社区均自成一个密切互动的服务网络,人们重视互助合作,重视教育,关怀他人,充满人文气息
E岛屿	岛上居民善于企业经营和贸易,能言善道。经济高度发展,处处是高级饭店、俱乐部、高尔夫球场。来往者多是企业家、经理人、政治家、律师等
C岛屿	岛上建筑十分现代化,是进步的都市形态,以完善的户政管理、地政管理、金融管理见长。居民个性冷静保守,处事有条不紊,善于组织规划,细心高效

流程:

Step 1 选择相同岛屿的同学分为一组,选出本岛岛主。

Step 2 为本岛取一个好听的名字,并设计本岛的特色logo。

Step 3 为本岛想一句口号,吸引更多人定居。

Step 4 尽情讨论,尽可能多地梳理本岛居民的共同特点。

Step 5 制订一个岛屿崛起计划,设想接下来你将如何大展宏图。

Step 6 旅游观光,选择另一个吸引你的岛屿登岛参观并说出理由。

孤岛求生

岛屿名称：________________

岛屿口号：

岛屿样貌与 logo

岛主介绍：

岛民共同点：

杰出岛民：

岛屿崛起计划：

挑战 2：兴趣互动卡牌

目标：通过兴趣卡牌的匹配和分析，使参与者了解与自身兴趣相关的各种职业，拓宽职业视野，激发职业探索的动机和方向。

时间：40 分钟。

要求：参与者应保持开放的心态，真实地表达自己的兴趣喜好，避免受他人影响而选择自己并不真正感兴趣的选项。积极投入游戏过程中，认真思考每一张兴趣卡牌对自己的意义，以便获得更准确的自我认知和职业探索结果。

流程：

Step 1 首先按照图示摆放好功能卡牌（图 2-4），横轴为“很感兴趣”“一般感兴趣”“不太感兴趣”“完全不感兴趣”四个维度，纵轴为可按照了解程度和擅长程度选择不同的功能卡牌，如图 2-5 所示。

Step 2 认真阅读常见的职业卡牌（表 2-5），了解清楚职业名称以及简单的职业能力描述。

Step 3 根据第一直觉，将职业卡牌按照横轴兴趣维度进行分类，此时无需考虑是否擅长或者是否了解，只需要考虑是不是感兴趣。

Step 4 将每一个维度的职业卡牌按照纵轴进一步归类，识别出感兴趣并且擅长、感兴趣但是不擅长、不感兴趣但是擅长、不感兴趣也不擅长的职业。

Step 5 思考，哪些是你的优势能力？

Step 6 为自己制订一个能力提升计划吧！

很感兴趣	一般感兴趣	不太感兴趣
完全不感兴趣	不了解 不想了解	不了解 希望了解
有一定了解	非常了解	非常自信 能做好
有一定信心 能做好	不太自信 能做好	完全做不好

图 2-4　功能卡牌

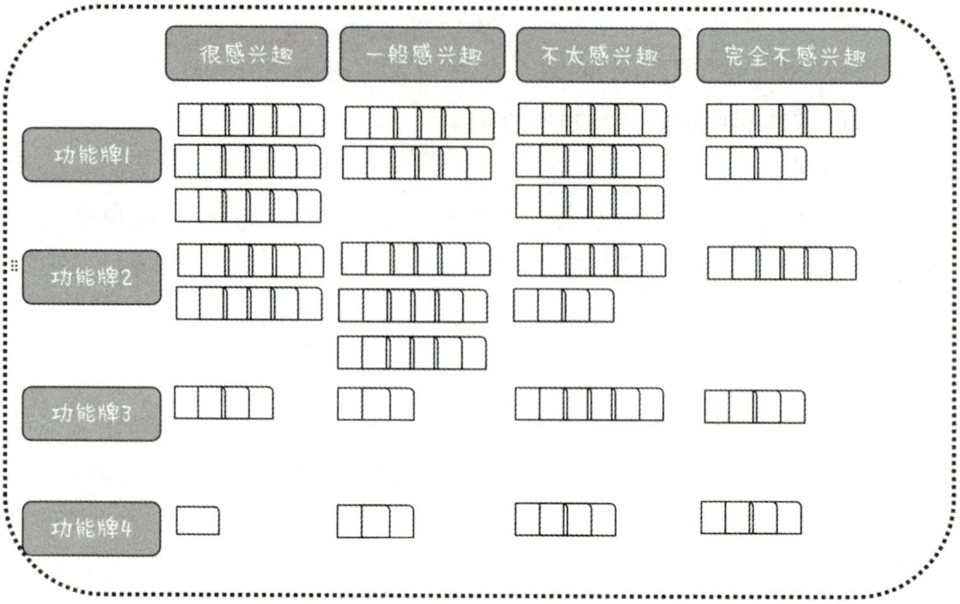

图 2-5　兴趣卡牌摆放示意图

表 2-5 100 种常见职业及职业关键能力描述卡牌

行政主管 组织协调 文档管理 沟通联络	**企业主管** 团队管理 战略规划 资源调配	**经理人** 市场分析 客户维护 团队激励	**土木营造监工** 工程监督 质量把控 进度管理	**翻译人员** 语言转换 文化传播 翻译技巧
天文学家 天体观测 数据分析 宇宙探索	**电脑程序设计** 算法设计 编码实现 软件测试	**系统分析师** 系统架构 需求分析 性能优化	**道景师** 场景设计 光影效果 空间布局	**报纸杂志编辑** 文章编辑 栏目策划 内容审核
建筑师 建筑设计 结构规划 美学理念	**交通规划师** 交通流量 路网布局 运输优化	**化工技术师** 化学反应 工艺设计 质量控制	**土木工程师** 结构设计 地基处理 建筑施工	**木雕工** 木材雕刻 精细工艺 艺术创作
造景师 园林设计 植物配置 景观效果	**测量员** 地形测量 数据记录 精度控制	**销售工程师** 技术推广 客户需求 解决方案	**工业工程师** 生产流程 效率提升 质量管理	**营建工程管理** 工程规划 预算控制 项目管理
品质管制工程师 质量检测 标准制定 持续改进	**陶瓷技师** 陶艺制作 窑炉烧制 造型设计	**药师** 药物调配 药理知识 用药指导	**兽医师** 动物疾病 临床诊断 治疗方案	**公务员** 洞察整合 文案撰写 组织协调
公共卫生医师 疾病防控 公共卫生 流行病学	**中医师** 中医诊断 针灸推拿 中药方剂	**护理佐理员** 病患护理 生活照料 康复辅助	**高校辅导员** 思政教育 心理评估 危机管理	**网页设计师** 网页美工 用户体验 前端开发
学前教育教师 儿童教育 游戏教学 心理引导	**特殊教育教师** 特殊需求 个性化教 学 康复训练	**会计师** 财务报表 税务筹划 成本控制	**公共关系员** 品牌传播 危机公关 媒体合作	**电机工程人员** 电气设计 设备安装 系统调试
律师 法律咨询 案件代理 法律研究	**心理咨询师** 心理辅导 咨询技巧 心理评估	**社会工作师** 社会服务 助人自助 社区发展	**人事管理师** 招聘选拔 培训发展 绩效管理	**摄影工作人员** 拍摄技巧 后期处理 视觉效果
数据分析师 数据挖掘 统计分析 数据可视化	**人工智能工程师** 算法研发 模型训练 智能应用	**区块链工程师** 区块链技术 密码学 分布式账本	**产品经理** 产品规划 用户需求 项目推进	**用户体验设计师** 用户研究 交互设计 可用性测试
数据分析师 深度分析 数据洞察 业务支持	**人工智能工程师** 机器学习 智能系统 创新应用	**区块链工程师** 加密技术 智能合约 去中心化	**新能源工程师** 可再生能源 能效优 化 研发	**虚拟现实设计师** 3D 建模 交互体验 虚拟场景
人力中介师 人才匹配 就业指导 人力资源	**图书管理员** 文献管理 图书分类 阅读推广	**新闻记者** 新闻采访 调查报道 新闻写作	**生物技术研究** 基因编辑 药物研发 生物实验	**电竞选手** 反应速度 游戏理解 心理素质
编剧 故事创作 角色塑造 剧本编排	**书籍编辑** 文字校对 内容策划 版式设计	**石雕工** 石材雕刻 艺术造型 传统工艺	**内容创作者** 内容策划 视频制作 平台运营	**智能制造工程师** 机器人技术 生产优 化 智能制造
漫画家 故事分镜 绘画技巧 视觉表现	**舞蹈家** 舞蹈编排 肢体表现 舞台表演	**乐器演奏家** 乐器演奏 音乐表现 合奏协作	**环境工程师** 环境污染治理 可持 续发展 环境监测	**用户体验设计师** 界面设计 用户行为 体验优化

续表

钢结构设计与管理人员 结构设计 安全评估 项目监督	**微电脑** 硬件组装 软件调试 技术支持	**电子杂志编辑** 内容策划 数字出版 媒体运营	**产品经理** 用户洞察 产品创新 商业价值	**游戏开发工程师** 图形渲染 游戏引擎 交互设计
连锁加盟店店长 店铺运营 团队管理 销售策略	**行销企划** 市场调研 营销策划 品牌推广	**电信工程师** 网络建设 技术支持 系统维护	**金融科技分析** 金融市场 算法交易 风险控制	**物业管理员** 社区服务 设备维护 环境管理
市调人员 市场调查 数据分析 趋势预测	**制程工程师** 工艺流程 质量控制 效率提升	**土木营建** 机械操作 施工安全 设备维护	**人工智能工程师** 自然语言处理 计算机视觉 智能交互	**虚拟现实设计师** 虚拟建模 沉浸体验 交互创新
机械制图工 工程制图 设计软件 精度控制	**建筑制图人员** 建筑设计图 规范标准 图纸审核	**电子处理资料系统操作员** 数据录入 系统操作 信息管理	**生物技术研究员** 生物信息 基因治疗 药物开发	**新能源工程师** 储能技术 能源管理 可持续发展
商船工作人员 船舶驾驶 航海技术 船舶维护	**民航运输驾驶员** 飞行驾驶 航空安全 天气分析	**轮机人员** 船舶机械 设备维修 技术操作	**内容创作者** 创意构思 多媒体制作 受众分析	**社群运营** 社群增长 用户黏性 活动策划
游戏开发工程师 游戏编程 关卡设计 游戏优化	**数字营销专员** 线上营销 社交媒体 数据分析	**金融科技分析师** 金融数据 风险评估 技术创新	**精准医疗专家** 诊断技术 治疗方案 医疗咨询	**美术设计师** 视觉设计 创意表达 艺术创作
电竞选手 游戏竞技 团队协作 战术执行	**社群运营** 社交平台 用户互动 社区管理	**餐饮服务员** 客户服务 餐饮服务 厅面管理	**数据分析师** 商业智能 数据仓库 预测分析	**采购专员** 供应商管理 成本控制 采购谈判

第四节 技能盘点:发掘个人优势能力

进阶小目标

1. 理解能力与技能的概念,掌握技能三核理论
2. 能够运用合适的方法进行技能探索,了解自己的优势能力
3. 学会技能提升的必要方法,制订技能提升计划

【成长小故事】

小林是一名大二学生,最近他越来越焦虑。

专业课上,小林常常走神。面对复杂的编程代码,他满头雾水,花了大量时间却收效甚微。看到室友参加编程比赛获奖,小林既羡慕又嫉妒,可自己连基础的代码都写得磕磕绊绊。他也试着准备比赛,但每次都是草草了事。

社团活动中,小林担任宣传工作,主要负责海报设计和推文撰写。刚开始,他热情满满,可设计海报时,他缺乏设计感,做出来的海报呆板无趣;写推文时,文字枯燥,阅读量寥寥无几。他暗自和别的宣传骨干比较,越比越沮丧,怀疑自己是不是没有一点可用的技能。

假期里,小林见识到了学长学姐们在实习岗位上的出色表现,再想想自己,除了成绩单上平平无奇的分数,什么拿得出手的成果都没有。他决定找实习提升自己,可投出的简历大多石沉大海。在为数不多的面试中,也因技能欠缺而失败。

这种状况一直持续到毕业前夕,小林的简历上仍没有什么亮点。他常常回想大学这几年,忙碌却无所得,不禁怀疑自己是不是永远都这么平庸。他渴望改变,却不知道从何下手。

一、什么是能力

在心理学领域,能力被定义为个体顺利完成特定活动的心理特征,这一概念有着丰富的内涵。从本质上说,能力是个体在面对特定任务或活动时,能够高效、准确地完成所需的心理条件。它反映了个体在认知、操作和社交等不同领域的心理素质和

行为表现。

例如，一个具备出色逻辑推理能力的人，在面对复杂的数学问题或逻辑谜题时，能迅速理清思路，找到有效的解决办法；而一个拥有良好沟通能力的人，能够在人际交往中轻松地表达自己的观点，理解他人的需求，并有效地与他人协作。

从来源上来看，能力分为天赋能力和技能两部分。天赋能力与生俱来，受遗传和生理因素影响。霍华德·加德纳提出多元智能理论，认为智力不是单一的，而是由多种相互独立的智能成分构成。这些智能是天赋能力的体现，如语言智能、逻辑数学智能、空间智能、音乐智能、身体运动智能、人际智能、内省智能和自然观察者智能（图2-6）。它们是与生俱来的，在特定环境下会自然显现。

技能是后天习得的能力，与天赋能力不同。技能的形成依赖于知识、练习和经验积累，如编程技能、烹饪技能、驾驶技能等。例如，一个人通过系统学习和大量练习掌握了编程语言，从而具备了编程技能。

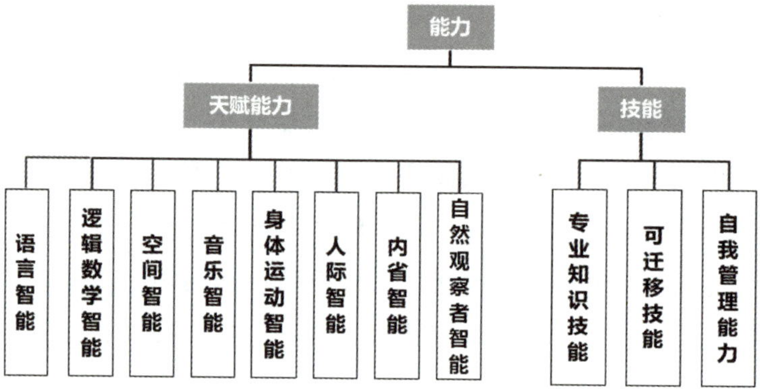

图 2-6　能力的构成要素

二、技能分类理论

美国学者辛迪·梵提出的技能分类理论（又称“技能三叶草模型”），将个体能力划分为三类互补的核心技能：专业知识技能、可迁移技能和自我管理能力。这一理论帮助个人全面评估自身能力，以便更好地进行职业规划和提升。

（一）专业知识技能

专业知识技能是指在特定领域或职业中所需的专门知识和技能。这些技能通常通过正规教育、培训课程或工作经验获得，与特定的职业或行业密切相关。例如，程序员需要掌握特定的编程语言（如 Python、Java 等），医生需要具备诊断和治疗疾病的专业知识。专业知识技能的评价标准通常是其深度和广度，掌握得越深入、越广泛,通常在职业中表现得越出色。

(二)可迁移技能

可迁移技能是指那些可以在不同职业和行业中通用的技能,不局限于某一特定领域。这些技能通常用动词来描述,如沟通、团队合作、问题解决、时间管理等。例如,无论你从事教育、金融还是科技行业,良好的沟通能力和团队合作精神都是至关重要的。可迁移技能的评价标准是熟练程度,即个体在实际情境中运用这些技能的熟练和有效程度。

(三)自我管理能力

自我管理能力涉及个体对自己行为、情绪和动机的控制和调节能力,是一种"自动化"的技能,通常表现在个人的日常行为和习惯中。这些能力包括自律、时间管理、情绪管理、自我激励等。例如,能够自我激励的人会主动设定目标并努力实现,而不需要外部的监督或奖励。自我管理能力没有明确的评价标准,但它们对职业成功有着深远的影响,因为它们影响着个体如何应对工作中的挑战和压力。

这三类技能相互关联,共同构成了个体的综合职业能力。在职业发展中,专业知识技能为个体提供了进入特定领域的敲门砖;可迁移技能使个体能够在不同情境中灵活应对,提升工作效率和团队协作效果;自我管理能力则帮助个体保持职业发展的动力和稳定性,有效地管理和调整自己的行为和情绪,以适应职业环境的变化和挑战。

在数字化学习与职业发展中,人工智能通用能力已成为适应未来的关键素养。这一能力并非要求掌握复杂算法或编程技术,而是指理解 AI 工具的功能边界、善用其辅助完成任务,并在协作中保持人类核心竞争力的综合素养。

扫一扫,了解详情

三、技能三核在简历中的精准呈现

在数字化招聘时代,企业筛选简历的平均时间仅 6 秒,如何在短时间内让技能亮点脱颖而出,成为打动 HR 的关键。以下从专业知识技能、可迁移技能、自我管理能力三大维度,解析技能与岗位需求的匹配策略。

1. 如何在简历中呈现专业知识技能

在简历的"教育经历"部分,详细列出所学专业、课程以及相关学位或证书。通过描述参与的项目经历,展示专业技能在实际工作中的应用。通过描述相关实习工作经验,用具体的数据和成果来体现专业技能的价值。

2. 如何在简历中呈现可迁移技能

在描述工作经历时，强调所运用的可迁移技能。学生干部活动经历和志愿者经历也是展示可迁移技能的重要途径。在简历中设置专门的“技能清单”部分，列出掌握的可迁移技能，如熟练使用办公软件、具备良好的数据分析能力、拥有优秀的英语听说读写能力等。

3. 如何在简历中呈现自我管理能力

在简历的开头或结尾部分，简要阐述自己的职业目标和规划，展示对未来的清晰思考和自我管理能力。通过提及获得的个人成就和荣誉，如优秀学生干部、五四标兵等，这些可以间接反映个人的自我管理能力和责任心。最后在“自我评价”部分，用简洁的语言概括自己的自我管理技能，如“面对压力和挑战时能够保持积极的心态。”

对于高校在校生，建议以专业技能筑基—可迁移技能拓展—自我管理能力固化为路径，低年级深耕核心课程与实验室项目，中年级通过社团、实习积累协作经验，针对性考取行业认证，高年级聚焦岗位定制化简历打磨。具体简历制作技巧与实战案例，将在第五章中展开系统讲解。

四、技能提升的方法

你有没有发现，那些在某个领域特别厉害的人，好像都有一个共同点——他们并非天生自带“无敌 buff”，而是后天通过努力一点点打磨出了自己的实力。技能提升需兼顾方法论与积累原则：首先掌握刻意练习的“目标 — 专注 — 反馈”三要素，再通过长期持续投入（如一万小时定律）实现质变。今天，咱们就来深挖技能提升的奥秘。

（一）刻意练习

刻意练习理论是由心理学家安德斯·埃里克森提出的，旨在揭穿“天赋”的神话，解释普通人如何通过特定方法取得非凡成就。该理论基于对各领域专家的研究，发现专家级水平是通过长期刻意练习获得的。你可以这样做。

1. 设定目标，拆解任务

就像打游戏要明确通关任务一样，刻意练习的第一步是设定清晰目标。假如你想成为编程高手，那就把目标拆解成掌握不同编程语言、解决复杂算法问题等小任务。每完成一个子任务，就为最终目标铺垫一块坚实的砖。

2. 专注当下，找出问题

进入刻意练习状态，就得全身心投入，把手机静音、关掉社交媒体，心无旁骛地专注于练习内容。在这个过程中,你得学会找出自己的薄弱环节,比如练吉他时发现和弦切换总是卡顿,这就是你要重点攻克的"小怪兽"。

3. 及时反馈,持续改进

刻意练习需要一个"导师"或是可靠的反馈机制。你可以拜托专业人士指点,也可以用一些工具来检测自己的练习成果。要是练演讲,就录下来回看,从语速、语调到肢体语言,逐个击破问题。

(二)一万小时定律

"一万小时定律"由作家马尔科姆·格拉德威尔在《异类》一书中提出。该定律认为,成为某领域专家需投入约一万小时的刻意练习。这一理论源于对多领域成功人士的观察,发现他们通常在各自领域经历了长期大量练习。格拉德威尔指出,无论天赋如何,长期努力是成功的关键。但需注意,一万小时定律并不绝对。后续研究发现,仅投入时间而不注重练习质量和方法,难以达到专家水平。成功还需结合天赋、方法和机遇等因素。

1. 保障时间

一万小时看着吓人,其实摊到每天,按每天练 6~8 小时算,也就 5 年左右。关键是要持之以恒,不管多忙都雷打不动地保证练习时长。就像你每天背单词,三年下来词汇量肯定惊人。

2. 高质量练习

时间只是基础,质量才决定成败。这就好比两个人练书法,一个每天照葫芦画瓢写十遍,一个却在专业老师指导下,每写一个字就分析笔画、结构,找出问题再改。十年后,后者可能成书法大师,前者可能还是写得一塌糊涂。

(三)打造专属技能提升计划

将刻意练习与时间保障结合起来,就能打造自己的能力提升计划了。你可以试着这样操作。

1. 评估现状

先冷静盘点自己的技能水平,剖析强弱项。要是练绘画,就看看素描功底、色彩运用、创意构思等哪部分欠缺,这就能明确刻意练习的方向。

2. 制订计划

根据目标和现状,把练习安排得明明白白。例如,想要练习演讲,你可以每周抽固定时间,设定具体任务,像周一背经典演讲稿,周三分析演讲视频学技巧,周五模拟演讲找问题。

3. 练习与反馈

按计划开始练习，过程中高度集中注意力，一发现问题就立马调整。每次练习结束后，认真复盘，总结经验教训，为下次练习做准备。

4. 坚持与调整

技能提升之路漫漫，别想着一蹴而就。要一路坚持，同时根据进步情况和新目标，灵活调整练习计划。例如学习外语，随着词汇量增加、语法掌握得更熟练，就可以从基础对话练习转向外文原著阅读、外文影视配音练习等进阶内容。

刻意练习和一万小时定律可不是空洞的理论，它们是无数成功者亲身验证过的“技能进阶宝典”。从现在起，设定目标，投入高质量练习，日积月累，你也能在自己的领域闪闪发光！

想知道自己拥有哪些潜在的职业技能，又该如何发掘和提升它们吗？扫描右侧二维码，一同开启职业技能的探索之旅！这段视频会带你了解职业技能的不同类型，教你发现自身技能优势，还会分享提升技能的实用方法。

扫一扫，观看视频

技能小挑战

挑战 1:记录成就故事,挖掘优势能力

目标:帮助个人挖掘成就故事,清晰自身优势与成长轨迹,增强自信心;将成就故事转化为职业发展素材,提升求职竞争力,吸引雇主关注。

时间:20 分钟。

要求:“积累成就故事”活动可不是普通的分享会,而是你们个人成长史的“寻宝之旅”。你有没有那些曾经拼尽全力达成目标、获得成就的高光时刻?那些在困难面前不退缩、最终逆袭的精彩片段?把它们藏在心底太可惜了!现在,让我们把它们挖掘出来,拼凑成属于自己的成就拼图。分享时表达清晰有条理,倾听时尊重他人,汲取经验。

流程:

Step 1 参与者撰写成就故事,按照背景、困难、行动、成果等结构,挖掘细节,生动表达。

Step 2 分组后依次分享,成员倾听、提问、交流,每人有足够展示时间。

Step 3 小组讨论推选 1~2 个最具代表性、感染力的故事。

Step 4 班级展示,小组代表上台分享,台下听众积极互动,营造热烈氛围。

成就故事的力量

我的姓名：________________

请根据 STAR 行为事件描述法，书写自高中以来自己觉得有成就的事件，尽可能多地把它们列出来。	
事件 1	S： T： A： R：
事件 2	S： T： A： R：
事件 3	S： T： A： R：
事件 4	S： T： A： R：
事件 5	S： T： A： R：
事件 6	S： T： A： R：
事件 7	S： T： A： R：
事件 8	S： T： A： R：

第五节 价值定位:锚定职业追求方向

进阶小目标

1. 掌握职业价值观概念,构建基本知识体系
2. 厘清个人职业价值观,提升职业规划能力
3. 树立积极职业价值观,服务祖国发展需要

【成长小故事】

某高职院校电子信息工程技术专业小王,在临近毕业时,遇上了两难的抉择。小王是湖北恩施人,父母希望小王毕业后能够回到家乡县城工作,虽然工资水平不高,但胜在工作稳定,生活安逸。但小王所学习的专业在“长三角”“珠三角”区域内的大城市获得的发展机会会更大。是追求稳定还是图谋发展?小王一时陷入两难的抉择。

一、价值观与职业价值观

(一)什么是价值观

价值观指的是人们在做选择和判断时所最为看重的原则、标准和品质,也是用来区分好坏、分辨是非及其重要性的心理倾向体系。

在现代社会,我们每个人能够获取的资源是有限的,但我们的需求总是存在的,甚至会渴求手握的资源越多越好,这就是资源有限性与需求无限性之间的矛盾。而矛盾的必然性就会要求我们必须做出取舍,不过每个人取舍的独特标准与准则是不一样的。什么最重要,什么次重要,什么不重要,这都取决于价值观。

例如,你周围有10个人,都想和你做朋友,你最看重的是什么?你会选择哪个人呢?真诚、善良、大方、帅气、才华、智慧等等?你做出选择的标准就体现了你的价值观。

再比如说,新中国成立时,百废待兴,远在海外的中华儿女放弃国外的优渥待遇,克服重重阻碍,毅然决然地回到祖国,投身祖国的建设事业。这也体现了前辈们的伟

大价值观选择。对于他们而言，比起高薪的待遇、体面的工作，他们更看重的是祖国的发展、人民的幸福。

（二）什么是职业价值观

价值观在职业选择上的体现，就是职业价值观。

职业价值观是指人生目标和人生态度在职业选择方面的具体表现，是一个人对职业的认识和态度以及他对职业目标的追求和向往。就像电影《疯狂动物城》里的朱迪兔子一样，按照它们家族的传统职业规划，它应该是要待在兔窝镇种胡萝卜、卖胡萝卜，然而朱迪通过了重重考验，成为现代动物都市的第一个兔子警官，它为了打破其他动物对食草动物的偏见付出了很多的努力。正如它自己所说，“我的工作就是想让这个城市更美好。”能匹配个人职业价值观的工作，才能让人充实，感到有意义。

（三）舒伯的 15 个职业价值因子

美国生涯大师舒伯提出的 15 个职业价值因子（表 2-6），从利他主义到生活方式，涵盖了影响职业选择的核心维度。这些因子不仅帮助个人识别核心需求，也为职业决策提供了系统性框架。

表 2-6　舒伯的职业价值观因子表

价值因子	定义
成就动机	指追求成功和成就感的愿望，以及为实现这些目标而付出的努力
社会贡献	指对社会做出积极的贡献，例如参与慈善活动或为社会做贡献等
影响力	指在工作中具有权力和影响力，能够影响他人的行为和决策
稳定性	指对工作的稳定性和可靠性的需求，以及对工作的稳定性、连续性和可预测性的要求
成长机会	指寻求发展和提高技能的机会，以及学习新知识和技能的意愿
工作满意度	指对工作的满意程度和对工作环境的评价，如舒适的工作环境、灵活的工作时间等
个人价值观	指与个人价值观相关的因素，如道德、伦理、公正、诚实等
人际关系	指与他人的关系，包括同事、上司、下属和客户等
自主性	指在工作中拥有自主权和控制感，可以自主决定自己的工作方式和计划
责任感	指对工作的责任感和义务感，以及对完成任务的承诺和责任
独立性	指独立工作和独立思考的能力，能够在没有他人帮助的情况下完成工作
灵活性	指灵活适应不同环境和情况的能力，包括时间管理、任务分配等方面
安全性	指对工作环境的安全性和健康性的需求，以及对工作场所的安全和卫生要求的重视
健康与福利	指关注员工的健康和福利，包括提供健康保障、健身设施等方面的支持
经济报酬	指对薪酬水平的期望和要求，以及对福利待遇、奖金、股票期权等方面的考虑

二、职业价值观的分类与演变

(一)职业价值观的分类

根据舒伯的理论,职业价值观可以分为三大类:传统型、实用型和自我表达型。

1. 传统型

传统型职业价值观强调传承和遵循已有的传统和规范。这类价值观最突出的特征是对职业身份认同的高度重视。对于传统型的个体来说,职业不仅仅是一份工作,更是一种身份的象征。他们强调职业的稳定性、忠诚度和专业技能的培养。他们相信通过持续的努力和自我完善,可以获得职业上的成功和声誉。

2. 实用型

实用型职业价值观则注重应用性和实用性。这类人的价值观更加注重工作的结果和成果,倾向于追求经济利益和个人成长。他们重视职业的发展和前景,追求更好的福利待遇和职业晋升的机会。他们注重实用的技能和知识的积累,力求能够通过职业实践获得更多的回报和成就感。

3. 自我表达型

自我表达型职业价值观强调工作与个人兴趣和价值观的契合。这类人更加重视个人的天赋和兴趣,注重工作的意义和内在满足感。他们追求的是能够在职业生涯中充分展现自我的机会,通过工作来实现个人发展和人生意义的追求。他们对于创造性的工作、自由度和自主性的要求较为突出。

舒伯的职业价值观理论为我们认识和定位自己的职业发展提供了有益的参考。在选择职业和职业发展路线时,我们可以根据自己的个性特点和价值观倾向,选择适合自己的职业类型。同时,也可以通过了解不同职业价值观对于职业生涯的影响,为自己的职业发展做出更加明智的决策。最重要的是,在职业发展的过程中,我们应该不断反思自己的职业价值观,并将其与实际工作情境进行调整和适应,以实现个人的成长和价值的实现。

(二)职业价值观的演变

1. 传统职业价值观

在过往年代,受限于社会经济发展水平以及信息传播的相对滞后,先辈们的职业观念多聚焦于坚守本职岗位,稳定地耕耘至退休。彼时,社会主流倡导人们秉持着如同“螺丝钉”般的精神,在既定岗位上默默奉献,较少追求额外的物质回报或权力地位。

随着社会经济的逐步发展,传统职业价值观开始悄然转变。经济发展带来的物质生活改善以及社会竞争机制的初步构建，使人们开始关注财富积累与社会地位的提升，职业价值观也逐渐向追求经济利益和权力地位的满足倾斜。

而进入信息爆炸的时代，现代社会的职业价值观进一步演变，开始呈现出理性化倾向。一方面，人们在职业选择和规划时，综合考量职业的稳定性、发展空间、薪资待遇等多方面因素；另一方面，对职业的风险与收益有更为清晰的认知，不再盲目跟风，而是基于自身的兴趣、能力以及市场需求，做出更为审慎、合理的决策。

2. 后现代职业价值观

随着现代职业价值观的逐渐成熟与深化，一种新的职业价值观倾向——后现代职业价值观，逐渐崭露头角。相较于现代职业价值观对金钱与地位的侧重，后现代职业价值观更关注个体的内在需求与幸福体验。

在后现代职业价值观的视域下，职业不再是单纯追求财富和权力的工具，而是实现个人幸福的重要途径。人们愈发强调通过工作满足自我实现需求，追求职业与生活的平衡，不再将工作视为生活的全部重心，而是注重在工作之外丰富自己的生活体验。

同时，这种价值观不再过度在意传统的成功标准与权威观念。在一个多元化、个性化的时代背景下，个体更加追求独立自主，希望按照自己的价值观和生活节奏规划职业发展路径，而不是被外界既定的成功模板所束缚。

综上所述，职业价值观的演变历程清晰地映射出社会发展的轨迹。从传统到现代，再到后现代，职业价值观的每一次转变，既是时代背景下多元价值观相互碰撞、冲突与融合的体现，也深刻揭示了人们内心深处对于职业意义与生活价值的不懈探寻与思考。这一演变过程为我们理解职业发展与社会发展之间的内在联系提供了宝贵的视角，也为个体在职业选择与规划中适应时代变化、实现自身价值提供了有益的启示。

三、职业价值观与职业选择

（一）职业价值观关联着职业选择

职业价值观是一种主观认知体系，体现了个人对于不同职业属性的偏好排序，与职业选择存在高度关联性。例如，当个体高度重视薪资水平时，具有项目提成机制的销售类或项目制工作岗位往往更具吸引力；若对工作的稳定性赋予较高权重，像教师、事业单位职员以及文员等职业，以其相对稳定的就业环境，便成为较优的选择；而那些注重工作中创造性发挥的个体，则更倾向选择广告设计、科研项目开发等具有广阔创意空间的职业路径。

从深层次来看，个人所处的社会环境、受教育程度、成长经历以及自身追求等因素，综合作用于职业价值观的形成。不同个体在这些方面存在差异，造就了职业价值观的多样性，而正是这种差异化的价值观，在职业选择过程中起着至关重要的引导作用，成为决定个人职业轨迹的关键因素。

（二）职业价值观推动着职业发展

职业价值观蕴含着个体对职业意义的深刻认知，能在职业发展进程中提供强大的精神驱动力。在实际工作中，难免遭遇各类困难与挑战，职业价值观在此时发挥关键作用。当工作内容与个人职业价值观契合时，即便面临短期的职业困境，个体也能够凭借内在的价值驱动，坚守岗位，积极应对，从工作中收获自我实现的获得感与成就感，进而实现个人的职业成长与突破。

然而，在现实的职业场景中，需明确以下几点认知。其一，理想中一份工作能完全满足个人所有重要价值观的情况极为罕见，所谓“完美工作”仅存在于理想化观念中，现实工作往往需要在多方面进行权衡取舍。其二，职业价值观并非恒定不变，会随着个体所处的生涯发展阶段以及社会环境变迁而动态调整。以改革开放初期为例，当时社会机遇涌现，许多人放弃传统“铁饭碗”工作，奔赴北上广深等经济特区创业；而随着当下社会经济环境变化，部分年轻人重新审视职业稳定性，出现了“宇宙的尽头是编制”这一网络流行语所反映的职业倾向转变现象。其三，在多元价值观交织的社会中，个体原有价值观可能受到冲击，面临妥协与放弃的抉择。

马克思曾精辟地指出：“人具有自然属性和社会属性，正是这双重属性决定了人不能只为自己，要把个人和集体、社会、国家紧密联系在一起。”习近平总书记也强调：“小我融入大我，青春奉献祖国。”陈祥榕烈士以“清澈的爱，只为中国”的坚定誓言与英勇行动，彰显了崇高的职业价值观。那些怀揣“到西部去、到基层去、到祖国和人民需要的地方去”理念的西部计划志愿者，为国铸盾的工程专家钱七虎、借助互联网媒体传播知识文化的“银发知播”群体，以及身残志坚、自强不息的陆鸿等榜样，他们的职业选择虽各不相同，但都在平凡岗位上创造了不凡成就，深刻诠释了职业价值观的利他属性——职业之所以值得尊重，在于其能够为社会和谐美好注入力量。同学们在进行职业决策时，应秉持这样的理念：无论职业平凡与否，只要能为社会增添一份正能量，为世界贡献自身价值，便是一份具有崇高意义的好工作。

职业价值观就像职场指南针，指引你在职业道路上不迷失方向。扫描右侧二维码，这段视频将带你深入探索职业价值观的奥秘。它会帮你理清内心深处真正看重的东西，比如成就感、稳定性、创造力等，让你明白什么能真正驱动自己前行。快来找找你的职业“心之所向”吧！

扫一扫，观看视频

技能小挑战

挑战1:泰坦尼克号的选择

目标:引导参与者思考自身价值观,理解人与人之间价值观的差异,并学会将价值观与职业选择相结合,明白价值观无对错,能坚守自己的价值观,同时接纳他人的价值观。

时间:20~30分钟。

要求:在一次航海旅行中,我们乘坐的泰坦尼克号不幸撞上了冰山,即将沉没,但船上只有一艘救生艇,只能乘坐5人,其余的人只好等待机会,但船正在一点点下沉,有可能会沉入海底,此刻船上有乘客14人。如果由你做决定,你觉得谁应该被救出来。请在表中按照优先顺序排序。注意全面审视人物信息,综合考虑其获救影响;排序以清晰合理价值观为依据,避免主观偏见;讨论时尊重他人观点,保持开放包容态度。

流程:

Step 1 阅读背景与理解情境。阅读情境描述,理解事件紧迫性。

Step 2 独立思考与初步排序。独立为14名人物按优先顺序排序,并在表格中填写被救理由,用时15分钟。

Step 3 小组讨论与交流分享。3~5人一组,成员依次分享排序及理由,进行讨论交流。

Step 4 小组总结与达成共识。小组整合观点,形成共识排序,推选代表准备分享。

Step 5 全体分享与总结反思。小组代表分享成果,其他小组可补充或提问,组织者最后总结,引导思考价值观与职业选择的关系。

泰坦尼克号的选择

人物	优先顺序	被救理由
自己		
孕妇,29 岁,怀孕 8 个月		
小孩,10 岁,聪明活泼可爱		
医生,40 岁,精通医术		
运动员,32 岁,身体强壮		
股市大亨,48 岁,财富自由		
老人,75 岁,行动不便		
偶像明星,22 岁,唱跳俱佳		
记者,35 岁,资深报道专家		
高级教师,43 岁,教学水平高		
导演,51 岁,获得多次大奖		
市长,47 岁,有远见,管理能力强		
法官,35 岁,精通法律		
电脑工程师,27 岁,科技新贵		

挑战 2:价值观拍卖会

目标:识别个人职业价值观优先级,理解价值观冲突时的取舍逻辑,引导思考职业选择中的核心诉求。

要求:每位同学拥有“生涯币”1000 点,每项价值观底价 50 点,每次加价不低于 50 点。可竞拍多项,但总额不可超支;若多人同时竞拍同一项,价高者得,无人竞价则流拍;拍卖结束后分享竞拍结果及原因。

流程:

Step 1 准备阶段。展示 20 项职业价值观项目,介绍拍卖规则,每位学生获得 1000 点“生涯币”。

Step 2 竞拍阶段。依次拍卖各项职业价值观,学生根据自己的价值观和预算进行竞价,记录拍得者和拍得价格。

Step 3 分享阶段。学生分享拍到的价值观及原因,未拍到但想要的价值观及可能的实现方式,以及如果必须放弃一项已拍到的价值观的选择。

Step 4 总结阶段。总结价值观无对错,需明确优先级;职业选择是动态平衡;竞拍是未来人生的缩影;没有完美的职业,只有清醒的选择。

价值观项目	预算价格	拍得价格	价格排序
高薪(年薪 20 万以上)			
工作稳定(铁饭碗,无裁员风险)			
自由时间(每天工作 6 小时,双休不加班)			
社会地位(受人尊敬的职业头衔)			
创造力(可自主设计产品或方案)			
团队氛围(同事友好,领导开明)			
学习成长(公司提供定期培训和晋升机会)			
帮助他人(工作直接为他人解决问题)			
创业机会(可独立负责项目或开设工作室)			
工作地点(在家办公或一线城市 CBD)			
健康保障(公司提供健身房、年度体检)			
国际视野(每年至少一次海外出差或进修)			
兴趣爱好(工作内容与个人爱好高度相关)			
家庭支持(工作不影响陪伴家人)			
道德感(公司价值观与个人道德一致)			
挑战性(工作内容充满新鲜感和难度)			
行业前景(公司处于风口行业)			
环境舒适(办公室有咖啡厅、绿植区)			
社会贡献(工作推动环保、教育等公益事业)			
管理权力(可带领 10 人以上团队)			

本章凝萃

职业生涯规划是一场自我发现与成长的冒险。本章引导我们深入探索自我认知,通过理解兴趣、性格、能力与价值观等多维度要素,结合实用工具和理论(如MBTI、霍兰德兴趣理论、舒伯的15个职业价值因子等),逐步明晰职业方向。大学时期是职业能力提升的关键阶段,我们应在不同年级完成相应的技能进阶任务,为职业起航做好准备。同时,职业规划是一个持续动态的过程,需要我们不断在行动中反思调整,紧跟时代发展,将个人职业目标与社会价值相结合,实现从谋生到自我价值实现再到服务社会的升华。

第三章

职场探秘：解码真实工作世界

广大青年要坚定不移听党话、跟党走，怀抱梦想又脚踏实地，敢想敢为又善作善成，立志做有理想、敢担当、能吃苦、肯奋斗的新时代好青年，让青春在全面建设社会主义现代化国家的火热实践中绽放绚丽之花。

——节选自习近平总书记 2022 年 10 月 16 日在党的二十大上的报告

漫画说生涯

学习暖心话

亲爱的同学们,你们是否对所学专业、所在行业和未来要从事的职业还一知半解,一筹莫展?要怎样在多元的行业领域中找准自己的定位,又该如何在大学阶段学习识别行业与职业发展趋势与风险,匹配自我优势,明确适合的职业发展道路,锻炼相关技术技能。本章将从行业、企业和岗位三个方面带领你走近真实社会,提供调查研究有效方法,帮助你进一步探索职业发展道路。

进阶小目标

1. 认知觉醒:洞悉职场前沿动态,构建职业环境系统化认知
2. 实践探索:掌握职业探索方法,形成个性化的职业信息库
3. 方向定位:锚定个人职业发展方向,制定阶段性成长规划

【成长小故事】

老师,我是一名计算机科学专业的大一学生。我对人工智能领域很感兴趣,但不知道人工智能行业具体有哪些细分岗位,以及这些岗位的具体职责和要求是什么,也不知道这个行业的未来发展趋势是怎样的。我听说互联网行业变化很快,新技术层出不穷,我很担心自己选错了方向,或者刚学会的技术就过时了。

你是否好奇不同职业每天都在经历怎样的故事?扫描右侧二维码,让我们一同叩开职业世界的大门,了解职业世界里丰富的行业生态、岗位特性。快来发现那些藏在日常背后的职业奥秘,找到属于你的探索方向吧!

扫一扫,观看视频

第一节 职场扫描:把握前沿发展趋势

进阶小目标

1. 了解行业发展趋势,明确职业探索重要性
2. 结合个人所学专业,分析本行业人才需求
3. 结合个人发展优势,确定未来职业发展方向

【成长小故事】

小林是一名对人工智能充满热情的大二学生。一次行业讲座后,他意识到对AI行业的表面化理解可能让自己在未来竞争中落后。于是,他开始主动深入了解行业发展趋势。他利用课余时间研读专业书籍、浏览行业网站,关注人工智能(AI)在医疗、交通等领域的应用。同时,积极参加线上线下行业论坛,与专业人士交流,把握前沿动态。他还加入了AI项目实践,通过实际操作深化对行业的认识。在一次校园科技展上,小林分享了自己对AI行业发展的见解,吸引了导师和企业的关注。这次经历不仅让小林获得了宝贵的实习机会,更让他深刻体会到,只有深入了解行业,才能在职业道路上有的放矢,不断前行。

小林通过深入研究和分析,他发现人工智能在医疗影像分析领域具有巨大的应用潜力和市场需求。于是,他果断将探究方向调整到医疗AI,并积极参与相关项目。他加入了一个利用AI技术进行疾病早期筛查的医疗项目,并通过自己的努力推动了项目的进展。这不仅让他在实践中积累了宝贵经验,还让他深刻体会到"风口上的猪都会飞"的行业规律。正是因为他站在了人工智能发展的"风口",才得以在快速发展的行业中获得更多机会,实现个人价值的提升。

一、当前行业发展趋势

在职业发展规划中,洞悉行业发展趋势是实现"人职匹配"的核心前提,这不仅关乎个人职业兴趣与市场需求的契合度,更直接影响职业成长空间与薪资潜力的天花板。从现实来看,技术迭代与市场需求的动态变化正重塑产业格局——人工智能、

新能源等领域因技术突破迅速崛起，创造海量新兴岗位；传统零售、基础制造业等行业则面临转型压力，岗位需求结构持续调整。唯有将个人职业选择锚定在蓬勃发展的赛道上，确保专业技能与未来职场需求同频进化，才能在竞争激烈的就业市场中构建先发优势，实现职业生涯的可持续发展。

（一）行业变迁源动力

1. 政策驱动下的行业变革

政策导向是行业发展的重要风向标。例如，在“双碳”目标政策推动下，新能源行业迎来爆发式增长，光伏、风电、储能等细分领域企业数量与投资额连年攀升。而“专精特新”政策扶持中小企业发展，促使制造业向高端化、智能化转型。通过解读国家五年规划、产业扶持政策，能够清晰地看到政策如何重塑行业格局，为从业者指明潜力赛道。

2. 技术创新引发的行业颠覆

技术革新是推动行业发展的核心动力。人工智能、大数据、云计算等技术的成熟，不仅催生了 AI 训练师、数据分析师等新兴职业，还深度改造传统行业。以医疗行业为例，AI 辅助诊断技术提升诊疗效率，远程医疗借助 5G 实现广泛应用；教育行业中，在线教育平台打破时空限制，智能学习系统实现个性化教学。技术迭代加速行业边界模糊化，跨界融合成为新趋势。

3. 社会需求变化催生的行业机遇

社会需求的演变直接影响行业兴衰。随着人口老龄化加剧，养老护理、康复医疗、老年文娱等银发经济相关行业快速发展；年轻一代消费观念转变，国潮文化兴起，汉服、文创、非遗传承等行业迎来春天。同时，环保意识提升推动垃圾分类、循环经济行业发展。关注社会需求变化，能提前洞察行业发展潜力。

（二）热门行业发展现状

1. 人工智能

1）人工智能的概念

AI 作为 21 世纪最具革命性的技术之一，正在深刻改变全球经济、社会和生活方式的方方面面。从自动驾驶汽车到智能医疗诊断，从个性化推荐系统到自动化工业生产，AI 的应用场景不断扩展，技术能力持续突破。根据《人工智能标准化白皮书》（2018 版），人工智能被定义为利用数字计算机或者数字计算机控制的机器，模拟、延伸和扩展人的智能，感知环境、获取知识并使用知识获得最佳结果的理论、方法、技术及应用系统。

根据《中国新一代人工智能科技产业发展报告 2024》，在 4311 家人工智能骨干企业的省份分布中，主要分布在北京市、广东省、上海市、浙江省、江苏省、山东省等地。其中，北京市占比最高，为 29.04%；其次是广东省，占比为 21.90%，主要分布在深圳市和广州市；排名第三的是上海市，占比为 13.99%。我国人工智能骨干企业主要分布在京津冀、长江三角洲、珠江三角洲和川渝地区。在 4311 家人工智能骨干企业的集群分布中，排名第一的是长江三角洲地区，占比 31.7%；排名第二的是京津冀地区，占比 30.1%；排名第三的是珠江三角洲地区，占比 21.9%。

2）人工智能催生的新兴产业

A. 人工智能芯片制造业：设计和制造适用于机器学习、深度学习等任务的高性能芯片，提高计算效率和降低能耗。

B. 自动驾驶汽车行业：集成先进传感器、高精度地图和复杂算法，实现车辆自主导航和行驶，减少交通事故并提高出行效率。

C. 智能机器人行业：结合机械工程、计算机科学和人工智能技术，执行工业自动化、医疗护理、家庭服务等复杂任务。

D. 生物识别技术行业：利用人体独特的生物特征进行身份识别和认证，在安防、金融、医疗等领域应用广泛。

E. 自然语言处理行业：专注于计算机理解和生成人类语言，在语音识别、机器翻译、聊天机器人等领域发挥重要作用。

F. 边缘计算行业：在离数据源较近的网络边缘进行数据处理和分析，减少数据传输延迟，提高处理效率，适用于实时性要求高的场景。

G. 云计算服务行业：为 AI 应用提供强大的计算能力和数据存储能力，使企业和开发者能轻松访问和使用 AI 技术。

H. 虚拟现实（VR）和增强现实（AR）行业：通过创建沉浸式的虚拟环境或增强现实体验，为娱乐、教育、医疗等领域带来全新的交互方式，AI 技术使其虚拟体验更加逼真和互动。

I. 个性化推荐系统行业：利用 AI 算法分析用户行为数据，为用户提供更加个性化的内容推荐，如电商平台的商品推荐、社交媒体的内容推送等。

J. 智能客服行业：利用自然语言处理技术，为用户提供个性化的 24 小时在线咨询和问题解决服务，减少人工客服工作量，提高客户满意度。

K. 人工智能+医疗行业：催生了智能医疗等新兴产业，如 AI 在医疗影像分析、疾病诊断、个性化治疗计划制订等方面的应用，提高医疗服务质量。

L. 人工智能+金融行业：催生了金融科技等新兴产业，如利用人工智能进行风险评估、智能投顾、反欺诈等金融服务，提高金融行业的效率和安全性。

M. 人工智能+教育行业:催生了智能教育等新兴产业,如通过个性化学习推荐、智能辅导和在线评估等,提供定制化的教育资源和学习体验。

N. 人工智能+制造业行业:催生了智能制造等新兴产业,如在制造业中应用人工智能技术,实现生产过程的自动化、优化和智能化,提高生产效率和产品质量。

O. 人工智能+农业行业:利用人工智能技术实现精准农业,提高农作物产量和质量,推动农业现代化发展。

P. 人工智能+能源行业:在智能电网中的应用,能够实现能源的智能调度和优化,推动能源结构转型。

Q. 人工智能+交通行业:如希迪智驾研发的无人驾驶矿卡在多地矿山“跑”出高于人工的运输效率,加速矿山运营走向智慧化、绿色化。

R. 人工智能+内容创作行业:如万兴科技打造音视频领域“天幕”大模型,让内容创作者输入文字即可快速生成高清创意视频,软件和服务已覆盖 200 多个国家和地区。

S. 人工智能+检测行业:如柳州优必选机器人超级智慧工厂项目正加紧建设,未来将生产行业服务场景、C 端消费级市场等机器人产品。

T. 具身智能行业:其技术发展得益于大语言模型的兴起,其技术路线与大语言模型相似,包括预训练、模仿学习和强化学习。

U. 低空经济行业:目前仍处于起步阶段,无人机注册数量与大模型用户规模相比差距较大,行业尚未达到质变阶段,但未来发展将依赖于无人驾驶技术的进步和数据链的有效衔接。

V. 人工智能+智能家居行业:开发智能家电、智能安防和智能控制系统,实现家庭设备的自动化和智能化管理,提升生活便利性和舒适度。

W. 算力设施行业:软硬件协同创新,人工智能的快速发展推动了 AI 芯片、液冷服务器、光模块等算力基础设施的快速发展。

2. 新能源与绿色经济

1)新能源的概念

新能源又称非常规能源,一般指在新技术基础上,可系统地开发利用的可再生能源,包含了传统能源之外的各种能源形式。一般地说,常规能源是指技术上比较成熟且已被大规模利用的能源,而新能源则通常是指尚未大规模利用、正在积极研究开发的能源。新能源主要包括水能、太阳能、风能、生物质能、地热能等。

当前,中国新能源产业呈现多维度协同发展态势。市场增长方面,新能源汽车渗透率持续提升,2024 年首次突破 50%,预计 2025 年将达 55%,年销量约 1650 万辆。

技术创新层面，氢能产业快速崛起，绿氢成本降至 25 元/公斤以下，西北“风光制氢”项目降低弃电率 15%~20%，工业场景应用加速渗透。全球化布局方面，中国新能源车企通过海外建厂、技术授权规避贸易壁垒（如欧盟关税政策），2025 年出口预计达 140 万辆，重点开拓拉美、中东等新兴市场。长三角、粤港澳等区域形成产业集群，动力电池产量占全球 50%以上，跨国车企在华研发中心技术反哺全球市场，凸显产业链竞争力。

2）新能源与绿色经济催生的新兴产业

A. 太阳能光伏产业：开发和生产太阳能电池板及相关设备，推动太阳能的广泛应用。

B. 风能发电行业：建设风力发电站，利用风能转换为电能，减少化石燃料依赖。

C. 电动汽车制造业：设计和制造电动汽车，推动交通行业的绿色转型。

D. 智能电网技术：发展智能电网管理系统，优化能源分配和提高电网效率。

E. 储能技术行业：研究和应用各种储能解决方案，如锂离子电池、抽水蓄能等。

F. 绿色建筑行业：推广环保建筑材料和节能建筑设计，减少建筑能耗。

G. 生物质能利用：开发生物质能源，如生物燃料和生物气体，作为可再生能源。

H. 水能发电行业：建设和维护水电站，利用水力发电。

I. 地热能开发：探索和利用地热资源，为供暖和发电提供清洁能源。

J. 海洋能利用：开发潮汐能、波浪能等海洋能源，拓展新能源领域。

K. 碳捕获与封存技术：研究和实施二氧化碳捕获和封存技术，减少温室气体排放。

L. 废物能源化：将城市固体废物转化为能源，实现废物资源化利用。

M. 绿色化工产业：开发环保型化工产品和工艺，减少环境污染。

N. 可持续农业技术：推广有机农业、精准农业等可持续农业实践。

O. 节水技术行业：开发和应用节水灌溉系统，提高水资源利用效率。

P. 环境监测与治理：提供环境监测设备和服务，治理环境污染问题。

Q. 绿色金融服务：为绿色项目提供融资、保险等金融服务，支持可持续发展。

R. 循环经济产业：推动资源循环利用，减少资源浪费和环境污染。

S. 生态旅游开发：发展生态友好型旅游项目，保护自然环境。

T. 绿色包装行业：设计和生产可降解或可回收的包装材料。

U. 可持续时尚产业：推广环保面料和可持续生产方式，减少时尚产业的环境影响。

V. 绿色物流行业：优化物流网络，减少运输过程中的能源消耗和碳排放。

W. 可再生能源设备制造业:生产和维护各种可再生能源设备,如风力发电机、太阳能热水器等。

3. 低空经济

1)低空经济的概念

低空经济通常指在距正下方地面垂直距离 1000 米以下(根据应用需要可扩展至 3000 米)空域内,以有人和无人驾驶航空器以及辅助作业设备为载体,依托低空空域及其相关数据资源等新型生产要素,以载人、载物以及其他作业等多种场景低空飞行活动为牵引,带动相关领域融合发展的综合经济形态。目前,国际上将低空空域视为新的交通空间,并将"空中交通"作为发展重点,我国则更强调低空空域作为生产要素所带来的经济价值。

中国低空经济市场规模呈现持续高速增长态势。数据显示,2023 年市场规模为 5059.5 亿元,增速达 33.8%,2024 年市场规模约 6700 亿元 。根据中国民航局预测,2025 年底我国低空经济市场规模将达到 1.5 万亿元 。其主要增长动力来源于无人机物流、城市空中交通(UAM)和应急救援等领域。

中国低空经济区域发展呈现"多点开花"格局。粤港澳大湾区依托产业集群优势,聚集 1500 余家低空经济企业,深圳消费级无人机占全球 70%市场份额,工业级无人机占 50%,成为全球无人机产业高地;长三角地区发挥人工智能与集成电路技术优势,成立低空产业联盟,推动跨区域协同发展,促进产业链上下游深度融合;新疆利用空域资源优势,规划 2035 年前建成 98 个 A2 级以上通用机场,重点发展农林植保与边防巡检场景,拓展低空经济应用领域。

2)低空经济催生的新兴产业

A. 无人机产业:无人机产业已成为低空经济领域中的佼佼者,以大疆、亿航智能等为代表的企业在这一领域展现出了显著的技术优势和市场竞争力,为低空经济的未来发展注入了强劲的动力。

B. 电动垂直起降(eVTOL)飞行器:该领域广泛涵盖了从消费级到工业级的无人机、直升机、传统的固定翼飞机,以及代表着未来趋势的电动垂直起降飞行器等的研发与制造工作。

C. 低空飞行保障体系:包括地面控制站的建设、起降设施的规划与设计,以及维修保障设备的研发与生产。

D. 低空综合服务提供:包括低空飞行保障服务的建立、飞行培训课程的开设,以及维修维护服务的提供等。

E. 低空物流配送:推动低空物流配送应用在城市、乡村、山区、海岛等规模化落地。

F. 低空新业态：如空中通勤、商务出行、空中摆渡、联程接驳、跨境飞行等。

G. 低空交通综合航站楼：与亿航智能合作，计划三年内开发 100 个城市空中交通综合航站楼和 100 个景区低空文旅航站楼。

H. 低空智能管控一体化平台：如“湖北交投路网低空智能管控一体化平台”。

I. 低空飞行器运营商：负责飞行器的采购、维护、调度和航线管理。

J. 低空数据服务：飞行器在执行任务过程中会产生海量数据，如高精度地理信息、实时环境气象、城市交通流量等。

K. 低空经济基建产业：包括起降场、垂直机场、充电桩、维修站、调度中心等。

L. 低空飞行器制造：涵盖飞行器整机制造研发，以电动垂直起降飞行器和工业级无人机为突破方向。

M. 关键零部件自主化攻关：聚焦主控芯片、高精度传感器、飞控系统等核心部件的国产化率提升与供应链安全性提升。

N. 智能化飞行控制系统研发：重点聚焦自主避障、集群协同与远程操控系统。

O. 先进材料产业化：重点突破聚焦轻量化、高强度材料应用。

P. 低空应急救援、医疗救护等公共服务：加强公共服务领域场景清单制引导，发展低空应急救援、医疗救护等公共服务以及智慧巡检等政府履职辅助性服务。

Q. 低空旅游产业：开发空中观光线路、空中旅游体验项目等，带动了旅游产业的升级和发展。

二、就业市场人才需求分析

在全球经济格局深度调整与科技革命加速演进的背景下，中国经济正加速向高质量发展转型，推动就业市场从劳动密集型向技术密集型、知识密集型转变，对人才的专业能力、创新素养与跨学科储备提出更高要求，从业者需持续学习以适应这一变革。

当前中国经济展现出较强韧性，在产业升级下，用人需求呈现两极分化：新能源汽车、数字经济等新兴领域急需电池研发工程师、AI 训练师等技术人才；传统制造业与零售业加速数字化转型，渴求兼具工艺基础与智能设备操作能力的复合型人才。而纺织等劳动密集型行业因自动化普及和产业转移，岗位需求持续收缩。

（一）新兴行业人才需求：风口上的机遇

新兴行业正以迅猛之势重塑职业版图，为大学生敞开了机遇大门。人工智能领域，算法工程师、数据科学家等专业人才需求激增，他们投身其中，推动技术突破，让智能应用遍地开花。新能源产业,电池技术专家、能源管理系统工程师成为香饽饽,助力能源转型,开启绿色未来。与此同时,生物技术、大数据等前沿领域也急需专业技术人才。这些行业对高精尖人才的渴求,恰是同学们施展抱负的舞台,凭借扎实专业基础与前沿技能,有望成为行业先驱,书写辉煌职业篇章。

(二)传统行业转型人才需求:变革中的新生

传统行业在数字化浪潮下不甘示弱,积极转型求变,催生出全新的人才需求图谱。制造业当仁不让地迈向智能制造,急需工业互联网工程师、机器人技术专家等,为生产线装上"智慧大脑"。金融服务业紧跟其后,数字化转型使其对金融科技人才求贤若渴,既懂金融又精通数据分析与编程的复合型人才,成为推动服务升级、拓展业务边界的关键力量。这表明,传统行业并非一成不变,而是蕴含着无限可能,为同学们提供了广阔而多元的职业机遇。

(三)整体就业市场趋势:技能与素质的协奏

从宏观视角洞察就业市场,数字化技能已然崛起为新时代的"硬通货"。无论是新兴行业还是传统行业,数据分析、人工智能、大数据等技术技能的需求一路飙升。企业不再仅仅看重单一技能,而是期望人才能驾驭多学科知识,灵活解决复杂问题。沟通能力、团队协作能力、创新能力等软技能,已成为职场"通行证",与专业技能相得益彰。同学们应顺应趋势,一手强化专业实力,一手提升综合素养,铸就全方位竞争力,方能在就业市场中脱颖而出,开启辉煌职业之旅。

三、探索自身职业类型

职业类型分析作为职业规划的重要工具,能够通过系统化的测评与分析框架,帮助个体深度解构自身兴趣、性格、技能与价值观等特质,精准建立与职业世界的对应关系。这一过程不仅能找准个性化的职业发展方向,更能通过解析职业类型背后的能力要求与环境特征,协助个体将教育背景、成长经历转化为具体的职业竞争优势,最终实现人职匹配的科学规划——从兴趣代码(如霍兰德 RIASEC 模型)到性格类型(如 MBTI 职业性格),从可迁移技能到职业价值观排序,每一个维度的分析都在为探索"适合做什么"与"能做好什么"搭建认知桥梁,让职业选择不再依赖模糊感知,而是基于特质与职业要求的精准对接。

(一)职业类型

按职业功能划分,我们可以将职业划分为技术型职业、管理型职业、服务型职业、创意型职业。

1. 技术型职业

这类职业的核心在于运用专业知识与技能，解决实际技术难题，往往需要持续学习以跟上技术迭代的步伐。广泛存在于电子信息、生物医药、机械制造、建筑等注重技术应用与创新的领域。从业者通常从基层技术岗位起步，随着技术造诣的加深与项目经验的丰富，可晋升至高级技术专家，甚至转型至技术管理岗位，负责技术团队的领导与项目规划等工作。

2. 管理型职业

以协调团队、整合资源、达成组织目标为核心职责，需要具备出色的沟通能力、决策能力和领导力。涵盖各个行业，无论是传统制造业还是新兴的互联网企业，管理岗位都扮演着关键的角色。一般从基层管理岗位逐步晋升，如从部门主管到经理，直至企业高层领导。部分管理型人才还可能有机会参与企业的战略规划与高层决策，对企业的整体发展方向产生重要影响。

3. 服务型职业

重点在于满足客户的各类需求，提供优质的客户服务体验，强调沟通技巧和耐心细致的工作态度。在酒店、餐饮、旅游、零售等直接面向消费者的行业大量存在服务型岗位，部分现代服务业如金融、教育等领域也有服务型岗位的身影。从业者可从一线服务岗位做起，凭借优秀的服务能力和客户资源积累，晋升为服务团队的管理者，负责服务标准的制定与团队绩效的提升等工作。

4. 创意型职业

依赖创新思维和独特的设计理念，为产品、服务或项目注入新的活力，创造出具有差异化竞争优势的价值，对个人的想象力和创造力要求极高。广告、影视、动漫、游戏、时尚设计等文化创意产业是创意型职业的集中地。多从初级创意思想者或设计助理等岗位起步，随着创意成果的不断涌现和行业影响力的逐渐提升，可晋升为创意总监、设计总监等高级职位，主导创意项目的整体方向和风格。

（二）职业世界地图

同学们是否还记得自己的霍兰德兴趣类型？这里为大家介绍一个由美国大学考试中心（ACT）于 1985 年研发的“职业世界地图”工具——这一经典职业探索模型以霍兰德 RIASEC 兴趣理论为底层逻辑，将全球职业按照兴趣类型、技能要求等维度系统分类，形成可视化的职业匹配图谱。通过这张“地图”，我们可以精准定位与自身霍兰德类型（如现实型 R、社会型 S 等）高度契合的职业领域，比如研究型（I）兴趣者可沿图索骥发现数据分析师、科研人员等适配岗位，让兴趣特质与职业世界实现科学对接。

它将职业分为 6 种类型、12 个职业组和 26 个具体的职业类别。通过工作世界地图,大学生们能从理论上认识可以从事的职业类型,如图 3-1 所示。

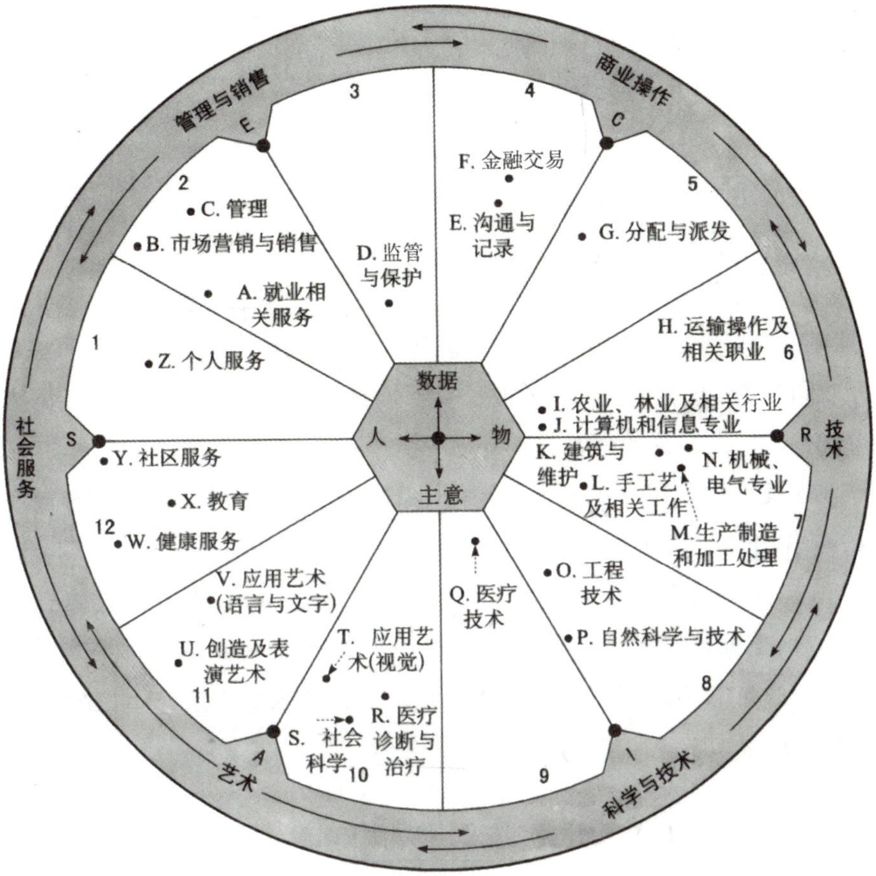

图 3-1 职业世界地图

A:就业相关服务;B:市场营销与销售;C:管理;D:监管和保卫;E:沟通与记录;F:金融交易;G:分配与派发;H:运输操作及相关职业;I:农业、林业及相关行业;J:计算机和信息专业;K:建筑和维护;L:手工艺及相关工作;M:生产制造和加工处理;N:机械电器专业;O:工程技术;P:自然科学与技术;Q:医疗技术;R:医疗诊断与治疗;S:社会科学;T:应用艺术(视觉);U:创造性及表演艺术;V:应用艺术(语言与文字);W:健康服务;X:教育;Y:社区服务;Z:个人服务

工作世界地图包含两组维度和 4 个主要的象限,两组维度分别为人-事物和数据-主意,其具体含义如下。

1. 人

它指人与人之间的一种互动,在工作过程中和其他人有所接触与沟通,如看护、教育、咨询、服务以及领导、管理等。例如教师、导游等工作主要是与人打交道的。

2. 事物

它指在工作过程中处理与人无关的事物,很少需要或者不需要与他人进行沟通与交流，如机械、制造、运输、维修等。例如农夫、工匠等工作主要是与事物打交道的。

3. 数据

它指对文字、信息等资料进行搜集、整理，比较重视客观事实与理性思维分析。例如会计、数据录入员等工作主要是与数据打交道的。

4. 主意

它指人们充分运用主观能动性，在头脑中进行的工作，如对真理进行探究、创意的萌发等。例如科学家、哲学家等工作主要是与主意打交道的。

在职业世界地图里，与人有关的职业类型在左边，与事物有关的职业类型在右边，与数据有关的职业类型在上面，与主意有关的职业类型在下面。职业在职业世界地图上的不同位置，也是对这两组维度的不同体现，如 X（教育）处于人-主意象限中，说明该职业类型主要是与人打交道，且在工作过程中要运用到分析与思考的能力；而 H（运输及相关行业）处于事物-数据象限中，说明该职业类型强调秩序，与人交往较少，与事物交往较多。

当我们从工作世界地图出发，将霍兰德兴趣类型与 MBTI 性格类型结合时，职业定位将从“兴趣偏好”与“行为风格”两个维度形成更精准的坐标体系。以下是系统化的操作步骤与应用逻辑。兴趣-职业组交叉表如表 3-1 所示，性格-象限匹配示例如图 3-2 所示。

表 3-1　兴趣-职业组交叉表

霍兰德类型	核心职业组（工作世界地图）	典型职业示例
R（现实型）	K.M.N.H（运输）	机械工程师、物流专员
I（研究型）	P（自然科学）、J（计算机信息）	数据分析师、AI 研究员
A（艺术型）	T（视觉艺术）、U（表演艺术）	插画师、戏剧导演

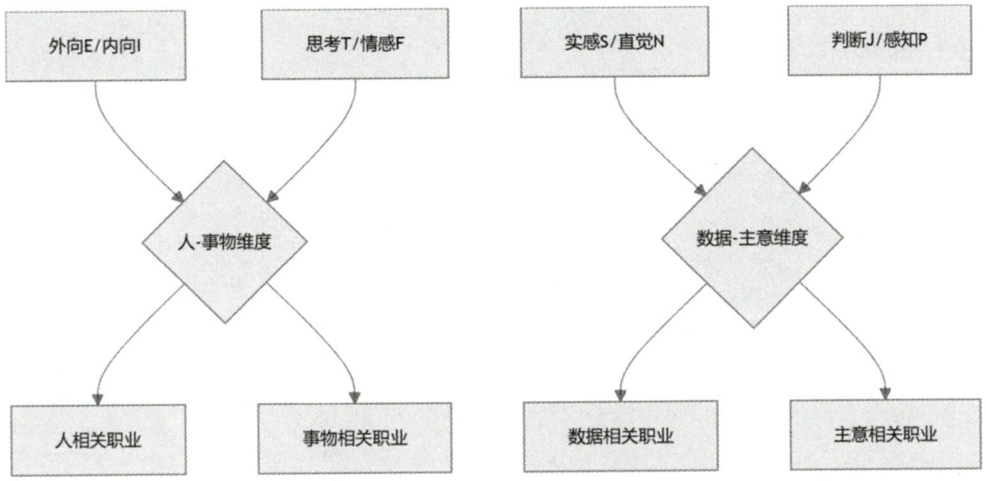

图 3-2 性格-象限匹配示例

技能小挑战

挑战 1:绘制“我的职业定位四象限图”

目标:通过职业世界地图与霍兰德兴趣代码和 MBTI 人格类型的双模型交叉验证,职业选择将从模糊的“我想做什么”升级为精准的“我能高效做好什么”,让兴趣特质与性格优势在职业世界地图中找到最佳锚点。

时间:15 分钟。

流程:

Step 1 在纸上写下你的霍兰德兴趣代码和 MBTI 人格类型。

Step 2 在职业世界地图上标记“霍兰德兴趣代码”对应的职业区域,用圆圈标记 MBTI 性格适配的职业。

Step 3 交叉区域即为核心职业方向,如“S 社会型+ ESFJ”在地图 X(教育)区域形成重叠,可重点探索“中学教师”“培训师”等职业。

挑战 2:我的未来职业探索之旅

目标:通过模拟职业探索活动,帮助学生了解不同职业的特点,发掘个人兴趣和潜力,为未来的职业规划打下基础。

时间:25 分钟。

流程:

Step 1 职业类型速配

将学生分成 4~6 人的小组,每组分发一套职业类型卡片(基于霍兰德职业类型或职业世界地图),同学们需在规定时间内,根据卡片描述,讨论并匹配到相应的职业类型。

Step 2 职业角色扮演

每组抽取一个职业角色(如数据分析师、教师、工程师等),小组成员分别扮演该职业的不同方面(如日常工作、挑战、所需技能等),准备一个简短的展示,向全班介绍扮演的职业角色。

Step 3 个人职业规划

每个人完成一份简短的职业规划草图,包括:感兴趣的职业领域、需要发展的技能或知识、未来可能的学业或职业路径。

成长思辨台

根据行业发展趋势,你的专业技能如何满足未来行业的需求?你的兴趣如何转化为职业优势?

第二节 职场透视:洞悉企业岗位脉络

进阶小目标

1. 了解企业:了解企业类型特点,明确企业用人需求
2. 洞悉岗位:全面分析意向岗位,辩证看待岗位要求
3. 精进方法:掌握探索岗位方法,精确获取有效信息

【成长小故事】

小林看着邮箱里又一份拒信,心烦意乱。明明成绩不错、经历也有,为什么简历总是石沉大海?盲目海投的挫败感让他走进了学校的就业指导中心。就业指导中心王老师一语道破:“求职不是靠运气和数量,而在于精准定位。你的方法可能需要升级。”

王老师摊开一张纸,快速画出核心问题:(1)了解企业。“你投的那些公司,真的懂它们吗?同为‘科技公司’,A专注消费电子,B主攻云计算,C深耕芯片研发——业务不同,对人才的需求天差地别。”(2)洞悉岗位。“再看岗位要求,你是否辩证分析过?那些关键信息是否抓住了?”(3)精进方法。“探索不能只靠自己理解。要学会通过行业报告、深度访谈等多元渠道获取‘真’信息,进行交叉验证和整合。”

这番话如当头棒喝。小林意识到:没有方向的海投是徒劳,知己更要知彼。他收起焦虑,决心改变,带着了解企业、洞悉岗位、精进方法这三大法宝,他踏上了精准求职的新旅程。

一、企业的类型与特点

不同类型的企业对人才的需求差异显著。国企更看重政治素养、责任意识,外企强调英语能力、跨文化沟通,初创企业需要抗压与多任务处理等能力。同学们通过对比,可基于性格特质选择适配赛道。

(一)国有企业

国有企业通常由政府出资或控股,拥有较为稳定的经营环境和资源支持。它们

在国民经济中占据重要地位,涉及能源、交通、通信等关键领域。其企业文化包含有:(1)稳定性与规范性,国有企业注重稳定和规范,内部管理严谨,规章制度完善,决策流程标准化,员工行为受明确规范约束;(2)集体主义精神,强调集体利益至上,注重团队合作,员工个人利益与集体利益紧密相连,维护团队和谐;(3)社会责任意识,承担经济和社会责任,追求经济效益与社会效益平衡,积极参与国家建设、社会公益,助力国家发展和民生改善。

在此基础上,国企对于人才招聘的需求也呈现出明显的特点:(1)扎实的专业技能与知识,要求应聘者具备岗位所需技术能力和理论基础,以确保高效完成工作任务;(2)政治素养与纪律服从,国企,党员身份在关键岗位占比高,有一定的政治素养要求,同时强调纪律服从,在某种程度上更看重制度执行力;(3)稳定性和忠诚度,国企看重员工稳定性与忠诚度,员工需认同企业文化,长期服务企业,与之共成长。

(二)民营企业

民营企业是指由境内自然人、法人或其他非国有资本投资设立并控股的企业组织形式,其核心特征为非公有制属性。根据《中华人民共和国公司法》及相关法规,民营企业涵盖以下类型:(1)个体工商户,由自然人投资经营,承担无限责任;(2)私营企业,包括个人独资企业、合伙企业、有限责任公司等;(3)非国有控股混合所有制企业,国有资本占比低于50%的股份制企业。2025年《民营经济促进法》首次以法律形式明确其“社会主义市场经济重要组成部分”的地位,享有与国有企业平等的市场准入、产权保护等权利。

其企业文化包含有:(1)灵活性与创新性,民营企业管理灵活,决策迅速,适应市场变化快,鼓励员工创新,提出并实施新想法;(2)创业精神,具有强烈创业精神,勇于开拓市场、应对挑战,注重效率和结果,激发员工潜力与创造力;(3)注重绩效,以绩效为导向,员工薪酬福利与工作表现紧密挂钩,激励员工提升工作效率和质量。

在此基础上,民营企业对于人才招聘的需求也呈现出明显的特点:(1)创新能力和适应能力,员工需灵活应对多变环境,提出新思路,为企业注入活力;2专业技能和实践经验,要求具备岗位所需技术能力和实际操作经验,快速适应工作;(3)自我驱动力和结果导向,强调自我驱动力和结果导向,员工需主动开展工作,对结果负责,推动任务高效完成。

(三)外资企业

外资企业是指外国投资者(包括外国公司、企业、其他经济组织或个人)依照中国法律在中国境内设立的,由外国投资者独立或参与控制经营的经济实体。外资企业作为中国经济高质量发展的重要参与力量,其发展规模、结构特征、管理机制及文化特点深刻影响着中国经济的国际化进程与产业升级。其企业文化包含有:(1)国际化视野,外资企业具有全球化视角,广泛应用国际先进管理经验和技术,注重培养员工的国际意识和跨文化沟通能力,以提升竞争力;(2)注重效率和质量,强调工作质量和效率,追求利润最大化,优化流程以提高效率,严格把控质量以满足高标准需求;(3)鼓励个人发展,尊重员工个性,鼓励追求职业目标,提供广阔发展空间和培训晋升机会,助力员工与企业共同成长。

在此基础上,外资企业对于人才招聘的需求也呈现出明显的特点:(1)跨文化沟通能力,能与不同文化背景的同事和客户交流合作,避免文化冲突,促进业务发展;(2)专业技能和语言能力,应聘者能流畅沟通和高效工作,部分企业还要求了解国际规则和文化;(3)全球视野和创新能力,具备国际视野和创新思维,理解市场动态,为企业提供新思路和方法,增强竞争力。

(四)创业企业

创业企业通常由初创团队设立,处于快速发展阶段。它们凭借创新的产品或服务在市场中寻求突破。其企业文化包含有:(1)创新文化,创新是创业企业的核心,鼓励员工提出新想法并付诸实践,为员工提供广阔创新空间;(2)扁平化管理,管理层级少,决策链条短,信息传递快,员工与管理层沟通顺畅,创新想法能迅速落地;(3)冒险精神和风险意识,具有冒险精神,勇于开拓未知领域,同时具备风险意识,能有效防控风险,灵活应对挑战。

在此基础上,创业企业对于人才招聘的需求也呈现出明显的特点:(1)创新能力和创业精神,员工须具备创新能力和创业精神,提出独特见解并付诸实践,为企业注入活力;(2)员工须具备多元技能和快速学习能力,能应对多岗位工作,实现跨领域发展;(3)因业务方向调整频繁,员工需适应变化,灵活分配资源,确保企业稳定发展。

二、企业胜任力模型

胜任力模型(Competency Model)是人力资源管理中的核心工具,用于系统化定义和评估员工在特定岗位或角色中取得成功所需的知识、技能、能力、行为及价值观。它不仅帮助企业精准选拔和培养人才,还能推动员工职业发展与企业战略目标的深度绑定。本部分主要阐述企业胜任力模型的经典理论——冰山模型。

(一)冰山模型

冰山模型(Iceberg Model)(图 3-3)的核心思想是将个体素质划分为显性能力与隐性素质两部分。显性部分位于冰山水面之上,包括知识和技能,这类能力可通过教育、培训快速提升;而隐性部分潜藏于水面之下,涵盖价值观、自我认知、个性特质和动机,这些因素虽难以直接观测,却对个体的长期行为与绩效表现起决定性作用。

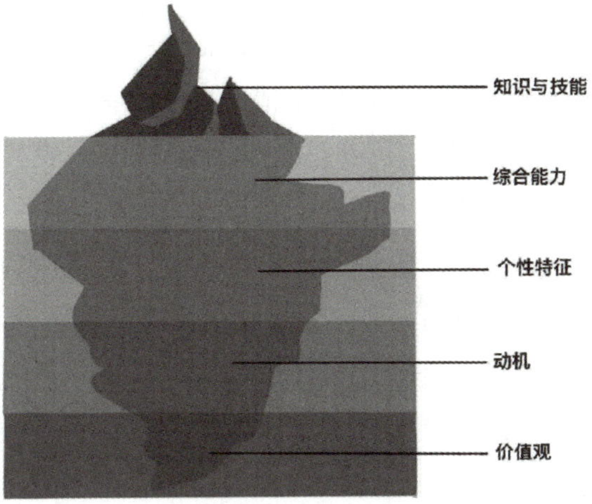

图 3-3 冰山模型

(二)冰山模型与企业用人的内在逻辑

1. 显性素质易获取,隐性素质难塑造

在职业能力构成中,显性素质和隐性素质有着明显差异。显性素质就像冰山露出水面的部分,容易观察且能够通过短期学习快速掌握。例如办公软件操作技能,经过 3 个月左右的系统培训,学员基本就能熟练掌握 Excel 数据处理、Word 文档排版、Power Point 演示文稿制作等常用功能,在岗位工作中可以较快上手应用。

而隐性素质则如同冰山隐藏在水下的部分,难以直接观察,且需要较长时间来培养和塑造。以"抗压能力"这一重要的隐性素质为例,它并非通过几次理论学习或短期训练就能形成。员工需要在日常工作中,面对高强度的工作任务、严格的交付期限、复杂的人际关系等各种压力场景,经过 1~2 年甚至更长时间的实践锻炼,才能逐渐培养出强大的抗压能力,在面对困难和挑战时保持冷静和高效。

2. 隐性素质决定职业发展高度

隐性素质对个人的职业发展有着深远影响,甚至在某种程度上决定了职业发展的天花板。众多企业调查数据显示,高达 80%的员工离职案例与隐性素质密切相关。比如,有些员工虽然具备出色的专业技能,但因个人价值观与企业价值观严重不符,即使企业提供了高薪职位,他们最终还是会选择离开。又或者,一些员工缺乏团队合作精神,在工作中难以与同事有效协作,这也会限制他们在企业中的发展空间,难以获得晋升机会。由此可见,隐性素质是个人职业可持续发展的关键因素。

3. 企业招聘更关注隐性潜力

企业在招聘过程中，不仅看重应聘者的显性技能，更关注其隐性素质和潜力。以制造业企业招聘数控技工为例，在硬性条件方面，企业要求应聘者必须会操作FANUC系统，这是完成岗位基本工作任务所必需的技能。但除了技能要求外，企业还有一些隐性要求。例如，数控加工对操作精度要求极高，一个小小的失误就可能导致产品报废，因此企业非常看重应聘者是否具备遵守操作规程的责任心，只有严格遵守操作规范，才能保证产品质量和生产安全。另外，制造业生产任务通常具有连续性，需要员工接受倒班制度，这就要求应聘者具备良好的适应力，能够适应不同的工作时间安排，保证生产的正常进行。所以，企业在招聘时会全面考察应聘者的显性技能和隐性素质，选拔出真正适合企业发展需求的人才。

对于同学们而言，了解冰山模型中显性与隐性素质的特点和差异至关重要。在职业发展过程中，不能仅仅满足于掌握表面的技能，更要注重培养和提升自身的隐性素质，这样才能在职场竞争中脱颖而出，实现更好的职业发展。

（三）冰山模型的启示

1. 职业准备需"显隐并重"

在为未来职业发展做准备时，同学们要像搭建稳固的大厦一样，同时抓好显性素质和隐性素质这两根"支柱"。

显性素质建设方面：大家要积极考取与专业相关的职业技能证书，这些证书是个人专业能力的有力证明。比如，学习电气自动化专业的同学可以考取电工证，电子商务专业的同学可以考取跨境电商B2B证书等。此外，还要熟练掌握行业专用工具和软件的操作，像机械设计专业的同学要精通CAD制图，物流管理专业的同学要熟悉仓库管理系统（WMS）等。通过考取证书和掌握工具，提升自己在就业市场上的竞争力。

隐性素质修炼方面：大家要充分利用课余时间参加社团活动，在社团中主动承担责任，锻炼自己的领导力、沟通能力和团队协作能力。同时，要珍惜实习机会，在实习过程中主动面对各种困难和挑战，锻炼自己的抗压能力、解决问题能力和适应能力。这些隐性素质虽然看不见、摸不着，但却对个人的职业发展起着至关重要的作用。

2. 面试回答要"显隐结合"

在面试过程中，当面试官问到"你在校期间最大的收获是什么"这类问题时，同学们要避免只回答显性层面的收获。如果只回答"学会了AutoCAD制图"，这样的回答虽然展示了你的专业技能，但过于片面，无法让面试官全面了解你的综合素质。

针对这种情况可以补充“通过参加制图大赛，我学会了团队协作，在团队中我们分工明确、相互支持，共同克服了重重困难，最终取得了不错的成绩”。这样的回答既展示了你的专业技能（学会 AutoCAD 制图），又体现了你的团队协作能力（隐性素质），让面试官看到你的全面发展。

冰山模型为企业管理提供了“由表及里”的人才管理框架。通过分层评估与培养，企业不仅能提升岗位匹配度，更能激发员工的内在潜能，构建与企业战略深度协同的人才梯队。对于大学生而言，理解冰山模型有助于其从“技能导向”向“素质导向”转型，在职业生涯规划中更注重隐性素质的积累，从而在职场竞争中占据长期优势。

随着国家社会经济的发展，企业开始越来越关注高潜人才的发展。高潜人才是指保持高绩效的同时具备领导意愿、取得成功的能力以及对组织有着更高敬业度的人才。如何更好地理解企业对于人才的需求，这节微课为你详细分析，助你抢占职场先机！

扫一扫，观看视频

三、企业岗位分析

（一）不同的岗位类型分析

岗位分析是了解企业不同岗位设置、工作内容、职责要求以及发展路径的重要手段。通过深入剖析岗位特点，同学们可以更加清晰地认识各个岗位的本质和差异，从而为自己的职业规划做出明智的选择。

1. 管理类岗位

管理岗位是企业中负责决策、组织和协调各项工作的关键角色。这类岗位通常要求员工具备出色的领导能力、决策能力和组织协调能力。管理岗位的工作内容多样，可能涉及制定企业战略、管理团队、优化流程等多个方面。在职责要求上，管理岗位强调员工的全局观念、创新思维和问题解决能力。此外，管理岗位通常具有较为广阔的职业发展空间，员工可以通过不断学习和实践，逐步晋升至更高层次的管理岗位。

2. 技术类岗位

技术类岗位是企业创新和发展的强大引擎，涵盖了从基础研发到应用技术的广泛领域。在科技行业，软件工程师、机械工程师、电气工程师等岗位是推动技术进步的关键力量。以软件工程师为例，他们负责软件产品的设计、开发、测试和优化，需要精通多种编程语言和算法，具备系统思维和问题解决能力。机械工程师则专注于机械产品的研发，从概念设计到原型制造，再到量产优化，需要扎实的力学知识和创新设计思维。电气工程师负责电气系统的设计与维护，确保电力供应的稳定性和安全性，需要熟悉电路原理和相关标准规范。随着技术的快速发展，技术类岗位对专业知识的要求不断深化，同时对跨学科知识的融合能力也越来越重视。技术类岗位的人员通常是企业的专业智库，为企业的技术创新和产品升级提供核心动力。

3. 生产类岗位

生产岗位是企业中负责产品生产、质量控制和工艺流程优化的关键角色。这类岗位要求员工具备扎实的操作技能、质量意识和团队协作能力。生产岗位的工作内容多样，可能涉及生产线操作、设备维护、质量检测等多个环节。在职责要求上，生产岗位强调员工的责任心、安全意识和持续改进的精神。生产岗位的员工可以通过不断提升自己的操作技能和工艺水平，成为生产线上的技术骨干或管理者。

4. 营销类岗位

营销类岗位是企业与市场之间的桥梁，承担着扩大市场份额、提升品牌知名度、促进产品销售的重要使命。销售代表是营销团队的前线尖兵，直接与客户沟通，了解客户需求，推销产品或服务，达成销售目标。他们需要具备出色的沟通能力、抗压能力和客户关系管理能力，能够在激烈的市场竞争中脱颖而出。在当今数字化时代，营销类岗位的人员需要不断学习和适应新的营销工具和技术，如社交媒体营销、大数据精准营销等，以保持企业的市场活力。

5. 职能类岗位

职能类岗位是企业正常运转的坚实后盾，涵盖了人力资源、财务、行政、法务等多个支持性领域。人力资源专员负责企业人才的选、育、用、留，通过精准的招聘、科学的培训、合理的绩效管理和贴心的员工关系维护，为企业打造一支高效、稳定的人才队伍。财务人员掌管企业的资金命脉，从日常的账务处理、财务报表编制到预算规划、成本控制，确保企业的财务健康和合规运营。行政人员是企业内部的协调者和服务者，负责办公环境的维护、会议组织、后勤保障等，为企业的高效运转提供基础支持。法务人员则是企业的法律守护者，审查合同、处理法律纠纷、提供法律咨询，防范企业在经营过程中的法律风险。职能类岗位的人员通常需要具备扎实的专业知识和细致入微的服务意识，为企业提供全方位的支持和保障。

（二）岗位分析的详细内容

岗位分析就是对同学们喜欢或要从事的岗位进行理论分析和实际调研的过程。岗位分析的目的是对目标岗位有充分了解，并在求职过程中有针对性地制定求职策略，从而有效地规划大学生活。

（1）岗位描述。岗位描述是对这个岗位最精练的概括和总结，即用书面形式对企业中岗位的工作性质、工作任务、工作职责与工作环境所作的统一要求。岗位描述是透彻理解这份工作的基础，

（2）岗位的核心工作内容。每个岗位都有核心的工作职责，职责背后对应的就是工作内容，也就是这个岗位一般都干什么活，什么工作是这个岗位必须做的。了解核心工作内容，有利于了解完成工作内容背后必须胜任的工作能力，这样就很容易找到和自己之间的差距。提前进行岗位分析就可以，有针对性地提高自己的能力。

（3）岗位的发展前景。岗位的发展前景，尤其需要看重国家社会经济发展的导向性趋势，像人工智能、大健康体系、新能源与绿色经济都属于国家目前的新兴发展行业。隶属于新兴发展行业的岗位发展前景相对而言更明朗。

（4）薪资待遇及潜在收入空间。职业是社会分工的产物，职业根据参与社会分工的量来确定相应的报酬，在不同的行业、企业、岗位上还有一些潜在的收入空间。能赚多少钱是大家都关心的话题，很多人也会把赚钱多少作为择业的关键因素，所以在考量岗位时可以重点看看岗位的薪资状况。

（5）入门岗位及其职业发展通路。入门岗位是指针对应届毕业生的工作，职业的一些中低端岗位是面向大学生开放的。还要了解一个岗位对应的日后职业发展通路是什么，这个岗位有哪些发展途径，最高端岗位是什么我们需要知道的。从企业的每年校园招聘会里就能看到哪些岗位是针对应届生的，如一些校园招聘网站就可以找到这些信息。

（6）岗位标杆人物。岗位标杆人物是指在这个领域谁做得最好，他是怎么做到的，分别取得了什么成绩，遇到了什么困难，具备什么素质等，每个岗位都有一流的人物，无论是国内的还是国外的。研究标杆人物，可以让自己了解他的奋斗轨迹，让自己在了解过程中加深对职业的了解，也会让你找到在这个职业领域奋斗的途径。

（7）岗位通用素质要求及入门具体能力。通用素质要求是指从事这个岗位的一般、基本的要求，就是能把这个工作做好的要具备的能力。通过对岗位素质要求以及具体能力的了解，可以对比自己能否胜任，还有哪些要加强和补充的能力，从而可以将之规划到大学生活里。

（8）工作与思维方式及对个人的内在要求。工作方式和思维方式是工作做好做扎实的保证，当对岗位的方方面面进行考量之后，最后一关就是对职业所要求的内在盘点。岗位描述中的任职资格也会有对其内在素质的要求，还有业内普遍认为的个人素质，还要考虑不同行业、不同类型企业间的差异。

通过对岗位描述、核心工作内容、发展前景、薪资待遇、入门岗位及职业发展通路、

岗位标杆人物、通用素质要求、工作与思维方式等多维度的系统分析，我们已构建起对目标岗位的立体认知框架——既明晰了岗位的本质内涵与能力要求，也洞悉了其发展脉络与适配性标准。接下来，我们将从方法论角度切入，系统阐释探索岗位的多元路径与实操策略，助力同学们将岗位分析的成果转化为精准的职业探索行动。

四、企业岗位分析方法

(一)静态资料分析

静态资料分析是一种基于现有文献、资料和数据对岗位进行深入分析的方法。它主要通过查阅企业提供的岗位说明书、招聘公告、职位描述等官方资料，以及行业报告、市场调研等第三方资料，来获取岗位的基本信息、职责要求、任职要求等关键信息。资料来源包括但不限于有：(1)政府国家网站，如国家人力资源与社会保障部官方网站、湖北省人力资源与社会保障厅官方网站；(2)其他招聘网站，如各个学校招生与就业指导处官网、社会性招聘网站，如 BOSS 直聘、海投网、实习僧等；(3)出版物。相关图书、杂志、文献资料等；(4)互联网搜索引擎。

静态资料分析的优势在于其信息量大、覆盖面广，能够为大学生提供一个全面、系统的岗位认知框架。通过查阅这些资料，大学生可以迅速了解一个岗位的主要工作内容、所需技能和素质要求，以及该岗位在行业发展中的地位和趋势。这些信息对于初步筛选目标岗位、制订学习计划和提升策略具有重要意义。

然而，静态资料分析也存在一定的局限性。由于资料来源的多样性和复杂性，学生需要对信息进行筛选和整合，以确保其准确性和可靠性。此外，静态资料往往无法全面反映岗位的实际情况和变化动态，因此需要结合其他方法进行补充和完善。

(二)动态资料分析

大学里经常会举办各类就业分享会，邀请校友或行业专业人士来分享他们的职业经验。同时，一些社会组织或职业发展机构也会组织研讨会或座谈会，邀请成功人士分享他们的职业故事和经验。通过参与此类的分享报告活动，能够亲身感受到不同行业的特点和要求，从中获得启发和指导。如果我们想非常全面地了解某个岗位时，可以通过一对一访谈的方式寻求相关从业人员的帮助。具体访谈问题可以参考以下清单。

(1)您目前从事的行业属于哪个细分领域？能否用三句话概括这个行业的核心价值？

(2)您所在的岗位全称是什么？日常工作中大家更习惯怎么称呼这个岗位？

(3)用 24 小时时间线描述，您典型的一天工作是怎么安排的？

（4）在您的工作中，哪些任务是“看起来轻松但实际很耗心力”的？能否举个例子？

（5）如果用三个关键词概括这个岗位最需要的能力，会是什么？您入职时最欠缺哪项？

（6）除了专业技能，这个岗位对从业者的性格/思维方式有哪些隐形要求？

（7）您从大学毕业到现在的岗位，经历了哪些关键转折点？

（8）这个岗位的新人通常会在1~3年内遇到哪些瓶颈？您是怎么突破的？

（9）未来3~5年，您认为这个行业会发生哪些明显变化？哪些岗位需求会增长？

（10）您觉得这个行业的“黄金发展期”是在哪个阶段？现在入行还来得及吗？

（11）应届生入行时的起薪大概在什么范围？工作3~5年后的薪资天花板可能达到多少？

（12）除了薪资，这个岗位最吸引您的福利或隐性价值是什么？（如培训资源/人脉积累）

（13）有没有哪些工作内容是您入职后才发现“和想象完全不一样”的？

（14）如果让您给想入行的大学生三个忠告，会是什么？

（15）在您的职业发展中，有没有特别佩服的行业标杆人物？他们的哪些特质让您印象深刻？

（16）您在大学期间做过哪些事，对现在的工作帮助最大？

（17）对于想入行的大学生，您推荐哪些实习渠道或行业社群？

（18）有没有哪些证书或技能是“考了不一定有用，但不考一定吃亏”的？

（19）如果用一句话概括“这个岗位最适合什么样的人”，您会怎么说？

（20）访谈结束后，我想进一步了解这个行业，能否推荐一本您读过的好书或一个案例？

一对一访谈可以做到深入探究复杂问题，并且获取一些细节信息，有助于帮助我们更好获取一些有效的职业信息。但是由于访谈对象不同，结果可能差异比较的。有的人工作态度积极，对于访谈问题的回答比较正向。有的人工作比较消极，可能对于工作评价较低。所以我们在进行岗位分析时，不仅仅只使用到访谈法，还需要采用多种方法，多角度、全面地了解自己。

（三）参与真实工作情境

与静态、动态资料分析相比，参与真实工作情境是一种更加直观、深入地了解岗位的方法。它主要通过实习、兼职、项目实践等方式，让学生亲身体验岗位的工作内容和职责要求。通过实践，学生可以更加深入地了解岗位的本质和特点，发现自己的优势和不足，为未来的职业规划提供更加准确的参考。

参与真实工作情境的优势在于其直观性和实践性。通过亲身参与岗位工作，学生能够更加直观地感受岗位的工作氛围、团队协作方式以及所面临的挑战和机遇。这种亲身体验有助于学生更加深入地理解岗位职责和要求，发现自己的潜力和兴趣所在，从而为自己的职业规划做出更加明智的选择。

同时，参与真实工作情境还能够为学生提供宝贵的实践经验。在实践中，学生能够遇到各种实际问题并尝试解决它们，这有助于提升学生的实际操作能力和解决问题的能力。此外，通过实践中的沟通和协作，学生还能够锻炼自己的沟通能力和团队协作能力，为未来的职业发展打下坚实的基础。此外，参与真实工作情境，大学生有机会结识行业内的专业人士。建立起有价值的人脉关系网络，这些人脉关系可能会为他们未来的就业提供有力的支持和帮助。

总的来说，在实际岗位分析过程中，静态资料分析、动态资料分析和参与真实工作情境往往需要结合使用。静态资料分析和动态资料分析可以为学生提供岗位的基本信息和任职要求，帮助他们明确学习方向和技能提升重点；而参与真实工作情境则可以让学生亲身体验岗位的工作内容和职责要求，发现自己的优势和不足，为未来的职业规划提供更加准确的参考。

具体来说，学生可以先通过静态资料分析了解岗位的基本信息和任职要求，然后结合自己的兴趣和职业规划方向筛选出目标岗位。接下来，学生可以通过实习、兼职或项目实践等方式参与真实工作情境，亲身体验岗位的工作内容和职责要求。在实践中，学生可以不断反思和总结自己的表现和经验教训，发现自己的优势和不足，并针对性地制订提升计划和职业规划策略。

通过结合使用静态资料分析、动态资料分析和参与真实工作情境三种方法，学生可以更加全面、深入地了解岗位的本质和特点，为自己的职业规划做出明智的选择。同时，这种方法还有助于学生提升自己的实际操作能力和解决问题的能力，为未来的职业发展打下坚实的基础。

当海投简历石沉大海时，症结在于岗位需求错位！精准拆解目标职位的核心能力图谱与隐性要求，掌握岗位解码技术，助你突破盲目投递困境，实现人岗精准匹配，让每次求职都成为直击靶心的战略行动。

扫一扫，观看视频

技能小挑战

挑战 1:岗位访谈微模拟

目标:通过角色扮演,体验岗位访谈的提问逻辑,掌握访谈清单核心技巧。

时间:25 分钟。

要求:提问有逻辑有层次,可以发散性思考与回答,看重即兴发挥。

流程:

Step 1 场景设定:投影展示 3 类岗位卡片(“互联网运营”“新能源工程师”“高校辅导员”),学生自愿抽取 1 张作为“被访谈者”。

Step 2 以 5 人为小组,1 人扮演被访谈者,4 人轮流提问,每组记录最有价值的 1 个问题及答案。

Step 3 邀请 3 组上台展示,其他学生点评“提问是否挖到隐性素质”。

Step 4 技巧总结,如日常流程问细节(“昨天开会时你提了几个反对意见?”);困难事件问动机(“为什么放弃高薪去创业公司?”);假设场景问价值观(“如果客户要求数据造假,你会怎么做?”)。

挑战 2:职业探索信息接龙

目标:通过小组合作收集和分享职业信息,培养学生的自主学习能力和信息整合能力,同时让学生了解不同类型岗位的基本情况。

时间:25 分钟。

要求:信息搜集有重点、有内容、有结论。

流程:

Step 1 将学生分成若干小组,每组 5 人。每组推选一名组长,负责组织本组活动。

Step 2 信息收集。每组围绕指定岗位,利用课堂资源或移动设备,快速收集相关职业信息。重点关注岗位描述、核心工作内容、职业发展前景、薪资待遇及入门岗位等,并进行简要记录。

Step 3 小组成员依次分享所收集的信息,重点阐述岗位的核心内容和发展前景。其他成员进行补充和提问,最后由组长总结岗位特点。

Step 4 班级展示与点评。每组选派一名代表,用 1 分钟时间向全班展示本组收集到的关键信息。展示结束后,其他小组进行点评,教师进行总结。

成长思辨台

在新经济形势下，你的专业是否符合新兴行业岗位需求？你的性格特征更适合什么类型的岗位？

本章凝萃

职业生涯规划是一场解码工作世界的探索之旅。本章引领我们立足行业、企业与岗位三维坐标系，通过政策导向、文化特质与岗位逻辑的交织解析，借助MBTI、霍兰德兴趣理论等科学工具为罗盘，在层层探索中绘制职业地图。大学阶段恰是职业能力建模的黄金周期，不同学年犹如精密齿轮的咬合进阶。低年级搭建行业认知框架，中年级锻造企业分析能力，高年级精修岗位适配技能，环环相扣构筑职业启航的发射平台。而职业规划本就是动态演进的生态系统，需在实践中持续迭代校准。既要以敏锐触角感知人工智能、新能源等领域的时代脉动，让个人职业锚点与国家发展同频共振，更要在行业认知到企业解析的深化中，最终实现从岗位胜任到价值创造的职业升华，使每次职业探索都成为连接个体成长与社会进步的桥梁。

第四章

决策导航：规划职业发展路径

指挥员的正确的部署来源于正确的决心，正确的决心来源于正确的判断，正确的判断来源于周到的和必要的侦察并对各种侦察材料作联贯起来的思索。

——节选自 1936 年毛泽东著作《中国革命战争的战略问题》

漫画说生涯

专业
???
岗位

我要把握机会!
岗位真多!

为什么选择
我们公司!
招聘

知己知彼明方向
选对前路行稳远
高薪
追求
兴趣
稳定
稳定工作更靠谱
勇敢追梦，来创业吧!
期待
挑战
安逸
梦想

学习暖心话

刚进大学那会儿,觉得“职业”俩字离自己十万八千里?转眼到了大二大三,实习 offer、升本考研、考公考编……各种选择像潮水一样涌来,是不是有点蒙圈?专升本还是直接闯社会?守着学了三四年的专业“本分”就业,还是勇敢跨界试试水?去北上广深搏一个未知的未来,还是回到家乡小城图一份看得见的安稳?别慌!这些“灵魂拷问”,本质上是你的“认知雷达”在升级——从“我想做什么”的懵懂,进化到“我能做什么”“我该怎么做到”的实战阶段。本章,就是你的“职业决策装备包”,帮你把模糊的愿景变成清晰可走的路!

进阶小目标

1. 决策解构:理解职业决策逻辑,掌握底层思维框架
2. 目标建构:构建科学目标体系,提升目标管理能力
3. 路径规划:掌握策略分解方法,形成动态行动机制
4. 评估优化:建立决策评估体系,提升环境适应能力

【成长小故事】

老师,我是 2022 级的学生,现在真是愁死了!手里攥着两个实习 offer,像捧了两块烫手山芋:

A 选项:一家互联网私企,钱给的真不少,可听说加班是家常便饭,“996”都算福报!爸妈直摇头:“年纪轻轻别把身体熬垮了!”

B 选项:老家省会的国企,稳定清闲,朝九晚五,爸妈举双手赞成:“多稳妥!”可我心里直打鼓——才二十出头就进‘保温杯’,会不会把那股冲劲儿都泡没了?

老师,我该选哪条路啊?再纠结下去,我怕两个 offer 都黄了!

第一节 目标设定：绘制职业发展蓝图

进阶小目标

1. 学习目标设定工具，实现愿景到行动的转化
2. 借助生命之轮模型，构建多维人生平衡体系
3. 识别目标设定误区，掌握科学应对策略

一、目标设定的底层逻辑：从愿景到行动

在职业生涯规划中，职业目标扮演着至关重要的角色，它相当于指引我们前进方向的“导航仪”。职业目标不仅仅是一个对未来职业角色的简单描述，更深层次地反映了个人的价值观、能力以及可以调动的资源。例如，当一个人说“我想成为数据科学家”时，这仅仅是一个大致的方向。然而，一个科学的目标设定应当包含以下几个方面。

（一）具体性

目标需要明确到具体的技术栈，比如掌握 Python 编程语言、熟悉机器学习框架等；同时，还应明确目标行业领域，例如专注于金融风控领域。

（二）可量性

目标设定应当具有可衡量性，以便于跟踪进度和评估成果。例如，可以设定在两年内完成三个具体的数据分析项目，这样可以量化目标的完成情况。

（三）相关性

设定的目标应当与个人的长期愿景保持一致，确保每个短期目标都是朝着实现长期愿景的方向前进。比如，如果一个人的长期愿景是“推动医疗数据分析的发展”，那么他的职业目标就应当围绕这一愿景来设定，确保每一步行动都是为了最终实现这一愿景。

【成长小故事】

小薇是某大学国际贸易专业的学生，入学时对未来充满迷茫。大一寒假，她在叔

叔的外贸公司兼职时发现,传统外贸流程烦琐且效率低下,而跨境电商正处于爆发期。她意识到,掌握跨境电商技能可能是突破职业瓶颈的关键。于是,她将目标设定为"成为跨境电商运营专家",并拆解为三个阶段。

短期(1年):掌握亚马逊平台规则,考取跨境电商运营师初级证书。中期(3年):独立运营年销售额超500万元的店铺,晋升运营主管。长期(5年):带领团队开拓新兴市场,成为行业内有影响力的操盘手。

通过明确目标,小薇在校期间主动学习数据分析、跨境物流等技能,毕业后成功入职某跨境电商企业,仅用两年时间便实现了中期目标。

二、制定目标的黄金法则:SMART原则

SMART原则是一种用于设定和评估目标的框架,它强调目标应当具备五个关键特性:具体(Specific)、可衡量(Measurable)、可实现(Achievable)、相关的(Relevant)及有时限的(Time-bound)。这五个特性共同构成了一个全面且有效的目标设定标准。

(一)具体(Specific)

在SMART原则中,具体是至关重要的,它要求目标必须明确且具体,而不是模糊不清的。例如,一个模糊的目标可能是"提升沟通能力",但这个目标缺乏明确的行动指南。为了使目标具体化,我们可以将其转化为"每周参加1次演讲活动,并在3个月内完成5次公开演讲"。这样的目标具有明确的行动步骤和可衡量的成果,更容易执行和跟踪。

(二)可衡量(Measurable)

可衡量是SMART原则的第二个要素,它要求目标必须能够通过某些指标来衡量进度和成果。例如,一个目标可以是"实习期间主导3次跨部门会议"或者"考取××证书"。这些可量化的成果使得目标的完成情况变得清晰可见。

(三)可实现(Attainable)

可实现Attainable是SMART原则的第三个要素,它强调目标必须是现实的,能够通过个人努力和现有资源实现的。在设定目标时,需要评估自己的能力和外部条件,确保目标是切实可行的。例如,如果目标是"跨专业专升本",则需要评估是否有可能补修必要的前置课程,如果时间或资源不允许,那么这个目标可能就不是可实现的。

（四）相关的（Relevant）

相关是 SMART 原则的第四个要素，它要求目标必须与个人的长期愿景和价值观保持一致。目标应当是有助于个人成长和职业发展的，而不是与之无关的。例如，如果一个人的长期愿景是“成为环保领域的创业者”，那么他应该先积累相关的行业经验，而不是直接启动一个与自己愿景无关的项目。

（五）有时限的（Time-bound）

有时限的是 SMART 原则的最后一个要素，它要求目标必须有明确的截止日期。这样的时间限制可以为行动提供紧迫感，并帮助个人集中精力在限定时间内完成目标。例如，一个人可以设定“2025 年考取 × × 资格认证”或“2026 年晋升项目经理”的具体时间目标。

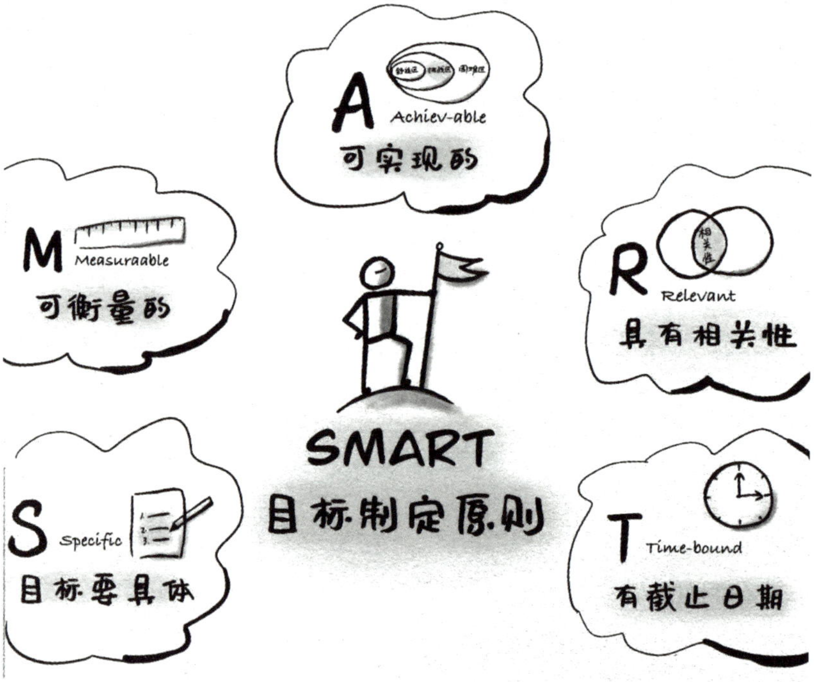

图 4-1　SMART 原则

【成长小故事】

小凯是某大学汽修专业学生，目标是“成为新能源汽车技术专家”。他通过 SMART 原则设定以下目标。

具体（S）：掌握特斯拉、比亚迪等品牌的新能源汽车维修技术。小凯明确了自己要学习的具体技术，即掌握特斯拉、比亚迪等主流新能源汽车品牌的维修技术。

可衡量（M）：2025 年考取新能源汽车维修技师证。为了确保自己的学习进度和质量，小凯设定了一个明确的时间节点，即在 2025 年之前考取新能源汽车维修技师证。

可实现（A）：通过校企合作项目进入比亚迪实习。为了实现自己的学习目标，小凯计划利用学校与企业之间的合作项目，进入比亚迪等知名新能源汽车企业实习，以获得实际工作经验。

相关的（R）：与新能源汽车行业发展趋势一致。小凯的学习目标与新能源汽车行业的发展趋势保持一致，这将有助于他未来的职业发展。

有时限的（T）：2026 年成为技术骨干。小凯为自己的职业发展设定了一个明确的时限，即在 2026 年之前成为新能源汽车技术领域的骨干人才。

最终，他在实习期间表现优异，毕业后直接被比亚迪录用。小凯的努力和明确的职业规划使他在实习期间就展现出了出色的能力，毕业后他顺利地被比亚迪公司录用，成为一名技术骨干。

目标制定是职业生涯的导航蓝图，而行动则是驱动前行的引擎。每一个目标都是照亮前路的灯塔，既能帮你将“我想成为什么”的愿景转化为“我能做到什么”的具体步骤，也能指引“我如何一步步实现”的行动路径。

扫一扫，观看视频

三、生涯愿景模型：生命之轮——绘制你的平衡人生

生命之轮是一种工具，它将个人的生涯目标细分为八个不同的维度，这些维度包括职业发展、家庭生活、身体健康、社交关系、财务状况、持续学习、休闲娱乐以及心灵成长。通过使用生命之轮，能够以一种直观的方式评估自己在这些不同生活领域中的平衡程度。

（一）生命之轮的绘制方法

首先，你需要准备一张白纸和一支笔。接下来，按照以下步骤来绘制你的生命之轮（图 4-2）。

步骤 1：在白纸上画一个大圆，然后将这个圆等分成八个扇形区域，每个区域代表生命之轮中的一个维度。

步骤 2：针对每个维度，根据你目前的满意度进行打分，分数范围从 1 分到 10 分。1 分表示你对这个维度的现状感到“完全不满意”，而 10 分则意味着你对它感

到“非常满意”。

步骤3：在每个扇形区域中填入相应的分数，然后用线条连接这些分数点，形成一个类似车轮的图形。

步骤4：仔细观察这个由分数点连接而成的“车轮”图形，分析其平整度。一个平整的车轮表明你在所有维度上都达到了相对平衡的状态，而凹凸不平的部分则指出了需要你特别关注和努力提升的维度。

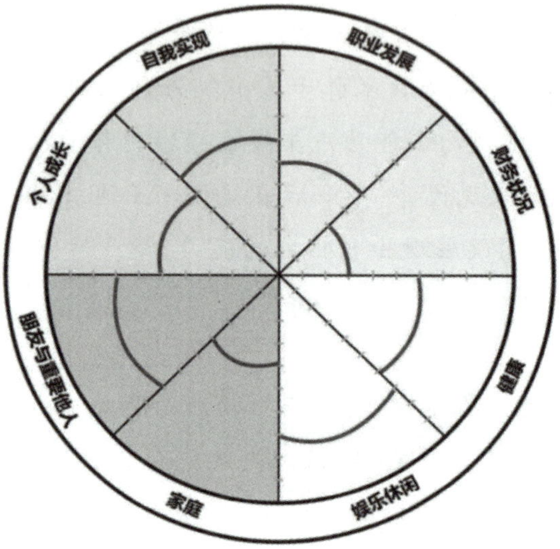

图4-2 生涯愿景模型：生命之轮

（二）生命之轮各维度目标

生命之轮各维度目标，见表4-1。

表4-1 各维度的具体目标示例

维度	现状描述	目标设定
职业	无明确方向，实习经验少	2025年进入相关专业大企业实习，学习实践技能
家庭	与父母沟通较少	每周与家人视频通话2次，每月回家1次
健康	久坐，缺乏运动	每周运动2次，每天步行1万步
社交	仅限校内朋友	加入行业、企业社群，每年参加2次线下沙龙
财务	月光族	每月储蓄200~500元，2025年存款2400~6000元
学习	专业课程成绩中等	学期综合成绩较以往提升3~5名，考取1项专业认证
休闲	沉迷游戏	每月安排2次户外活动（如爬山、骑行）
心灵成长	焦虑感强	每天冥想10分钟，每年阅读12本自我提升书籍

（三）平衡策略：动态调整的艺术

1. 避免过度倾斜

在资源分配方面，我们应当避免过度集中精力于某一个特定的维度，而忽略了其他同样重要的方面。举个例子，如果我们的职业目标是通过加班来实现职业上的提升，那么我们也需要同时规划和关注我们的健康管理，比如确保每周都有规律的运动时间，以保持身体和精神的活力。

2. 定期评估调整

此外，动态调整也是平衡策略中不可或缺的一部分。我们建议每季度对生命之轮进行一次全面的评估，根据过去一段时间内的实际情况和成果，对我们的目标进行必要的调整和优化。这样的做法可以帮助我们保持目标的现实性和可达成性，同时确保我们在生活的各个方面都能够均衡发展。

【成长小故事】

小林是某大学计算机专业大三学生，在使用生命之轮工具进行自我评估时，惊讶地发现自己的职业发展与健康状态出现严重失衡——职业目标完成度达到 8 分，但健康管理仅为 4 分。高强度的编程学习与项目实践，让他长期熬夜、缺乏运动，体检报告上的“亚健康”警告与日渐疲惫的身心状态，成为不容忽视的警钟。意识到问题后，小林开始重新审视目标优先级，制订了职业发展与健康管理的双轨计划。

1. 职业规划

短期目标：2024 年春季主动投递 15 家互联网企业实习岗位，通过在线课程强化 Java 与前端开发技能，每周完成 3 个实战项目。平衡策略：将每日工作学习时间压缩至 10 小时内，强制预留 1 小时运动时间，通过运动缓解焦虑情绪，提升专注力。

2. 健康管理

作息调整：设置晨间 5:30 的闹钟，利用清晨 30 分钟进行慢跑或跳绳，配合冥想缓解压力。社交联动：加入校园徒步社团，每月参与 1 次郊外徒步活动，既锻炼体能，又拓展社交圈。

经过半年的坚持，小林不仅凭借扎实的技术能力与积极的工作态度获得腾讯的实习 offer，更惊喜地发现，规律运动让他的身体质量指数（BMI）恢复正常，颈椎酸痛等亚健康症状明显改善。这段经历让他深刻体会到：科学的目标规划不是非此即彼的取舍，而是动态平衡的智慧。

四、目标设定的常见误区与规避方法

（一）目标过于宽泛

典型表现："我要成功""我要变得优秀"。

规避策略：运用 SMART 原则细化，如"3 年内晋升为部门技术主管，独立带领 5 人技术团队"。

（二）忽视个人价值观

典型表现：盲目追逐高薪岗位，牺牲生活平衡与兴趣。

规避策略：澄清核心需求，进行"职业锚测试"，明确自己是"技术专家型""生活平衡型"还是"创业挑战型"等。

（三）缺乏灵活性

典型表现：死守既定目标，无视行业变化或个人兴趣转移。

规避策略：建立"Plan B"思维，如"若秋招未能进入头部互联网公司，则优先选择成长型科技企业积累核心项目经验"。

【成长小故事】

小孟是新闻采编专业毕业生，曾执着于"成为知名记者"，但传统媒体式微让她屡屡碰壁。她一度拒绝新媒体运营岗，坚持"非记者不做"，却陷入职业停滞。意识到误区后，她运用 SWOT 分析重新定位，发现自身文字功底扎实（优势），但缺乏短视频技能（劣势），而本地新媒体发展迅猛（机会）。她果断调整目标。

主目标：转型新媒体内容运营，主攻"图文+轻视频"赛道。行动：1 个月内学会 Premiere 剪辑，承接公众号视频化任务积累案例。备选：若转型困难，转向企业品牌宣传。

最终，她凭借"传统文字功底+新媒体实践"的复合能力，入职某短视频公司，成功操盘百万播放量账号。她的经历印证：职业规划不必追求完美，先行动再调整，方能在变化中找到新方向。

成长思辨台

1. 在我们追求目标的过程中，常常会遇到一个被称为"完美主义陷阱"的问题。那么，我们应该如何避免陷入这个陷阱呢？

2. 在我们的成长过程中，可能会遇到职业目标与家庭期望发生冲突的情况。那么,我们应该如何在两者之间找到平衡点呢?

3. 在我们执行目标的过程中,可能会遇到一些突发的障碍。那么,我们应该如何应对这些障碍呢?

技能小挑战

挑战 1：目标设定工作坊

目标：掌握 SMART 原则的实践应用，确保目标的明确性、可衡量性、可达成性、相关性和有时限性。学会将模糊目标转化为可执行方案，通过具体步骤和行动计划，使目标具有可操作性。

时间：30 分钟。

流程：

Step 1 个人撰写：学生独立思考并撰写 3 个具体的职业目标（例如“提升编程能力”），确保目标符合 SMART 原则。

Step 2 小组互评：4 人一组，互相使用 SMART 原则来优化彼此的目标表述，确保目标的清晰度和可执行性。

Step 3 教师点评：教师选取几个典型案例进行点评，强调目标的可行性与相关性，以及如何将目标转化为实际行动。

挑战 2:生命之轮绘制

目标:深入理解生涯平衡的重要性,认识到在职业、健康、家庭等多方面保持平衡的必要性。制定个性化的多维度目标,根据个人情况和职业规划,为生命之轮的各个维度设定具体目标。

时间:40 分钟。

流程:

Step 1 绘制生命之轮:学生根据自身现状,为生命之轮的 8 个维度(如职业、健康、家庭等)进行打分,并绘制出自己的"车轮"。

Step 2 小组分享:在小组内分享各自的生命之轮,讨论如何在不同维度间协调资源分配,以达到更好的生活和工作平衡。

Step 3 教师总结:教师根据学生的分享,分析并总结常见问题,如"过度聚焦职业,忽视健康",并提供平衡不同生活维度的策略。

挑战 3：时间管理实战演练

目标：掌握有效的时间管理技巧，提高工作和学习效率。学会制定并执行合理的日程安排，确保目标实现与时间利用的完美结合。

时间：30 分钟。

流程：

Step 1 日程规划：学生独立制定一周的日程安排，包括学习、工作、休息和娱乐时间，确保时间的合理分配。

Step 2 时间日志：记录一天中的时间使用情况，分析时间浪费的原因，并寻找改进的方法。

Step 3 小组讨论：分享各自的时间管理经验和问题，互相学习并提出改进建议。

Step 4 教师引导：教师介绍常见的时间管理工具和方法，如番茄工作法、时间矩阵等，并引导学生找到适合自己的时间管理策略。

结果导向是职业发展的指南针，以终为始的思维能让努力更具方向感。每一次对结果的审视都是优化策略的契机，既能帮你在执行中校准方向，也能助力你在动态调整中积累成长势能。

扫一扫，观看视频

第二节　科学抉择：破解职业选择难题

进阶小目标

1. 明确目标与信息整合，构建决策基础框架
2. 学习决策分析工具，提升问题解决能力
3. 理解决策五阶段模型，优化决策效率
4. 辨识常见决策偏差，掌握应对策略

职业生涯决策往往充满复杂性和不确定性，容易令人感到左右为难。虽然人不可能时刻保持绝对理性，但学会运用科学的决策方法，并将其融入职业生涯选择过程，培养理性决策能力，将使我们受益终身，在纷繁的选项中做出更优选择。

一、CASVE 循环法

（一）CIP 理论

目前，在职业生涯发展与规划实践中，应用最为广泛的职业生涯决策理论是认知信息加工（Cognitive Information Processing，CIP）理论。该理论由彼得森等人于1991 年提出，其核心观点认为生涯发展的核心在于如何做出生涯决策并解决生涯问题，关键在于个体如何有效地获取、加工和使用相关信息。为了形象化这一信息加工过程，CIP 理论构建了“信息加工金字塔”模型（图 4-3）。

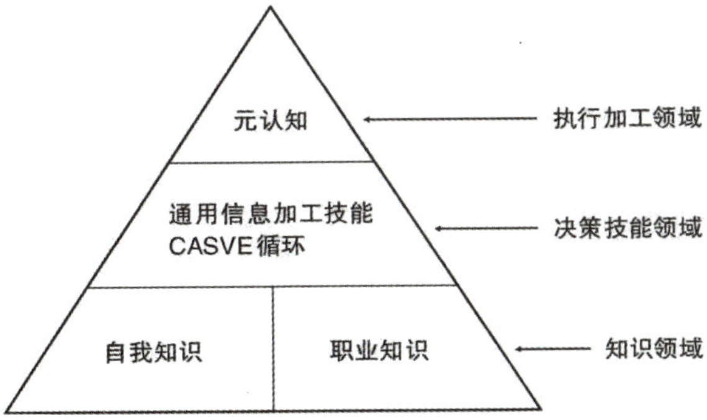

图 4-3　信息加工金字塔

1. 金字塔的底层是知识领域

包含做出明智决策不可或缺的两类关键信息，一是自我知识；二是职业知识。自我知识要求个体深入理解自身的兴趣、价值观、性格特质、能力与技能、局限及人生目标。而职业知识则侧重于全面掌握目标职业或行业的工作内容、发展路径、所需资格、市场前景、薪酬福利、工作环境等信息，信息的全面性和准确性是决策质量的基石。

2. 金字塔的中层是决策技能领域

决策技能领域是理论的核心应用层，包含一套具体的决策方法和流程。其中，CASVE 循环模型是该领域的精华，提供了解决职业问题和进行决策的标准化步骤。

3. 金字塔的顶层是执行加工领域

执行加工领域中的元认知是指个体对自身思维过程的认知、监控和调节能力。元认知通过自我对话（反思决策合理性）、自我察觉（识别情绪、偏见影响）和控制与监督（保持方向、调整策略），确保整个决策过程高效、有效且目标明确，如同一位经验丰富的教练在旁指导。

（二）CASVE 决策模型

CASVE 循环是 CIP 理论中位于决策技巧领域的核心模型，代表了一个动态、可循环的五阶段决策过程。只有完整经历这五个阶段，并按照每个阶段的要求认真采取行动之后，才能做出科学理性的职业决策。大学生在职业生涯决策时可以根据自身情况，可通过调整 CASVE 循环使用的频率和次数，多次使用这一循环，直至决策成功，CASVE 决策模型如图 4-4 所示。

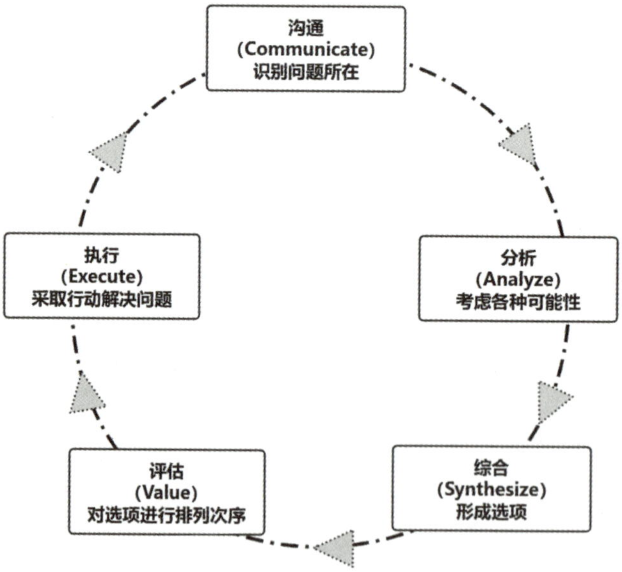

图 4-4　CASVE 决策模型

1. 沟通阶段

沟通阶段简而言之就是识别问题阶段，决策始于敏锐感知并清晰界定当前面临的职业问题或困境，关键在于识别理想状态与现实状况的差距。此阶段需关注如焦虑、迷茫、兴奋、强烈渴望等内部信号和就业压力、他人建议、招聘信息等外部信号，并将模糊感受转化为清晰的问题陈述。要从“考研还是就业?”“转行还是坚守本专业?”“多个 offer 如何选?”等复杂的问题中厘清所面临的具体职业难题到底是什么。考虑信号越周全，问题界定越清晰，越有利于做出科学决策。

2. 分析阶段

分析阶段其实就是收集与探索信息阶段，是决策的关键基础阶段。这一阶段要求深入、客观地收集和分析与问题相关的所有信息，重点是深化自我认知和职业认知。具体行动包括深度自我探索与全面职业探索，我们在前面章节已经深入学习过。除此之外，还需反思自身决策风格（如冲动型、依赖型、理性型）。这阶段最易出错，许多人因急于求成而草率跳过分析，导致决策失误，核心问题是“为解决此问题，关于自己和各种选项，我还需了解哪些具体信息?”

决策风格会影响职业生涯选择的效率与质量，常见的决策风格有理性型、直觉型、依赖型、回避型和自发型。了解自身决策风格，可针对性地调整，以达到更佳决策效果。

扫一扫，了解详情

3. 综合阶段

综合阶段的核心是生成与筛选方案，这是一个“先发散后聚焦”的创造性过程。基于分析阶段的信息，首先运用头脑风暴等方法，尽可能多地构想潜在解决方案（职业或行动路径），暂时搁置批判性思维；然后结合自我认知和职业知识，筛选出 3~5 个最可行、最有潜力的备选方案。关键在于避免过早否定想法，确保方案具体可行。

4. 评估阶段

评估的本质是权衡与选择，这一阶段需对筛选出的 3~5 个备选方案进行细致比较和排序，做出初步选择。具体步骤是明确个人评估标准（如兴趣匹配度、价值观符合度、能力胜任度、发展空间、薪酬、地点、稳定性、家庭影响等），深入比较各选项在各项标准上的优劣、潜在收益与风险、实现可能性及对自身及他人的影响，排序与选择可使用决策平衡单等工具进行量化比较，最终选出综合得分最高、最符合核心需求且现实可行的最佳选项，核心问题是“哪个选择能最好地解决我的问题并带来最大满足感?”

5. 执行阶段

决策的最后阶段是行动与检验，要求制订详细行动计划，将最终选择分解为具体、可操作、有时限的步骤（如投简历、备考、技能学习），并坚定执行计划。关键闭环是检验与反馈，即执行一段时间后，必须回顾沟通阶段识别的问题是否缓解或消失、行动是否顺利、结果是否符合预期、有无新问题。若问题未解决或情况有变，需返回沟通或相关阶段，启动新的 CASVE 循环进行调整。这体现了决策的动态性和循环本质，执行力是成功保障，循环检验确保决策的适应性与灵活性。

成长思辨台

使用 CASVE 循环法分析你现阶段面临的职业生涯决策问题。在分析过程中，应思考以下问题。

（1）你是怎样意识到自己的需求的？

（2）你是如何分析问题、收集相关信息的？

（3）你是如何形成解决方案的？你现在能否看到自己当时所没有看到的其他可能性？

（4）你是如何在不同的解决方案之间做选择的？你的选择标准是什么？

（5）你是如何落实行动的？过程是否如你所预期的那样？

（6）你怎样评价自己当时的决策过程？你对自己的决策满意吗？如果不满意，是哪个步骤出了问题？

二、决策工具解析

（一）SWOT 分析：职业定位的四维坐标系

1. 理论溯源

由哈佛大学教授肯尼斯·安德鲁斯于 1971 年提出，通过内外部环境分析构建战略框架。这一分析方法旨在帮助个人或组织识别自身的优势（Strengths）、劣势（Weaknesses）、机会（Opportunities）和威胁（Threats），从而制定出更加有效的战略规划，图 4-5 为 SWOT 分析图。

2. 深度应用

1）优势挖掘（S）

为了更好地利用个人的优势，可以采用“STAR 法则”来梳理个人经历。这个法则包括四个部分：情境（Situation）、任务（Task）、行动（Action）和结果（Result），通过这种方式可以清晰地展示个人在特定情境下的表现和成就。

2）劣势转化（W）

面对个人的劣势，如缺乏实习经验，可以采取积极的态度将其转化为可提升的领域。例如，可以通过参与项目实践来弥补经验上的不足，从而将劣势转化为优势。

3）机会捕捉（O）

为了不错过行业中的机遇，建立一个行业信息追踪系统是十分必要的。这可以通过订阅相关的行业公众号、关注行业动态等方式来实现，从而保持对行业趋势的敏感度。

4）威胁预警（T）

在快速变化的职场环境中，对潜在的威胁保持警觉是至关重要的。可以通过设置技术淘汰率监测指标来预警，例如每年学习一项新技术，以确保个人技能的持续更新和竞争力的维持。

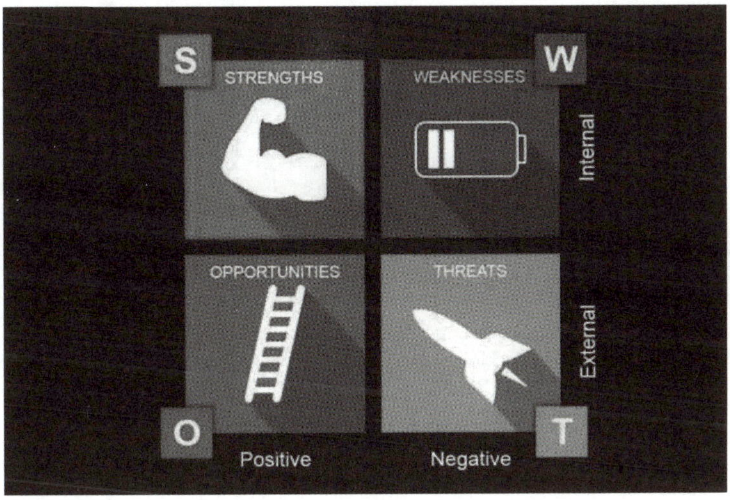

图 4-5　SWOT 分析

【成长小故事】

小吴在高校读会计专业，实习时发现，财务工作 70%都是重复性的记账任务。而且她注意到，公司的 ERP 系统开始加入数据分析功能，这让她觉得只靠传统财务技能，以后可能不好找工作。于是，她用 SWOT 分析方法，给自己制订了转行计划：

优势（S）：她用 Excel 数据透视表特别熟练，逻辑思维也不错。

劣势（W）：完全没学过 Python 编程，也没有实际的项目经验。

机会（O）：学校新开了“财务大数据分析”选修课，合作企业也在招既懂财务又会数据分析的复合型人才。

威胁(T):计算机专业的同学在竞争数据分析岗位时,技术上比她更有优势。

行动阶段:小吴每天下班后抽出1小时学Python基础;主动申请加入学校“智能财务”实训中心,完成2个具有挑战性的数据分析项目,巩固和提升数据分析的实战技能。3个月后,在一家制造业企业面试时,她用Excel做了一个“成本趋势分析模型”,靠着“懂财务逻辑又会点编程”的优势,成功拿到了数据分析师助理的offer。

(二)决策平衡单:量化决策的天平

1. 权重分配技巧

在使用决策平衡单(表4-2)时,一个重要的步骤是权重的分配。权重的分配可以通过“两两比较法”来确定,这种方法要求对各个决策维度进行成对比较打分,评分标准见表4-3,从而确定它们之间的相对重要性。例如,在比较发展前景和薪资待遇这两个维度时,可以评估哪一个对个人职业发展更为重要。

表4-2 生涯决策平衡单

考虑因素	选择项目	加权分数						
		重要性的权数(1~5倍)	生涯选择一( )		生涯选择二( )		生涯选择三( )	
			+	-	+	-	+	-
个人物质方面的得失	1. 收入							
	2. 工作的难易程序							
	3. 升迁的机会							
	4. 工作环境的安全							
	5. 休闲时间							
	6. 生活变化							
	7. 对健康的影响							
	8. 就业机会							
	其他……							
他人物质方面的得失	1. 家庭经济							
	2. 家庭地位							
	3. 与家人相处的时间							
	其他……							

续表

考虑因素	选择项目	加权分数						
		重要性的权数（1~5 倍）	生涯选择一（　　）		生涯选择二（　　）		生涯选择三（　　）	
			+	−	+	−	+	−
个人精神方面的得失	1. 生活方式的改变							
	2. 成就感							
	3. 自我实现的程序							
	4. 兴趣的满足							
	5. 挑战性							
	6. 社会声望的提高							
	其他……							
他人精神方面的得失	1. 父母支持							
	2. 师长支持							
	3. 男（女）朋友支持							
	其他……							
加权后合计								
加权后得失差数								

表 4-3　决策平衡单评分标准

等级	描述	赋值
非常满意	完全符合预期	9~10
满意	基本符合预期	7~8
一般	部分符合预期	5~6
不满意	不符合预期	1~4

【成长小故事】

小李是一名机电专业的学生，毕业后收到了两份工作邀请：一份是武汉的汽车公司，月薪 8000 元，但每周单休，每天上下班要花 2 小时；另一份是老家县城的汽修厂，虽然月薪只有 5000 元，好在每周双休，走路 10 分钟就能到公司。他犯了难，到底该怎么选呢？于是，小李用决策平衡单，从四个方面做了对比。

工资收入（重要程度 30%）：武汉的工作工资高，打 8 分；老家的工作工资低些，打 5 分。未来发展（重要程度 40%）：武汉的公司能提供工业机器人维护培训，学的都是新技术，打 9 分；老家的汽修厂只能接触到传统维修，打 6 分。生活开销（重要程度20%)：在武汉租房就要花掉工资的35%，打5分；回老家吃住都能靠爸妈，不花钱，打9分。家庭照顾(重要程度10%)：作为家里的独生子，回老家能照顾爸妈，打9分；留在武汉，不仅见不到家人，还得每月寄钱回去，打4分。

最后总分：武汉($8\times0.3+9\times0.4+5\times0.2+4\times0.1=7.4$)，老家($5\times0.3+6\times0.4+9\times0.2+9\times0.1=6.6$)。虽然武汉的分数更高，但小李仔细一想，在武汉生活成本高，还不能陪在爸妈身边，时间长了心里肯定不好受。权衡再三，他还是选择了武汉的工作，同时和家里商量好，每周视频聊天，每年至少回老家看爸妈三次，尽力在工作和家庭之间找到平衡。这个案例说明，决策平衡单提供了量化依据，但最终选择需结合个人价值观和后续的平衡行动。

(三)决策的五阶段模型

1. 问题识别：精准定位决策痛点

在决策过程中，首先需要识别出问题所在，这是决策的第一步。通过诊断工具，如决策困境检查表，可以帮助我们明确是否存在两个以上互斥的选项，是否缺乏关键信息，以及是否感到焦虑或犹豫等问题。例如，某同学同时面临专升本与接受offer的抉择，他需要评估个人职业规划与市场需求，从而精准定位决策的痛点。

2. 信息收集：构建决策情报库

在识别出问题之后，接下来需要收集相关信息，构建决策情报库。数据渠道包括企业调研，如使用天眼查了解股权结构，看准网获取员工评价，LinkedIn分析行业地位，以及Glassdoor了解薪酬福利。岗位分析方面，可以通过BOSS直聘了解岗位职责，知乎探讨职业发展，领英观察行业趋势，猎聘进行职位匹配度分析。个人评估方面，可以使用DISC测评了解行为风格，MBTI测试性格类型，霍兰德职业兴趣测试探索职业倾向，以及SWOT分析个人的优势和劣势。

3. 方案设计：拓展决策可能性

在收集到足够的信息后，下一步是设计不同的决策方案。创新方法包括头脑风暴法，要求每人提出5个备选方案，并对每个方案进行可行性分析。逆向思维法则是假设“不选择常规路径”会怎样，探索非传统职业道路的可能性。例如，除了专升本和就业这两个传统选项外，可以增加“就业和专升本同步走”的过渡方案，或者考虑“间隔年”或“实习经历”作为个人成长的补充路径。

4. 评估选择：科学量化决策依据

组合运用SWOT分析、决策平衡单、KST匹配度等工具，科学量化决策依据，组合工具应用流程如图4-6所示。

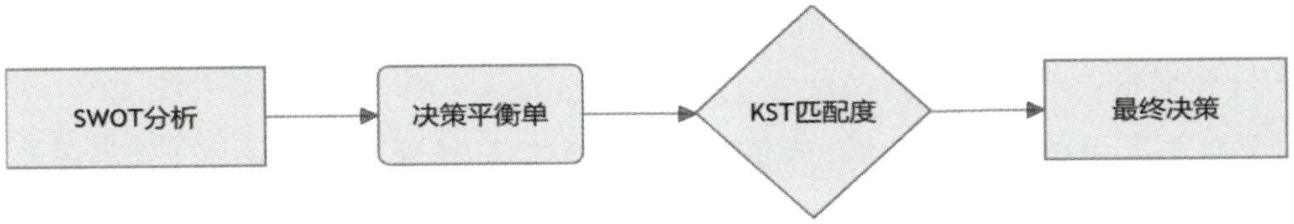

图 4-6 组合工具应用流程

5. 执行反馈:建立动态调整机制

以确保项目或任务能够根据实际情况和结果进行及时调整和优化。这种机制的目的是保证项目能够灵活应对各种变化,提高项目的适应性和成功率。通过持续的监控和评估,项目团队可以快速识别问题和机会,进而采取相应措施,确保项目始终沿着正确方向前进。

【成长小故事】

小周是物流管理专业的大三学生,正面临一个大难题:到底该马上找工作,还是接着专升本考本科?家里的情况让他很着急,爸爸生病提前退休了,家里等着他挣钱分担压力,可70%的同学都在准备升学,而且之前有物流企业来学校招人,HR说以后想当主管,最好得是本科学历。小周用《决策困境检查表》一分析,发现自己纠结的核心是:眼下急着挣钱养家,但长远来看学历又影响发展。同时,他还不清楚专升本到底好不好考,在物流行业干多久能升职。

他是这么解决的:花了一周时间,找了三位毕业5年的学长取经。专科毕业的学长A,现在是仓库主管,月薪7000元,用了4年才升上来;本科毕业的学长B,当上了项目经理,月薪1.2万元,2年就升职了;学长C先专升本,后来考进了事业单位,虽然月薪6000元不算高,但工作特别稳定。小周综合考虑后,决定"两手抓":白天去物流企业实习攒经验,晚上回家复习数学和英语。最后他不仅专升本考试超分数线15分,成功考上本科,还因为实习表现好,拿到了企业的入职邀请。

【成长小故事】

小郑是电子商务专业的一名学生,大二那年她突然想转行做跨境电商运营。但当时她只知道干这行好像得会外语,其他的几乎一窍不通。为了摸清门道,她在领英上搜"跨境电商运营",关注了10个行业里的大佬,总结出三条超有用的信息。

核心技能:除了英语,还得学会用Google Analytics分析网站数据,懂SEO优化让商品在网上更容易被搜到,会独立搭建和管理网店。证书很重要:有"跨境电商运营师"证书的人,平均工资比没证的高出15%。行业前景:到2026年,跨境电商行业会缺 80 万人才，特别是既懂电商玩法，又能根据不同国家和地区需求做运营的“多面手”，特别抢手。

小郑马上调整了学习计划，选了《跨境电商实务》《外贸英语函电》这些课程，还报名了线上的“亚马逊运营实战课”。每周她都坚持做两个模拟网店的运营练习，就像在真实场景里干活一样。为了检验自己学得咋样，她利用课余时间，免费帮一家小公司在 Shopify 上开网店，从选商品、吸引顾客到处理售后问题，全都亲力亲为。3 个月后，她带着自己的网店运营成果和中级证书去面试，面对“怎么用 SEO 让商品更火”这类专业问题，回答得头头是道，最后顺利拿到了一家跨境电商公司的 offer。

三、决策陷阱与应对策略

（一）认知偏差图谱

认知偏差图谱，见表 4-4 所示。

表 4-4　认知偏差图谱

偏差类型	表现	应对策略
锚定效应	过度依赖首因信息	引入第三方评估
确认偏误	只收集支持性证据	强制收集反对意见
过度自信	低估决策风险	进行压力测试

（二）群体决策误区

在群体决策的过程中，存在一些常见的误区，这些误区可能会导致决策的不准确或不理想。这些误区包括但不限于认知偏差、情绪感染、从众心理等，它们在无形中影响着群体成员的判断和选择。

1. 沉默的螺旋

在群体中，少数派往往因为害怕被孤立或不被接受，而选择保持沉默，不表达自己的真实观点。这种现象在群体决策中尤为常见，它导致了信息的不对称和观点的缺失，进而影响了决策的质量。

2. 群体极化

在群体讨论中，成员的观点往往会向某一极端倾斜，导致观点的极端化，这种现象可能表现为过度乐观或过度悲观。群体极化效应使得群体决策容易偏离理性，走向极端。

（三）应对方法

1. 德尔菲法

这是一种通过匿名背对背的方式征集意见的方法，可以有效避免群体压力对决策的影响。通过专家咨询和多轮反馈，德尔菲法有助于收集到更加全面和客观的信息，从而提高决策的准确性。

2. 六顶思考帽

这是一种分角色讨论的方法，每种颜色的帽子代表一种思考方式，例如白帽代表数据和信息，黑帽代表风险和谨慎。通过这种方式，群体成员可以从不同的角度审视问题，有助于平衡观点，避免决策的片面性。

【成长小故事】

小孙学的是机械制造专业，找工作时去面试一家汽车大厂。HR说给他开6000元工资，还特意强调这是应届生的平均水平。从那以后，小孙看到其他公司开5500元工资，哪怕对方愿意提供技术培训，他都直接拒绝，心里想着“低于6000元就是工资太低”。结果一直到快找不到工作了，他在学长群里才知道真相：原来这家大厂因为名气大，工资标准把大家都“带偏”了，实际上行业里类似岗位的平均工资是5800元，而且小公司反而更愿意培养愿意学新技术的新人。

小孙后来换了个方法，用“工资高低”和“成长机会”两个维度，重新对比剩下的工作机会。最后，他选了一家开5500元工资的智能制造公司，对方承诺只要他通过考核，一年半后就能升为技师，工资涨到9000元。入职后他发现，公司每周都有PLC编程、工业机器人操作这类培训课，工作内容也和他想当自动化工程师的目标特别契合。这次经历让他明白：找工作不能只盯着第一份工资，还要看公司给不给培训机会、有没有升职空间，这些长远发展的因素更重要。

同学们，当行为经济学的前景理论遇上心理学的归因模型，会揭示怎样的决策心理密码？让我们一同解锁理论赋能的认知宝库，从前景理论中理解损失厌恶的决策倾向，在归因理论里剖析成功失败的归因逻辑，为职业选择注入科学的心理洞察。

扫一扫，了解详情

成长思辨台

在信息爆炸的时代浪潮中，我们每天被海量资讯裹挟，信息过载如同无形的压力，悄然影响着我们的认知效率与思维深度。那么，如何借助科学策略突破信息洪流的困局，实现高效的信息处理与价值提炼？

技能小挑战

挑战1：决策沙盘推演

目标： 通过决策沙盘推演活动，我们旨在综合运用SWOT分析、决策平衡单，培养我们的系统性决策思维。这不仅有助于我们理解复杂问题的多维度因素，而且能够提升我们面对各种挑战时的应对能力，使我们能够更加全面和深入地分析问题，从而做出更加明智和有效的决策。

时间： 70分钟。

流程：

Step 1 情境抽取（5分钟）。

我们将抽取三个不同的情境进行模拟决策，这些情境都是基于现实生活中可能遇到的复杂问题，旨在考验和锻炼我们的决策能力。

情境1：假设你获得了两家企业的工作邀请，虽然岗位相似，但这两家企业的文化差异很大。你需要考虑如何根据自己的职业规划和价值观来做出选择。

情境2：你面临是否接受海外派遣的机会，这将对你的职业发展产生重要影响。你需要评估海外派遣对你个人成长和家庭生活的利弊。

情境3：你正在考虑是否要开始自己的创业之旅，这将是一个重大的人生决策。你需要权衡创业的风险和潜在的回报，以及是否准备好面对这样的挑战。

Step 2 工具应用（30分钟）。

分组使用SWOT分析环境，识别每个情境的优势、劣势、机会和威胁。通过这一工具，我们能够清晰地看到每个情境的全貌，为制定决策提供有力支持。

制定决策平衡单，根据各组的判断，选择合适的维度进行权衡。这一步骤要求我们对不同因素的重要性进行排序和比较，以确定最佳的决策路径。

Step 3 方案陈述（20分钟）。

每组需要汇报他们的决策结果以及做出这样决策的理由。这不仅是一个展示自己分析和决策能力的机会，也是一个学习和借鉴其他组思路的过程。

其他组可以进行质询，例如询问为何选择这样的权重分配，或者对决策过程中的某些假设提出疑问。这样的互动有助于深化对问题的理解，并可能揭示出新的视角。

Step 4 教师点评（15分钟）。

教师将指出在决策过程中常见的错误，比如忽略隐性成本，或者过于依赖单一的决策工具。这有助于我们认识到决策的复杂性，并学会如何避免这些常见的陷阱。

评估标准：

维度	优秀（5 分）	合格（3 分）
工具应用	熟练使用 3 种工具	使用 2 种工具
逻辑严密性	无漏洞	存在 1~2 处逻辑问题
创新性	提出 1 个以上创新方案	仅常规方案

职业决策是人生十字路口的导航系统，科学的决策方法能帮你穿越选择的迷雾。每一个决策工具都是拨开迷茫的利器，既能助你在多元选项中找到最优解，也能教会你应对认知陷阱的智慧策略。

扫一扫，观看视频

第三节 动态调整：优化职业发展策略

进阶小目标

1. 掌握 PDCA 循环，提升目标管理效能
2. 建立障碍识别体系，增强问题解决能力
3. 构建动态调整机制，提升环境适应能力

一、PDCA 循环：目标管理的“永动机”

PDCA 循环，全称为 Plan-Do-Check-Act 循环，是一种被广泛应用于各个领域，包括但不限于项目管理、质量控制、产品开发等的管理工具。它通过计划、执行、检查、行动四个阶段的循环往复，不断优化和提升工作流程和产品质量。

（一）理论溯源

PDCA 循环是由美国质量管理专家沃特·阿曼得·休哈特首先提出的，由戴明博士采纳、宣传、获得普及，所以又称戴明环。它强调通过持续地改进过程，实现目标的逐步提升。戴明博士认为，只有通过不断地计划、执行、检查和行动，才能确保组织的持续改进和成长。这一理论的提出，为后来的管理学发展奠定了坚实的基础。

（二）深度应用

1. Plan 阶段

在计划阶段，可以使用甘特图来分解目标，例如将一个较为宏大的目标如“考取专业认证”拆解为 5 个具体的学习阶段，每个阶段都有明确的学习任务和目标。通过甘特图，我们可以清晰地看到每个阶段的时间安排和进度，从而更好地控制整个学习过程。

2. Do 阶段

在执行阶段，可以建立“两分钟法则”，即对于那些耗时小于 2 分钟的任务，立即执行，这样可以提高工作效率，减少拖延。这个法则简单易行，却能有效地帮助我们克服拖延症，提高执行力。

3. Check 阶段

在检查阶段，可以设置 SMART 型的检查点，比如“每周完成 30 道真题”，这样的具体目标有助于明确检查的标准和进度。SMART 原则是设定目标的一种有效方法，它要求目标具体、可衡量、可达成、相关性强、时限明确。

4. Act 阶段

在行动阶段，可以运用“5 Why 分析法”来追溯问题的根源，通过连续问“为什么”五次，找到问题的根本原因，并据此进行改进。这种方法能够帮助我们深入理解问题的本质，从而找到更有效的解决方案。

【成长小故事】

小宇是某高校机电专业的学生，高考失利后一度很迷茫，大二时突然想通：“不能就这样放弃，我要专升本！”但翻开课本就犯难：高数看不懂、英语单词记不住，怎么开始呢？他用 PDCA 循环给自己制订了“逆袭计划”：

第一步：订计划（Plan）

把目标院校的考试科目列出来，发现高数最难，那就每天花 2 小时啃高数，英语和机械制图各 1 小时。怕自己偷懒，他用手机甘特图 app 把每天的学习任务可视化，像游戏通关一样给自己设了“周周测、月月考”的小目标。

第二步：狠执行（Do）

刚开始学得很吃力，高数的积分运算像“天书”，周测才 60 分。他厚着脸皮泡实训室，追着老师问：“这个公式到底怎么用？”晚上回宿舍看宋浩老师的网课，别人刷短视频时，他抱着笔记本算得满头汗，还给自己加码：每天多学 30 分钟。

第三步：查问题（Check）

3 月模拟考时，高数提到了 75 分，但英语作文才 15 分。他把作文卷子摊开，一个句子一个句子分析：“原来我总用错时态，模板也太生硬了！”

第四步：快调整（Act）

他到处收集高分范文，总结出“环保”“科技”这些常考主题的通用句式，每周写 2 篇作文请英语老师批改。为了练手感，他甚至把范文抄在便利贴上，贴在书桌前、食堂餐桌上，吃饭时瞄一眼，睡前背两句。

最后考试时，小宇高数考了 88 分，英语 79 分，超出录取线 50 分！他说：“PDCA 就像游戏里的攻略，跟着走就不会乱，关键是要边做边改，别死磕。”

二、障碍识别与应对体系

(一)障碍分类矩阵

表 4-5 为障碍分类及应对策略对应表。

表 4-5 障碍分类及应对策略对应表

障碍类型	典型表现	应对策略
资源型	缺乏实习机会	参加虚拟实训项目
能力型	编程基础薄弱	报名 MOOC 专项课程
环境型	行业政策变化	建立政策追踪系统

(二)解决方案制定流程

首先,我们需要详细地绘制出一个障碍树状图,这个图将帮助我们清晰地识别问题的根源。例如,我们可以将问题分解为:“岗位需求变化导致技能不匹配,进而需要对学习计划进行调整。”这样的树状图有助于我们从宏观角度理解问题的全貌。

接下来,根据障碍树状图中识别出的问题,我们将制定一个包含三个主要方案和一个应急方案的“3+1”方案组合。这三个主方案将针对问题的不同方面提出具体的解决措施,而应急方案则用于应对可能出现的意外情况,确保整个解决方案的灵活性和适应性。

最后,为了确保这些方案的可行性与有效性,我们将实施“最小可行性测试”。通过最小可行性测试,我们可以用最小的成本和资源来验证方案的实际效果,从而避免在大规模实施前浪费资源。这个过程将帮助我们筛选出最有效的方案,并为最终的决策提供数据支持。

【成长小故事】

小孟学的是传统媒体专业,毕业时发现报纸、杂志招聘名额锐减,投了几十份简历都没回音,焦虑得失眠:“难道我要转行?”某天刷到“县级融媒体中心招人”的消息,想起老师说过“这是政策扶持方向”,她赶紧关注“传媒圈”“广电独家”等公众号,发现这类岗位需要“短视频制作+政务宣传”的能力。

说干就干!她从零开始学剪映、Premiere,把老家的乡村振兴故事拍成短视频,做成《乡村振兴主题合集》。投简历时,她特意在自我介绍里写:“我会用新媒体手段传播正能量,这是我的作品集。”

结果面试时,考官指着她拍的“非遗剪纸”视频问:“这个策划思路很新颖,能说说怎么想到的吗?"小孟侃侃而谈,最终成功上岸,成了融媒体中心的新媒体运营。她感慨:"政策就像风向标,跟着走才能找到新风口。"

三、动态调整机制设计

(一)目标维度:职业方向的动态校准

职业目标是职业发展的核心指引,需结合个人价值观与行业趋势定期优化。

1. 适配性评估

通过职业锚理论,判断目标与自身核心诉求的契合度;运用宏观环境分析(涵盖政治、经济、社会、技术等维度),预判行业发展趋势,避免目标与外部环境脱节。

2. 弹性目标设定

采用"总体目标-阶段任务"分层结构,设置可调整的目标区间(如"3年内晋升至管理岗或拓展跨领域经验"),利用SMART原则细化目标,增强执行的可操作性。

3. 阶段性调整机制

建立目标监测机制,若关键任务进度连续两阶段滞后或行业需求显著变化,通过SWOT分析重新梳理职业定位。

(二)能力维度:职业能力的持续提升

能力是衔接职业目标与环境要求的核心要素,需构建"评估-提升-拓展"的动态体系。

1. 能力缺口分析

从专业知识、岗位技能、职业素养三方面,对比目标岗位的能力要求,通过可视化工具标注技能差距较大的领域(如掌握度低于60%的技能项)。

2. 复合能力培养策略

纵向深化专业技能(如数据分析、技术开发),横向拓展通用能力(如沟通协调、项目管理),形成"专业纵深+跨界协同"的能力结构。

3. 双轨学习模式

通过工作实践解决当前技能需求,借助系统培训储备未来所需能力,结合高效练习方法提升技能、提升效率。

(三)环境维度:职业生态的动态适应

职业环境是复杂多变的外部系统,需建立"感知-应对-调整"的适应机制。

1. 环境监测体系

跟踪政策动态(如产业扶持方向)、技术发展(如行业技术应用趋势)、市场需求

（如岗位招聘变化），设定关键指标预警阈值（如行业人才需求年降幅超过 15%）。

2. 差异化应对策略

在稳定环境中优化工作流程，在变化环境中灵活调整目标（如采用目标管理工具动态跟进进度），在风险环境中制定备选方案（如职业转型预案）。

3. 资源网络构建

通过行业人脉拓展信息获取渠道，依托专业网络建立支持体系，实现“信息收集-资源整合-机会利用”的良性循环。

（四）三维协同逻辑

目标明确职业发展方向，能力提供实现目标的支撑，环境影响目标的可行性。三者相互联动——目标引领能力提升方向，环境变化推动目标与能力的适应性调整，形成螺旋上升的职业发展路径，助力个体在动态环境中实现可持续发展。

【成长小故事】

老孙做了 5 年机械工程师，突然发现厂里的传统机械岗越来越少，年轻人都在聊“智能制造”“工业互联网”，自己却连数字孪生是什么都不懂，危机感一下子来了：“再不学就被淘汰了！”

他给自己来了个“职业大调整”。

第一步：换目标

不再盯着传统机械岗，而是把目标定为“智能制造培训师”，既能用上前辈经验，又能拥抱新技术。

第二步：补能力

报名参加“工业互联网应用”线上课程，每天下班后学 1 小时，周末在图书馆学习《智能制造系统集成》，还咬咬牙考了证。为了积累实战经验，他主动加入本地“智能制造产业联盟”，跟着企业去老旧工厂做技改，把传统产线怎么智能化改造的过程记了满满一本子。

第三步：借环境

他把自己的经历整理成“传统机械工程师转型记”，在行业论坛分享，没想到吸引了职业院校的老师注意。某天接到电话：“孙工，我们缺懂传统又懂智能的老师，来给学生讲讲吧？”

现在，老孙既是企业的技术顾问，又是职校的客座讲师，收入涨了，还成了行业里的“跨界人才”。他说：“职业发展就像跑马拉松，路会变，鞋要换，但方向不能偏，适时调整才能跑得更远。”

技能小挑战

挑战 1:PDCA 模拟训练

目标:掌握 PDCA 循环(计划 Plan、执行 Do、检查 Check、处理 Act)全流程操作方法,通过理论与实践结合,提升目标管理的系统性、逻辑性和动态优化能力,培养科学规划与高效执行的职业素养。

时间:65 分钟。

流程:

Step 1 目标设定(10 分钟):

学生设定个人目标(如"30 天瘦 5 斤"),并确保这些目标是具体、可衡量、可达成、相关性强和时限明确的(SMART 原则)。

Step 2 Plan 阶段(20 分钟):

绘制甘特图分解任务,明确饮食控制和运动计划的具体步骤。同时,制定应急方案,比如在遇到平台期时的应对措施。

Step 3 Do 阶段(课后执行):

学生需要每日记录行动日志。同时,收集过程性数据,如体重变化曲线,以便于后续分析。

Step 4 Check 阶段(15 分钟):

小组内交叉检查执行情况,使用控制图来分析偏差原因,找出执行中的问题所在。

Step 5 Act 阶段(20 分钟):

根据检查阶段的反馈,制定优化方案,比如增加高强度间歇训练来提高减脂效率。最后,签署《目标改进承诺书》,确保每个人都有明确的改进计划。

评估标准:

维度	优秀(5 分)	合格(3 分)
目标合理性	SMART 达标	3 个维度达标
计划完整性	包含甘特图+应急方案	仅任务列表
调整有效性	改进措施可量化	模糊表述

同学们,当经典著作的深邃洞见遇上多元学习资源的丰富实践,会搭建怎样的职业认知进阶阶梯?

扫一扫,了解详情

本章凝萃

职业生涯决策如同在迷雾中绘制导航图,需要将模糊愿景转化为清晰路径。本章以“目标设定—科学抉择—动态调整”为主线,构建了系统化的职业决策框架:通过 SMART 原则将目标具体化,借助生命之轮模型平衡多维人生,运用 SWOT 分析与决策平衡单破解选择难题,最终以 PDCA 循环实现策略的持续优化。

决策过程本质是“认知—实践—反思”的螺旋上升:既要警惕锚定效应、确认偏误等认知陷阱,又要在信息过载中建立分级筛选机制;既要掌握“3+1”方案组合的问题解决策略,又要培养“弹性目标+复合能力”的环境适应力。正如毛泽东同志强调的“周到侦察与联贯思索”,职业决策需兼顾理性分析与灵活应变,在坚持核心目标与适应环境变化间寻找动态平衡。

从“我想做什么”到“我能做什么”的跨越,需要将 SWOT 分析、PDCA 循环等工具内化为思维习惯,在目标拆解中明确“定向—定位—定点—定心”的阶段任务,在障碍应对中修炼“资源整合-能力迭代-策略升级”的职业智慧。最终实现从“被动选择”到“主动建构”的认知跃迁,在职业发展中诠释“知己知彼、百战不殆”的决策哲学,成就“修身→立业→济世”的人生格局。

第五章

信息洞察：把握就业新机遇

不打无准备之仗，不打无把握之仗，每战都应力求有准备，力求在敌我条件对比上有胜利之把握。

——摘自 1947 年 9 月毛泽东《目前形势和我们的任务》

漫画说生涯

你的经历，早是岗位的“定制款”！
吃苦耐
“社团活动”
学
团队协作
食堂勤工俭学
社团活动

企业直播
本次招聘会有....
更多惊喜请关注信息网兜
招聘会
无效信息
编织你的“情报网”，
漏掉的都不是真命岗！

个人就业信息库
剪裁噪声，拼出你的职业“藏宝图”！

GDP
AI
穿越数字洪流，发现你的“新大陆”！
就业数据瀑布
竞争激烈
新兴行业♡

学习暖心话

就业从不是数字堆砌的冰冷考卷，而是学长学姐用亲身经历铺就的温暖指南，是企业跨越招聘启事传递的真诚邀约。深夜研读岗位要求时，食堂三年勤工俭学的坚守，正与“吃苦耐劳”隔空呼应；社团活动中凝聚的团队智慧，恰是“团队协作”的鲜活注脚——这些瞬间，都是成长与机遇的双向奔赴。

每一条精心收集的招聘信息、每一场认真观看的企业直播，甚至学长朋友圈的足迹，都在编织一张隐形的机遇之网。终有一天你会发现，过往吃过的苦、锤炼的技能、怀揣的热爱，早已在就业信息中生根发芽。那些看似枯燥的积累，终将化作破土而出的蓬勃力量；每份反复打磨的简历，都在拼凑独属于你的人生拼图。

进阶小目标

1. 视野拓界：洞察国内就业格局，解锁多元职业路径
2. 信息攻坚：精研数据采集策略，掌握科学研判方法
3. 方案定制：锚定个人核心特质，规划精准就业蓝图

第一节 环境分析:解读就业新形势

进阶小目标

1. 洞察就业格局,把握市场趋势脉搏
2. 梳理多元路径,整合就业资源网络
3. 锚定个人特质,定制专属发展蓝图

一、就业市场现状剖析

当前,我国高校毕业生就业形势呈现出复杂且动态的特点。权威数据显示,2024年高校毕业生规模达到1179万人,再创历史新高,就业市场竞争愈发激烈。智联招聘调研表明,单位就业仍是毕业生的主要选择,占比55.5%,但较往年有所下降。与此同时,自由职业、慢就业等新兴就业形态逐渐兴起,占比分别提升至13.7%和19.1%,反映出毕业生就业观念的多元化转变,2024届毕业生去向统计,如图5-1所示。

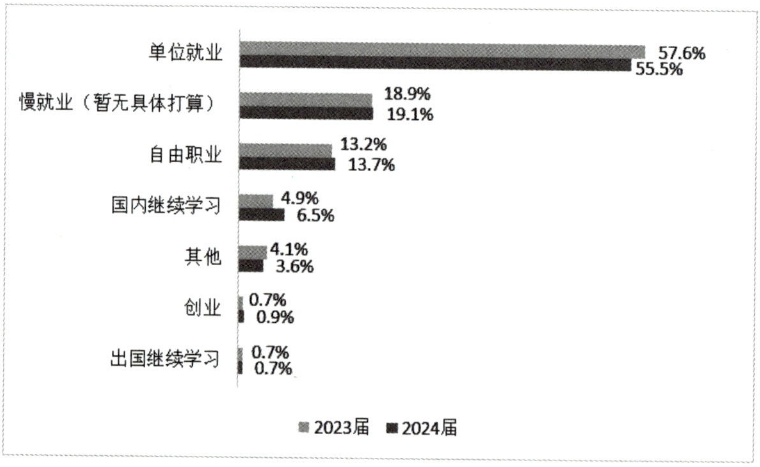

图5-1　2024届毕业生去向统计

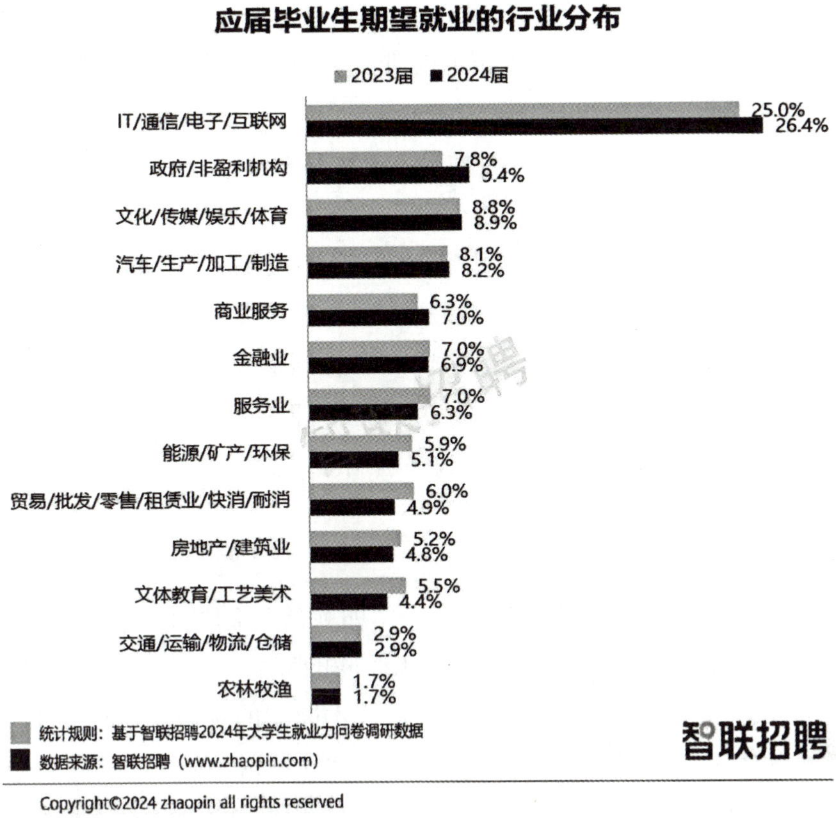

图 5-2　2024 届毕业生期望就业的行业分布

来源：人力资源和社会保障部信息中心智联招聘发布的《2024 大学生就业力调研报告》

从图 5-2 可以看出，IT 互联网行业依然是最受青睐的领域，吸引了 26.4%的求职毕业生。值得注意的是，随着制造业的转型升级以及国家政策的支持，汽车、生产、加工、制造行业的吸引力逐年上升，2024 年占比达到 8.2%，较 2022 年增长了 2.1 个百分点。

在就业地域选择上，一线城市的吸引力有所下降，27%的签约毕业生选择在一线城市工作，而新一线城市和三线及以下城市的签约比例则有所上升，分别达到 26.5%和 25.4%。这一变化既体现了城市发展的差异化趋势，也反映出毕业生在就业选择上更加务实。

二、就业市场特征解析

当前大学生就业市场呈现出三大鲜明特点，特别值得同学们关注。

（一）毕业季的“千军万马”效应

每年 6—7 月就像春运一样，全国上千万毕业生同时找工作，2025 年就有 1222

万大学生要就业。企业招聘岗位就像节假日景区门票，短时间内特别抢手。建议大家可以错峰求职，提前参加春季校招或企业实习转正。企业扩招高峰一般在3—4月，大学生抢抓“金三银四”窗口期，关注“实习转正”通道。例如，湖北恩施华尔升智能装备公司60%技工岗来自实习生转正。（数据来源于《人民日报》客户端）

（二）行业需求的“变形记”

现在企业最缺的是“能动手+懂数字”的复合型人才。因此现在找工作要随时关注行业风向标，盯着两本“菜单”：一本是制造业、建筑业这些“传统老字号”；另一本是人工智能、新能源这些“网红新店”。比如孝感制造业企业开出8000元月薪抢高级工证书的数控技工；武汉光电子企业急招“会编程的钳工”，复合型人才薪资比单一技能者高40%；咸宁恺来药业智能设备操作员岗位，大专应届生与经验者同薪同岗。

（三）职场新手的“成长任务”

对于应届毕业生来说，就业市场存在一个明显的“经验困境”。企业普遍希望招聘到技能扎实的人才，却又对缺乏实际工作经验的应届生持保留态度。以湖北省为例，这种矛盾表现得尤为突出。在武汉，普通技术岗位的竞争比例达到1∶3，意味着每个岗位平均有3名求职者竞争；而在襄阳，高级技师岗位即使开出15万年薪，仍然面临招工难的问题。

针对这种情况，建议同学们在校期间重点做好以下准备。

（1）积极参与校企合作项目，争取到知名企业实习的机会，比如武汉光谷的智能制造企业，实习表现优异者往往能获得优先录用。

（2）考取行业认可的职业技能证书，根据孝感地区的企业数据，持有“智能制造工程师”证书的求职者起薪平均高出15%。通过在校期间的实践积累，可以有效弥补“经验短板”，在求职时占据更有利的位置。

三、高校毕业生就业路径全景图

（一）灵活就业

灵活就业打破传统就业模式，在劳动时间、收入报酬、工作场地、保险福利、劳动关系等方面展现独特优势。随着新经济形态的发展，灵活就业为毕业生提供了更为多元化的就业选择。

（二）基层就业

国家鼓励高校毕业生投身基层，出台系列优惠政策。毕业生可享学费补偿、助学贷款代偿，获得高定工资档次、放宽职称评审条件等优待。高校毕业生可参加“三支一扶”计划（支教、支农、支医和帮扶乡村振兴）、农村教师“特岗计划”、大学生志愿服务西部计划等基层服务项目，服务期满后可享受考研加分、公务员定向招录、事业单位专项招聘等政策。

符合条件的医学专业高校毕业生，可报名参加“大学生乡村医生专项计划”，按照相关规定享受编制保障、学费补偿、国家助学贷款代偿等政策。

（三）公职报考

国家公务员考试（简称“国考”）是毕业生进入中央和国家机关的主要途径。笔试通常安排在每年 11 月的第四个星期日，考查内容全面。事业单位招聘考试则由各地区、各部门按需组织，涵盖多领域。

（四）自主创业

作为就业的重要补充形式，自主创业为劳动者提供了实现个人价值的新路径。创业者可依托自有资本、技术及市场资源创办经济实体，不仅能创造就业岗位（平均每个创业项目带动 8.2 人就业），还能享受税收减免、创业补贴等 12 项扶持政策。近年来，湖北省大学生创业企业年均增长率达 24%，展现出强劲的发展活力，建议创业者充分利用《湖北省大学生创业孵化基地分布图》等资源支持。

（五）学历提升（专升本）

普通高等教育专升本制度为专科毕业生继续深造提供机会。通过全省统考和院校专业测试，合格者进入本科院校学习，毕业后获得全日制本科毕业证和学位证，享受与普通本科生同等待遇。2023 年湖北省专升本录取率达 68%，其中计算机、护理等专业紧密对接产业需求，为学生未来发展提供了更多选择。

（六）参军报国（大学生应征入伍）

国家“一年两征”政策为大学生参军提供了更多机会，每年 3 月和 9 月均可报名入伍。大学生士兵享受学费补偿（本专科生每年最高 1.2 万元）、考研专项计划等优惠政策，退伍后还可参加公务员定向招录。据了解，湖北省年均提供 300 个专项岗位）。湖北省军区每年开展的“军营开放日”活动，也为有志青年提供了解军营生活的窗口。

四、湖北支点建设中的就业创新实践

（一）产业升级中的政策红利

湖北省紧扣“建成中部崛起重要战略支点”定位，将就业渠道拓展与“51020”现代产业集群深度绑定。2024 年《湖北省促进高质量充分就业若干措施》明确，对吸纳高校毕业生前 30 名的企业给予 10 万~30 万元奖补，重点支持光电子信息、新能源汽车等支柱产业开发技术型岗位。武汉“965”现代化产业体系与省级先进制造业青年就业行动协同发力，2024 年新增 1.2 万个技术类岗位，为工科毕业生提供“实训—就业—晋升”一体化通道，部分企业还推出“学历+技能”双轨晋升机制。（注：“965”现代产业体系是指武汉市政府推动的产业集群发展策略，旨在通过九大支柱产业、六大战略性新兴产业和五大未来产业来构建现代化产业体系）

国家战略浪潮下藏着海量就业机遇！光谷“光芯屏端网”产业年薪优厚，长江经济带环保岗位需求激增，武汉新城高端职位虚位以待，乡村振兴、航空物流新职业潜力无限……

扫一扫，了解详情

针对县域经济，湖北创新“强县工程+就业服务”模式，在襄阳、宜昌等试点地区，基层事业单位招聘预留 20%岗位专项招录本地高校毕业生，同时对到县以下基层单位就业的毕业生，实施学费补偿，本专科最高达 6000 元/年、职称评审给予倾斜。2024 年“三支一扶”计划扩围至 5000 人，新增乡村振兴、数字乡村等岗位，服务期满可通过考核直接入编。

（二）创业扶持的湖北样本

依托“才聚荆楚”工程，湖北构建“创业苗圃—孵化器—加速器”全链条创业支持体系。2024 年，省级财政单列 5000 万元，对大学生创业项目给予 5 万~50 万元扶持。武汉、宜昌等地还推出“创业一件事”集成服务，实现工商注册、社保补贴、人才公寓申请等业务的“一网通办”。例如，在光谷创业咖啡，毕业 5 年内的创业者可享受 3 年免租办公场地，叠加最高 30 万元的创业担保贷款，2023 年孵化项目存活率达 68%，带动就业超 2000 人。

针对灵活就业，湖北首创“零工驿站+技能超市”模式。在汉口北小商品市场，政府投资建设的零工驿站不仅提供日结岗位，还嵌入直播电商、叉车驾驶等短期培训。2024 年已开展“早鸟培训”230 场，帮助 3500 名青年实现“上午培训、下午上岗”。此外，对于选择灵活就业的高校毕业生，按实际社保缴费的 2/3 给予补贴，2024 年上半年已发放补贴 1.2 亿元。

（三）基层服务的下沉创新

为破解就业服务“最后一公里”难题，湖北积极推进“15 分钟就业服务圈”建设。截至 2024 年 10 月，全省已建成 1.8 万个村级就业服务点，并开发“鄂就业”小程序实现岗位信息直投。神农架林区试点的“背包就业服务站”模式中，工作人员每月入户采集就业需求，2024 年成功帮助 217 名返乡青年在家门口获得本地民宿、特色种植等岗位。

针对重点群体，湖北实施"一人一策"精准帮扶。脱贫家庭毕业生除享受国家补贴外，省内额外给予 2 000 元求职创业补贴，并优先推荐国企岗位。针对残疾毕业生，全省 224 家"残疾人就业示范基地"提供专属岗位，武汉经开区某光电企业特设手语培训岗，2024 年吸纳 17 名听障毕业生，并享受税收减免及岗位补贴双重政策支持。

（四）安居保障的引才策略

湖北将就业与城市融入深度融合，2024 年升级"人才安居工程"。高校毕业生租住政府人才房可享受市场价 70%的租金优惠，在武汉、襄阳等城市，毕业 3 年内购房可获最高 10 万元补贴。江夏区的"大学生社区"提供"租房+共享厨房+自习室"一站式服务，并配备直达光谷产业园的企业班车，2024 年入住率超过 90%，形成了"就业—生活—社交"闭环。

面对复杂多变的就业形势，毕业生需要保持清醒的认识，积极主动地提升自身能力，充分利用各种资源和渠道，把握就业机会，实现个人职业发展与社会需求的有效对接。

成长思辨台

为什么三个工人在做同一份工作，却有着不同的心情和感悟呢？置身于未来的职业旅程中，我们该如何点燃内心的职业使命感呢？

当下就业形势严峻，求职竞争激烈，你觉得高职毕业生应具备怎样的心理品质？

在校时，你打算怎样规划，来提升自身心理素质？

若即将踏入职场，在心理层面你要做哪些筹备？

求职遭遇挫折时，你认为该采取什么策略应对？

当前就业市场机遇与挑战并存：新兴行业崛起、传统岗位转型，竞争日益激烈，对求职者的核心素养与适应力提出更高要求。理解宏观就业趋势、行业需求变化及人才竞争态势，是制定有效求职策略的第一步。本视频带你快速把握关键动向，认清现实、锚定方向，化压力为动力，在变革中抢占先机，开启你的职业新篇章！

扫一扫，观看视频

技能小挑战

挑战 1：就业渠道知多少之快问快答

目标：增进对就业渠道的了解。

时间：10 分钟。

要求：班级分为 6~8/人小组，每组选 1 名记录员，每题限时 30 秒，答对得 10 分。

流程：主持人介绍规则后分组答题 3 轮，增设抢答环节，最后统计总分颁奖并点评。

参考问题：

1. 大学生可通过哪些官方平台获取就业信息？
2. 线下就业渠道有哪些？
3. 职业中介机构靠谱吗？
4. 亲友推荐工作要注意什么？
5. 大学生志愿服务西部计划等项目对就业有何帮助？
6. 校园招聘会和社会招聘会优势何在？
7. 靠谱的线上招聘第三方平台有哪些及特点？
8. 校企合作实习对就业帮助有哪些？
9. 想进国企，就业渠道和信息获取方式有哪些？
10. 除“三支一扶”，还有哪些基层就业项目？
11. 如何利用高校就业指导中心资源？

第二节 信息获取：构建求职资源网络

进阶小目标

1. 精准管理信息时效，构建高效求职响应机制
2. 深化人脉价值输出，激活弱关系资源网络
3. 强化信息验证能力，筑牢求职安全防护底线

一、就业信息的类型和来源

就业信息可从多个维度进行系统分类，如图 5-3 所示。从范围来看，可分为宏观层面的政策法规、市场供需信息与微观层面的企业岗位信息；从来源看，包含政府、学校等内部渠道信息与社会招聘平台等外部渠道信息；从价值角度，则需区分真实有效的就业信息与干扰性的冗余信息。具体而言，就业政策法规、市场供需状况、行业发展动态以及用人单位招聘要求构成了就业信息的主要内容体系。

图 5-3 就业信息的种类

就业信息如同求职路上的北斗导航系统，其核心价值在于实现三大精准赋能。首先，它能大幅提升求职效率，科学运用招聘信息可使求职周期缩短 30%；其次，它能显著增强岗位匹配度，当求职者能力与岗位要求匹配度达 75%时，面试邀约率可提升 300%，而采用 AI 智能匹配的招聘平台筛选准确率已达 70%以上；最后，它能有效规避求职风险，通过官方认证渠道求职遭遇虚假招聘的概率较其他渠道降低 60%以上。简言之，善用就业信息能实现“快、准、稳”的求职目标。

就业信息获取渠道可分为线上线下两大形式，并可通过三大权威途径系统化收集，就业信息的传播渠道占比图，见图 5-4 所示。

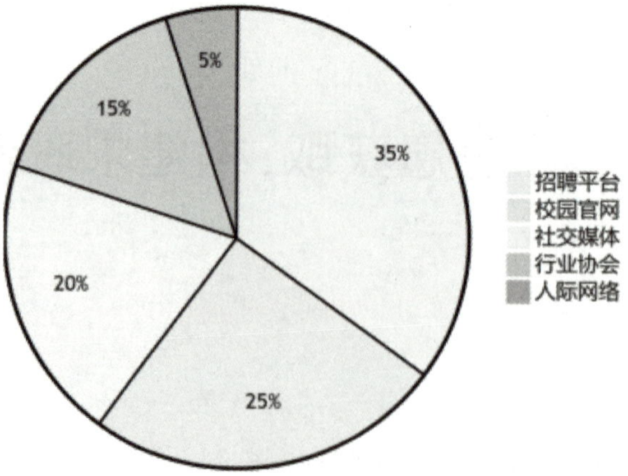

图 5-4 就业信息的传播渠道占比图

（来源：猎聘大数据）

（一）政府权威渠道（安全系数最高）

（1）国家级平台。教育部“24365 校园招聘服务”平台。（https://www.ncss.cn）每日更新央企国企校招信息，2025 年新增“AI 岗位智能预警”功能。人社部“中国公共招聘网”（https://job.mohrss.gov.cn）提供公务员、事业单位招考信息。

（2）地方服务窗口。各省市人社局官网均设“高校毕业生就业”专栏，如“北京高校毕业生就业信息网”实时发布户籍、补贴等属地化政策。

（3）专项招聘活动。教育部每年 3 月/9 月组织“校园招聘月”，各地人才市场定期举办行业专场招聘会。

（二）学校核心渠道（匹配度最佳）

（1）校内资源。就业指导中心官网每日推送经审核的企业需求，校园双选会（秋招 9—11 月/春招 3—5 月）聚集对口企业。

（2）跨校资源。同城高校就业网信息互通（如北京高校就业联盟网），导师产学研合作项目常含内推机会。

（3）校友网络。院校官方、校友会平台提供校友企业专属岗位。

（三）社会补充渠道（覆盖面最广）

（1）综合招聘平台。智联招聘/前程无忧的“校招专区”提供 AI 智能匹配服务，BOSS 直聘可直聊 HR。

（2）垂直类平台。应届生求职网（https://www.yingjiesheng.com）专注名企校招，国聘网（https://www.iguopin.com）汇集国企岗位。

（3）新兴渠道。企业官方招聘公众号，如“腾讯招聘”、行业社群，如“金融圈求职”知识星球。

建议同学们采用“532”渠道组合策略——50%精力投放在学校/政府渠道，30%用于主流招聘平台，20%拓展人脉资源，同时注意通过工商信息查询验证企业资质。

【成长小故事】

周楠是某高校会计专业的学生。她从大二起就非常重视经营校友圈。每周，她都会积极参加至少3场行业讲座，在讲座现场，她总是主动且礼貌地添加嘉宾微信。添加之后，周楠不是简单地加完就不管了，而是持续地向这些人脉输出价值。她会认真整理会议纪要，将讲座中的重点内容、专家观点等清晰地梳理出来，分享给添加的联系人；还会定期收集行业研报，挑选有价值的部分发送给对方，并附上自己简短的见解；逢年过节或者一些特殊日子，也不忘给这些人脉发送真诚的问候。

到了毕业季求职时，周楠通过校友的内推，获得了某四大会计师事务所的面试机会。而在面试过程中，她惊喜地发现，主考官竟然就是自己微信里“潜水”了两年的一位校友。因为之前一直有通过恰当的方式保持联系，这位校友对周楠有一定的印象和了解，在面试中，周楠的表现也让校友看到了她的专业能力和积极态度。最终，周楠成功拿到了该会计师事务所的offer。

据统计，超过43%的优质岗位是通过内推渠道消化的，周楠正是巧妙利用了校友人脉这一“弱关系”，实现了自己的求职目标。

二、就业信息搜集的原则

（一）针对性——精准定位，高效匹配

根据个人职业目标建立专属信息库（表5-1），避免盲目搜索。

（1）明确目标。确定目标行业和岗位类型，如“互联网产品经理”或“新能源汽车技术员”，针对性筛选信息。

（2）定制关键词。在招聘平台使用“岗位+技能+地域”组合，例如“Java开发3年经验武汉”，提高搜索效率。

（3）建立分类档案。按企业规模（央企/民企/外企）、岗位性质（技术/销售/行政）等分类保存信息，便于后续对比分析。比如，关注教育行业的毕业生可重点收集“公立学校教师招聘”和“教培机构教研岗”等信息，并记录各校笔试面试时间。

表 5-1 个人就业信息数据库(示例)

序号	企业名称	行业领域	岗位名称	岗位要求(技能/工具/经验)	薪资范围	工作地点	招聘人数	投递方式	截止日期	备注(技能证书/培训)	信息来源	投递状态	匹配度评分(1~5)
1	华为技术有限公司	信息技术	大数据运维工程师	熟悉 Hadoop/Spark、Linux 系统运维,Python 基础	8 千~12 千	深圳	10 人	官网投递	2023/12/1	需持有 Hadoop 认证	华为校招官网	已投递	4.5
2	京东数科	电商/金融科技	数据清洗分析师	SQL/Python 数据处理,Excel 高级分析,1 年实习经验	6 千~9 千	北京	5 人	邮箱投递	2023/11/20	有电商数据经验优先	校园宣讲会	面试邀请	4.2
3	滴滴出行	交通出行	数据可视化专员	Tableau/PowerBI、SQL 查询,数据报告撰写	7 千~10 千	上海	3 人	招聘平台链接	长期开放	需提交作品集	BOSS 直聘	未投递	3.8
4	农业银行科技部	金融/银行	数据库管理员	Oracle/MySQL、SQL 优化,服务器维护基础	7 千~11 千	成都	4 人	内推码投递	2023/11/30	需熟悉数据库备份恢复	校友推荐	凉凉啦	4
5	字节跳动	互联网	用户行为分析实习生	Python/SQL,基础统计学,无经验要求(需培训)	实习津贴	杭州	20 人	官网投递	2023/12/15	提供大数据培训课程	拉勾招聘	已投递	3.5

(二)全面性——拓宽视野,不留盲区

既要关注直接岗位,也要了解关联领域和行业动态。警惕“高薪低门槛”岗位,需综合评估企业资质、员工评价等信息真实性。

(1)产业链思维。例如,物流专业毕业生除了关注快递公司,还应探索仓储管理、供应链金融等上下游领域的就业机会。

(2)跨地域搜索。如果本地就业机会有限,可考虑周边城市或远程岗位。例如,湖北的毕业生可以投递“杭州电商运营”岗位,部分岗位接受远程工作。

(3)隐性信息挖掘。利用企业年报、行业报告等资料,深入了解企业的增长潜力和市场地位,而非仅依赖招聘广告。

(三)计划性——分步推进,稳扎稳打

制订分阶段的求职计划,合理安排时间。

(1)前期(1~3 个月)。广泛收集就业信息,建立企业清单,建议每日记录至少 10 条有效信息。

(2)中期(1 个月)。筛选目标企业,深入研究其招聘流程和要求。例如,“腾讯校招需笔试+3 轮面试”。

(3)冲刺期(2 周)。集中投递简历,优先跟进紧急岗位,确保不错过重要机会。

(四)真实性——多方验证,谨防陷阱

通过权威渠道获取信息,避免受骗。

(1)官方渠道。优先使用企业官网、人社局官方网站(如“国家大学生就业服务平台”)等获取信息。

(2)交叉核对。如果一家公司的招聘信息仅在单一平台出现,如智联、猎聘等,需提高警惕,进一步核实其真实性。

(3)人脉确认。借助校友、实习同事等关系,了解企业内部的招聘情况,获取第一手资料。

(五)时效性——抢占先机,避免过期

为帮助同学们高效把握就业机会,依据就业信息有效期,可制定以下响应等级与行动内容,助力大家及时、精准地采取行动(表 5-2)。

表 5-2 就业信息响应等级与行动指南

响应等级	信息有效期	行动内容	关键要点
紧急级	1~3 天	1. 立即完成简历优化,突出与岗位匹配的技能和经验 2. 当日投递申请,确保符合截止时间要求 3. 同步准备面试,模拟常见问题,梳理个人优势	时间紧迫,需争分夺秒,避免因拖延错失机会
较急级	4~7 天	1. 24 小时内分析岗位要求,针对性调整简历 2. 3 日内完成投递,并通过邮件或电话补充说明求职意向 3. 提前了解企业背景,着手面试准备	合理规划时间,展现积极主动的求职态度
常规级	8~15 天	1. 一周内完成简历完善与投递 2. 定期跟进申请进度,适时主动联系企业 HR 3. 持续提升相关技能,优化面试应答策略	有条不紊推进求职流程,保持沟通与学习
储备级	15 天以上	1. 深入研究岗位需求与企业发展前景 2. 制订长期准备计划,参与相关实习或培训 3. 建立企业人才库关注机制,定期跟踪信息动态	着眼长远,充分做好求职储备

为更好地把握就业机会,除响应等级行动内容外,还需注意以下事项。

1. 信息获取与跟进

每日定时浏览就业信息平台,确保第一时间获取最新资讯;定期刷新目标企业的招聘页面,及时掌握岗位变动信息,部分岗位招满即止,需灵活调整求职策略。

2. 关键节点管理

使用日历或提醒工具标记投递截止日期,例如“华为校招网申截至 10 月 15 日”,避免错过重要时间节点;对于心仪岗位,即便处于储备级,也应主动提前与企业联系、表明求职意向。

3. 求职流程响应

收到笔试或面试通知后,务必在 24 小时内回复确认,展现积极态度与对机会的

重视；在求职行动过程中，做好信息记录（如投递时间、企业反馈等），便于后续复盘求职过程，优化求职策略，提升成功率。

【成长小故事】

2024年10月，某高校计算机与信息技术学院软件技术专业学生小李，在某招聘平台看到杭州游戏企业“星宇互娱”发布的Unity开发实习生招聘信息。当时小李正忙于课程作业，将招聘链接标记为“待处理”，想周末处理却未设提醒。该企业明确投递截止时间为10月20日18点，小李周末处理时已错过。同班同学小张关注到这家企业。他每日整理“求职信息表”，标注关键信息。看到招聘信息后，当晚梳理自己的Unity项目经历，曾参与校园益智游戏开发，独立完成角色移动模块代码编写，还优化过部分代码性能。次日，他围绕岗位需求优化简历，突出Unity开发技能、项目经验，提前了解企业游戏产品方向。最终赶在截止日前两天投递，凭清晰项目描述和匹配技能获面试机会，面试中详述项目细节与学习热情，成功拿下实习名额。

小李与小张的不同经历，体现了就业信息时效性的关键意义，及时关注信息有效期、快速行动，才能抓住求职机遇，稍有拖延便可能与机会失之交臂。因此，大学毕业生在收集、梳理求职信息时，需密切关注信息的有效期限，注意信息抢占的时间策略，可采用“三级响应机制”提升信息利用效率。

掌握这5类信息+7大渠道，帮你从“信息焦虑”到“精准决策”！学会像职业规划师一样思考，把碎片信息变成你的职业竞争力。

扫一扫，了解详情

求职“避坑指南”！教你识破“高薪陷阱”“虚假岗位”，看清就业信息真面目，快速练就火眼金睛，准备好啦？

扫一扫，观看视频

成长思辨台

再次阅读课文中周楠的故事，思考一下问题。

1. 周楠在添加嘉宾微信后，通过整理会议纪要、分享行业研报等方式“输出价值”，这些行为对建立有效人脉关系起到了哪些作用？如果只是单纯添加联系方式却不主动维护，可能会面临什么结果？

2. 周楠每周参加至少 3 场行业讲座，这种高频次的社交活动对她获取求职信息有何帮助？在时间和精力有限的情况下，如何高效筛选和参与有价值的社交活动？

3. 面试时发现主考官是自己曾保持联系的校友，这一巧合体现了人际互动中的“弱关系”在求职中的特殊价值。结合案例，分析“弱关系”相比“强关系”（如家人、亲密朋友）在求职信息获取上有哪些独特优势？

4. 从周楠的经历来看，大学期间的人际互动不仅能获取求职信息，还可能在面试环节提供助力。思考在日常社交中，除了分享专业内容，还可以通过哪些方式给他人留下良好且持久的印象？

技能小挑战

挑战 1:渠道调研与资源整合

目标:掌握权威就业信息渠道的使用方法。

时间:1 小时。

要求:访问国家大学生就业服务平台和国聘网,分别记录 3 个与自身专业相关的岗位信息。对比分析政府渠道与社会招聘平台的岗位特点有何差异?

流程:

Step 1 岗位信息采集。

国家大学生就业服务平台(ncss.cn)

岗位名称	薪资	学历要求	企业性质	专业相关技能/要求
例如:自动化设备员	5.8 千~6.5 千	专科及以上	合资企业(上汽大众宁波分公司)	负责自动化设备调试与维护,需机电一体化知识

国聘网(iguopin.com)

岗位名称	薪资	学历要求	企业性质	专业相关技能/要求

Step 2 对比分析——政府渠道 vs 社会招聘平台。

对比维度	政府渠道(国家大学生就业服务平台)	社会招聘平台(国聘网)
企业性质		
岗位稳定性		
技能要求		
薪资水平		
岗位类型		
信息权威性		

挑战 2：火眼金睛：职场信息防诈大作战

目标：运用"真实性""时效性"原则筛选信息。

时间：30 分钟。

要求：判断案例材料中信息的可信度，说明理由，并针对可疑信息，设计验证步骤。

流程：

Step 1 阅读案例材料。

某招聘平台岗位："新媒体运营，月薪 1.5 万，专科可投，无需经验，入职即享万元培训补贴。"

某企业官网公告："2025 年春招启动，技术岗需提交发明专利证明。"

班级群转发："某不知名公司线上兼职，日结 300 元，需先缴纳 500 元保证金。"

Step 2 判断信息可信度，说明理由，并针对可疑信息，设计验证步骤。

第三节 信息精筛:求职资源解码

进阶小目标

1. 掌握多元搜索策略,精准定位优质岗位
2. 强化信息鉴别能力,规避求职风险陷阱
3. 运用黄金法则分析,实现岗位深度匹配

一、就业信息搜索与筛选

职业探索不是信息的堆砌,而是通过系统性思考将碎片转化为决策地图。在竞争激烈的就业市场中,高效的求职信息搜索方法是获取优质岗位的关键。面对海量招聘信息,系统化的搜索策略能帮助求职者快速锁定目标。

(一)关键词搜集法

以明确的岗位名称与期望工作地点为关键词,在招聘网站、企业官网等平台进行搜索。

(1)操作步骤。确定目标岗位,若为计算机网络技术专业,可将“网络工程师+地点”组合为关键词(如“网络工程师武汉”),输入招聘平台或企业官网的搜索框检索。

(2)应用示例。在主流招聘网站输入“网络工程师武汉”,页面迅速呈现出武汉地区各类企业发布的网络工程师岗位,涵盖互联网公司、传统企业的信息技术部门等,精准且高效。

(3)要点总结。精准提炼关键词是核心,可依据自身专业和就业意向,灵活调整地点与岗位组合。例如,软件技术专业的同学,可尝试“软件工程师+ 长三角地区”这类组合,扩大搜索范围的同时,提升搜索精准度,提高求职效率。

(二)定向搜集法

针对已确定的目标行业,定向关注该领域专属招聘渠道的信息搜集方式。

(1)操作步骤。若选定目标行业,如空中乘务专业对应的航空运输行业,可定期浏览航空公司官网、民航人才网等垂直渠道。

（2）应用示例。若想从事航空运输相关工作，每日关注各大航空公司官网的招聘板块，如中国南方航空、东方航空等，及时获取空乘、地勤等岗位招聘信息；民航人才网也会汇总众多行业招聘资讯，是获取对口岗位的重要途径，不错过任何入行机会。

（3）要点总结。聚焦行业特性，深入挖掘行业内权威、精准的信息发布平台。以旅游管理专业为例，除了关注各大旅行社官网，像携程、飞猪等在线旅游平台的招聘频道，也会发布大量旅游策划、运营等岗位信息，避免因信息渠道单一而错失良机。

（三）联想搜集法

以感兴趣的公司为起点，通过分析其业务、招聘偏好，延伸搜索关联企业与岗位的方法。

（1）操作步骤。选定目标公司，例如与有合作的烽火科技。深入研究烽火科技的业务方向，其在光通信领域处于领先地位，招聘需求多集中在通信技术研发、产品测试等岗位。由此可联想搜索同处于光通信行业的企业，如长飞光纤光缆股份有限公司等。

（2）应用示例。当看到烽火科技某招聘信息标注“有 5G 通信项目经验优先”时，可拓展搜索正在大力推进 5G 建设的通信运营商，如中国移动、中国联通等企业的相关岗位。

（3）要点总结。利用企业业务关联、行业上下游关系，挖掘潜在就业机会。如电子商务专业，若对某知名电商平台的运营岗位感兴趣，可通过分析该平台的供应商、物流合作伙伴等，发现如京东的供应商企业可能在招聘电商运营专员、物流企业在招聘电商物流调度岗位等，从而扩大求职范围，增加就业可能性。

（四）链式搜集法

依据行业产业链逻辑，从核心业务环节出发，延伸搜索产业链各环节相关企业的方法。

（1）操作步骤。以服装设计与工艺专业为例，围绕“设计→生产→销售”产业链条进行搜索。除服装设计公司外，还可搜索服装生产制造企业，如武汉爱帝集团有限公司；销售环节则包括各大服装品牌专卖店、电商平台服装销售部门等，像 ZARA、淘宝服装商家等。

（2）应用示例。与服装产业相关的时尚杂志、服装展会组织等也可能有相关岗位需求，如时尚编辑、展会策划等。

（3）要点总结。多种方法可组合使用。例如，先通过定向法锁定重点专业对应的优势行业，如光电信息工程技术专业对应的光电子行业；再用关键词法搜索“光电子工程师”岗位；遇到感兴趣的企业，如华工科技，运用联想法深入挖掘其上下游企业的招聘需求，如为其提供原材料的企业、购买其产品进行二次加工的企业等，发现更多潜在招聘机会，提高求职成功率。

二、招聘信息的鉴别

在求职过程中，掌握科学有效的招聘信息鉴别方法对于实现高质量就业至关重要。据人社部就业监测中心数据，2024 年通过非正规渠道发生的求职诈骗案件数量同比上升 23%，而通过政府或高校等官方平台求职的受骗率则降低了 60%。这凸显了求职者具备科学鉴别招聘信息能力的重要性。

（一）工作内容模糊需警惕

当招聘信息中岗位名称与工作内容不匹配时，如招聘岗位为“客服”，却要求熟悉新媒体运营及具备文字编辑能力，可能存在岗位职能混淆或需承担双重工作职责的情况。面对此类信息，求职者应主动与招聘方沟通，明确岗位实际职责，以避免入职后因职责不清而陷入困境。

（二）入职条件异常要谨慎

无学历和专业要求，或以“在家即可工作”“轻松高薪”等广告语吸引求职者的招聘信息，往往隐藏着诈骗风险。低门槛高薪岗位可能是不法分子设下的陷阱，例如，某些犯罪分子利用大学生急于求职的心理，以“零门槛高薪”为诱饵，诱骗其参与传销或诈骗等违法活动。求职者应提高警惕，优先选择明确标注岗位基本要求（如学历、技能）的正规招聘渠道。

（三）薪资虚高需核查背景

如果职位薪资显著高于行业平均水平，求职者务必通过招聘平台查询同类岗位薪资范围，并进一步核实公司的真实性，以防止遭遇虚假招聘信息。招聘信息核查工具和方法见下表 5-3 所示。

表 5-3 招聘信息核查工具与方法

核查维度	推荐工具	操作要点
企业资质	天眼查	查看公司工商信息、涉诉记录、新闻动态，警惕股权异常、频繁变更法人等情况
管理背景	企查查	核查管理人员任职信息，判断团队专业性与稳定性
入职陷阱	直接询问	若招聘方要求缴纳“保证金”“培训费”等费用，立即拒绝！我国《中华人民共和国劳动合同法》明确禁止用人单位以任何名义向劳动者收取押金或费用

（四）“先培训后上岗”藏隐患

根据《人力资源市场暂行条例》，用人单位在招聘过程中禁止以培训、保密等理由向劳动者收取费用。然而，部分中介机构或用人单位违反规定，以“岗前培训”或“技能提升”为由，诱导求职者支付高额费用，甚至签署“培训贷款”协议。培训结束后，又常以“考核不合格”为由拒绝录用求职者。对此，求职者应坚决拒绝任何入职前的收费要求。正规企业通常会承担培训费用。若招聘方强制要求参加培训，求职者有权要求其出具培训资质证明，并主动向当地人社局核实机构的合法性，以避免陷入求职陷阱。

为更好地把握就业机会，筑牢求职安全网至关重要。信息初筛阶段，主动过滤描述模糊、承诺低门槛高薪的可疑信息；背景核查时，借助天眼查、企查查等工具核实企业资质，规避经营异常或涉诉企业；现场考察过程中，警惕偏僻面试场地，入职前签订条款清晰的劳动合同，明确薪资、岗位等关键内容。

此外，求职全过程需注重个人信息保护，遇可疑情况，及时向学校就业指导中心或劳动监察部门求助，确保求职之路安全、顺利。

三、信息的分析与匹配

（一）招聘信息的构成要素

招聘信息主要由招聘单位基本信息、招聘岗位基本信息以及应聘程序（流程）相关信息三个方面构成。表 5-5 为求职信息评估要素与验证指南。

表 5-5　求职信息评估要素与验证指南

要素类别	关键内容	验证方式/注意事项
单位基本信息		
企业规模	上市公司代码 参保人数 分支机构数量	国家企业信用信息公示系统查询 （重点关注成立年限和行政处罚记录）
行业资质	高新技术企业认证 行业特许经营许可	工信部/行业协会官网核验
通勤便利	办公地点标注 地铁站距离（≤500 米优）	地图软件实测通勤时间（单程 ≤1 小时）
岗位基本信息		
核心职责	“主导”类：需独立完成 “参与”类：协作完成	要求提供具体案例说明 （如“主导过用户超 10 万的项目”）
硬性条件	证书要求（如 PMP） 技能匹配度（≥75%通过率高 3 倍）	对照 JD（职位描述）逐项打钩确认

续表

要素类别	关键内容	验证方式/注意事项
薪资结构	底薪范围 绩效占比 年终奖机制	注意区分税前/税后表述 (综合收入=底薪×12+绩效+补贴)
应聘程序		
时间节点	网申截止日 笔试面试时间	头部企业建议72小时内投递(成功率+40%)
考核流程	民企:3轮技术面+HR面 国企:笔试+结构化面试	提前准备“宝洁八大问”类行为面试题

(二)招聘信息的分析

不同的招聘信息中会隐藏着不同的就业要求,为准确解读招聘信息,推荐以下三大黄金法则。

1. 换位思考法

从招聘或面试官角度出发,分析如何最大化展现个人优势。技术岗位重在专业技能匹配度,管理与销售岗位则更看重可迁移技能和自我管理能力。

2. 潜台词破译法

招聘信息中的名词、动词和形容词是构建岗位胜任力画像的关键要素。通过分析名词(如Python、PMP证书等)可以评估应聘者的专业技能;动词(如协调、主导、优化等)能反映可迁移技能,体现其团队协作、领导力和问题解决能力;形容词(如抗压能力强、结果导向等)则展现了自我管理技能,包括抗压能力、职业素养等。将这些关键词与具体案例结合,就能系统构建出完整的岗位胜任力模型。

在实际应用中,求职者可通过匹配JD(职位描述)关键词来优化简历,比如数据分析岗位重点突出“Python/SQL”等硬技能;同时针对“主导”“优化”等动词准备STAR面试案例,将“抗压能力强”等形容词转化为“在3个月高强度周期内按时交付”等量化证明。这种方法能有效提升岗位匹配度,使求职准备更具针对性。我们一起来分析以下招聘信息中的三类关键词。

(1)艺术、**视觉传达**专业,有**网站**设计经验,有**4A、Digital**经验优先,热爱设计,拥有宽广的行业视野与时尚的**审美标准**,对平面、界面、网页、图标、符号、品牌、移动端界面设计等都有了解。

以上名词映射员工所需的专业知识和能力。

(2)负责商场的具体**运营**,品牌**引进**,客户**联系**、**沟通**及客户资源积累工;负责相关市场**调研**工作,包括潜在客户的**跟进**,电话沟通和**走访**等;

负责招商工作具体客户的现场**接待**，**洽谈**工作以及招商资料的登记**建档**。

以上动词映射员工所需要的可迁移能力：营运能力、沟通能力、调研能力、执行能力、数据分析能力、资料整理能力。

（3）热爱教育事业，踏实认真，**责任心强**；具有**创新**精神，认同企业文化，服从公司的各项工作安排；**吃苦耐劳**，可以承受每月 10 天左右的国内公务出差。

以上形容词映射员工所需要的自我管理技能。

要深入剖析招聘信息的潜在含义。企业可能对岗位描述进行“美化包装”，模糊表述或夸大福利待遇。求职者需结合行业惯例、企业背景等多维度信息交叉验证，避免入职后发现实际工作内容、薪资结构或发展空间与招聘承诺差异过大。因此，在分析关键词时，需要结合行业惯例、企业背景等多维度信息进行交叉验证，透过现象看本质，避免陷入“理想很丰满，现实很骨感”的求职陷阱。例如，招聘信息中经常会出现以下表述。

“能独立完成各项任务”或许表明该岗位需要较强的自主工作能力，可能涉及多维度的工作需求。

“有梦想、有激情的团队”可能意味着企业期望员工具备积极态度，但求职者也需关注公司薪资福利体系是否完善。

“年轻有活力的团队”可能暗示团队氛围开放，同时提醒求职者关注公司发展阶段和培训体系是否健全。

“能在压力下工作”往往意味着该岗位存在一定的工作强度，建议提前了解具体工作节奏。

“广阔的发展空间”虽体现公司重视员工成长，但也需结合企业规模、人员稳定性综合评估晋升机会。

3. 精准匹配法

求职 SWOT 分析三步走：首先进行内外扫描，梳理个人专业优势（如成绩排名前 10%）和短板（如缺少实习经验），分析行业机会（如人才缺口）和威胁（如学历门槛）；接着运用四象限矩阵对这些要素进行可视化呈现；最后制定四大策略——发挥优势、抓住机会（SO）、利用优势、应对威胁（ST）、弥补短板、把握机会（WO）、规避高风险、谨慎决策（WT）。建议优先实施 SO 策略，同时持续改进关键短板，需注意分析是一个持续优化的动态过程。下面举例说明精准匹配法，见表 5-6。

表 5-6 应届生求职 SWOT 分析示例（新能源汽车专业）

策略分析	优势 S	劣势 W
机会 O	SO 策略：投递电池/电控研发岗，突出项目成果与技术证书	WO 策略：参加智能驾驶培训（如华为 ADS 课程）+加入开源车联网项目
	增长：如何突出优势抓住机会	扭转：如何克服劣势抓住机会
威胁 T	ST 策略：用竞赛奖项项目实习经历对冲学历劣势，主攻中小型创新企业	WT 策略：同步考取新能源维修技师证，拓宽就业选择
	多元：如何利用优势回避威胁	防御：如何减少劣势回避威胁

技能小挑战

挑战 1:招聘信息对对碰

目标:精准求职匹配:根据职业目标筛选适配岗位,分析差距与优势,明确发展方向;信息处理能力:快速提取关键招聘要求,提升信息分析与决策效率

时间:40 分钟。

准备:独立完成,前两步禁止交流;重点考察信息筛选目标匹配能力。

流程:

Step 1 信息搜集(15 分钟)。在信息单背面编号并张贴至场地四周,保持信息保密。

根据求职意向,搜集 3 个真实匹配的招聘信息,填写信息单(附表)。

Step 2 信息匹配(10 分钟)。

浏览张贴的信息单,选择 1 个最匹配的带回座位验证。确保选择与自身职业目标高度契合。

Step 3 成功配对(若出现互选)(5 分钟)。

配对双方需求如下:

①介绍各自求职意向;

②分析对方招聘信息与自身目标的匹配度;

③评估信息真实性与可行性。

Step 4 总结计划(10 分钟)。

反思活动收获,优化求职策略(如简历/技能改进),制订具体行动计划,明确下一步求职安排。

附表：

<table>
<tr><td rowspan="3">用人单位基本信息</td><td>单位名称</td><td colspan="3"></td></tr>
<tr><td>单位规模</td><td></td><td>所有制性质</td><td></td></tr>
<tr><td>单位地址</td><td></td><td>经营业务范围</td><td></td></tr>
<tr><td rowspan="6">招聘岗位信息</td><td>职位名称</td><td></td><td>招聘人数</td><td></td></tr>
<tr><td>工作时间</td><td></td><td>工作地点</td><td></td></tr>
<tr><td>性别要求</td><td></td><td>年龄要求</td><td></td></tr>
<tr><td>学历要求</td><td></td><td>专业要求</td><td></td></tr>
<tr><td>薪资情况</td><td></td><td>任职资格</td><td></td></tr>
<tr><td>其他要求</td><td colspan="3"></td></tr>
<tr><td>备注</td><td colspan="4"></td></tr>
<tr><td>信息来源</td><td colspan="2"></td><td>信息发布时间</td><td></td></tr>
<tr><td rowspan="3">用人单位基本信息</td><td>单位名称</td><td colspan="3"></td></tr>
<tr><td>单位规模</td><td></td><td>所有制性质</td><td></td></tr>
<tr><td>单位地址</td><td></td><td>经营业务范围</td><td></td></tr>
<tr><td rowspan="6">招聘岗位信息</td><td>职位名称</td><td></td><td>招聘人数</td><td></td></tr>
<tr><td>工作时间</td><td></td><td>工作地点</td><td></td></tr>
<tr><td>性别要求</td><td></td><td>年龄要求</td><td></td></tr>
<tr><td>学历要求</td><td></td><td>专业要求</td><td></td></tr>
<tr><td>薪资情况</td><td></td><td>任职资格</td><td></td></tr>
<tr><td>其他要求</td><td colspan="3"></td></tr>
<tr><td>备注</td><td colspan="4"></td></tr>
<tr><td>信息来源</td><td colspan="2"></td><td>信息发布时间</td><td></td></tr>
</table>

挑战 2：职场洞察者：用黄金法则开启求职分析

目标：熟练运用换位思考、潜台词破译、精准匹配三大法则，完成对招聘信息的深度分析与求职策略制定。

时间：30 分钟。

要求：根据以下步骤分析填写个人 SWOT 分析表。

流程：

Step 1 换位思考法则实践（10 分钟）。

任务：站在 HR 角度，梳理“新媒体运营岗”最看重的 3 项能力，并简要说明理由。可从专业技能、可迁移能力、职业素养等维度思考，如内容创作能力、数据分析能力等。

Step 2 潜台词破译法则应用（10 分钟）。

任务：对其中一项技能如“能独立策划高曝光活动，抗压能力强”这句话进行分析，拆解其背后隐藏的真实岗位需求。

分析要点：拆解名词、动词、形容词对应的能力要求；挖掘岗位对候选人潜在的素质期待，如自主工作能力、多任务处理能力等。

Step 3 精准匹配法则实战（SWOT 分析）（10 分钟）。

任务：选择一个与自身专业相关岗位；结合自身实际情况，完成该岗位的 SWOT 分析表，明确自身优势、劣势，以及面临的机会与威胁；根据 SWOT 分析结果，制定针对性求职策略（至少 2 条）。

我的 SWOT 分析

分析维度	内容填写
优势（S）	
劣势（W）	
机会（O）	
威胁（T）	
策略制定	SO 策略： WO 策略：

本章凝萃

在激烈的就业竞争中,掌握信息就是掌握主动权!本章带你构建了“获取→筛选→应用”的完整求职信息链,助你从海量信息中精准锁定心仪岗位,用“信息差”打造求职竞争力!

想要 offer 拿到手软?先要打造你的“求职雷达网”!教育部“24365 校园招聘”就像国企岗位的“藏宝图”,一键解锁体制内优质机会;学校双选会堪称“精准匹配神器”,企业带着对口岗位直接“送货上门”;智联、BOSS 直聘等平台是信息“集散地”,但记得开启“火眼金睛”模式。

招聘信息里藏着多少“潜台词”?教你一键破译!警惕“工作内容画大饼”“薪资待遇异常高”的套路,用天眼查给企业做“体检报告”;把 JD(职位描述)当“莫尔斯电码”破译,用“岗位需求+个人优势”做匹配度测评;更要站在 HR 角度思考——他们到底想找“能干活的人”还是“会成长的人”?

信息再多,不会用=白给!快收下这套“组合拳”:用 SWOT 分析打造“优势+机会”组合拳,把“劣势+威胁”变成升级打怪的任务清单;建立专属“求职数据库”,按“532 法则”分配精力(五成目标岗位+三成备选+二成意外惊喜);每周更新“行业情报”,像追剧一样追踪心仪企业的招聘动态。

记住:求职不是“盲投简历”,而是用信息力玩一场“精准匹配”的智力游戏!

第六章

求职赋能：打造职场竞争力

往往有这种情形，有利的情况和主动的恢复，产生于“再坚持一下”的努力之中。

——节选自《毛泽东选集》第二卷《抗日游击战争的战略问题》

漫画说生涯

疯狂改简历、投简历中……

周三上午
10点面试！

STAR法则、
电梯演讲、
微笑三秒
面试通关密语？
STAR法则
电梯演讲
微笑三秒？

录用通知
Interview
HR.

学习暖心话

亲爱的同学,当你怀揣所学迈向职场,对未来的憧憬与现实的挑战并存:如何将过往凝练成一份脱颖而出的简历?怎样在面试中自信展现你的素养与潜力?又该如何在复杂的就业环境中识别风险、守护权益?这些都是求职路上必经的考验。这些挑战的核心,在于我们现有的展示能力、应对技巧与规则认知,与职场和社会更高要求之间的差距。如何弥合差距,将潜力转化为求职竞争力并规避风险?本章将聚焦"简历精研""面试通关""权益护航"三大核心模块,剖析关键,提供策略,助你化解矛盾,在求职征途上走得更稳、更自信。

进阶小目标

1. 简历精研:掌握核心制作技巧,打造个人求职名片
2. 面试通关:掌握核心策略,自信展现职业素养与综合能力
3. 权益护航:了解就业全流程,识别并规避各种就业风险

【成长小故事】

老师,我是2023级学生,眼看着求职季就要来了,我心里却满是烦恼。周围的同学都在忙着准备简历、参加招聘会,而我呢,却连自己想做什么工作都还没想清楚。室友们不是在打游戏就是在聊天,课上老师讲的求职技巧,我听的时候觉得挺有道理,可一到自己准备面试就蒙了。平时的作业和实践活动,虽然也学了点东西,但总觉得离真正的职场还差得远。离家这么远,父母也没法像以前那样时刻管着我,我只能靠自己,可我现在却感觉自己像个无头苍蝇,到处乱撞。

第一节 简历精修：打造个人职业名片

进阶小目标

1. 理解简历本质，掌握筛选标准
2. 掌握撰写要领，打造专业简历
3. 掌握求职信技巧，精准呈现价值
4. 善用 AI 工具赋能，提升求职效率

一、认识简历

（一）简历的本质与核心模块

我们通常所说的“简历”，其本质是什么呢？从招聘方的视角看，简历是你精心准备的一份个人说明书。它系统呈现了你的学历背景、实践经历、核心技能等“硬实力”，有时也能折射出你的个性特质与行为风格等“软实力”。简言之，简历是递交给招聘方的一张“个人名片”——它无需长篇累牍，而是以精练的文字，向面试官清晰传达：“这就是能够胜任该职位的我！”

简历虽篇幅有限，却是叩开职场大门的“敲门砖”。一份结构完整的简历，通常包含七个核心模块：个人信息、求职意向、教育背景、实践经历、专业技能、奖励情况及自我评价。

1. 个人信息

“个人基本信息”是简历的“标配模块”。姓名、学历、毕业院校、专业、手机号、电子邮箱等关键信息必须清晰准确，这是招聘方联系与初步筛选的主要依据。籍贯、微信/QQ 号、政治面貌、性别、年龄等信息则属于可选内容，可视情况决定是否呈现。

2. 求职意向

“求职意向”是简历里最关键的信息。招聘方首先需要明确你希望应聘的具体岗位，进而评估你的能力匹配度。该信息应置于简历显著位置，通常在个人信息之后，表述需简洁、明确、具体，并与目标岗位的招聘要求保持一致。

3. 教育背景

“教育背景”是简历的“学习轨迹图”。教育背景包括:毕业时间,院校专业,学历和教育描述。教育描述部分可介绍求职者的专业方向、主修课程、辅修课程、成绩排名等,根据求职者的情况择优介绍,如图 6-1 所示。

2020.09——2023.06	**××大学**	**计算机应用技术**	**专科**

主修课程:熟练使用 HTML、Vue.js、Bootstrap 等前端开发语言。熟悉 MySQL,Oracle 等数据库。熟练掌握 Linux 基础命令以及自动化运维。

GPA:3.50/5.0(**专业前 10%**)

图 6-1 教育描述举例

主修课程描述 3~5 门与应聘岗位强相关的核心课程即可,如果成绩优异,可以像这则描述一样,标注绩点或专业排名并加粗强调。如果有多段教育经历,一般采用倒序顺序,最高学历写在最前面,如图 6-2 所示。

4. 实践经历

对应届生而言,“实践经历”是证明能力的“关键场域”。社会实践经历一般包括实习经历和校园实践,实习经历或校园实践要主次分明,将重要的写在前面。

教育部××项目 **工程师(实习)** **2022.06——2022.09**

◆ 在百余人的考核中,以第二名的成绩进入项目。

◆ 在项目中挖掘出大小网站 A 级漏洞 3 个,B 级漏洞 8 个,C 级漏洞 13 个。

◆ 在项目中专业能力得到 360 集团认可,并进入到下一个阶段项目。

××学院 **××会会长、××协会会长** **2021.09——2022.09**

◆ 换届中被推荐为两个协会会长。

◆ 负责举办 20 余次大型活动,如:××学院“双创英才汇”“爱心小站”等活动。

◆ 创意集市实际参加人数 3000 余人,交易额 20000 余元,全校社团活动参与人数位列第一。

图 6-2 实践经历描述举例

整体需要掌握三个原则:①时间倒序,最近的经历最先写;②突出相关性,与目标岗位匹配度高的经历重点描述;③量化成果,用具体数据和事实说明工作内容与业绩。

5. 专业技能

“专业技能”是简历的“装备展示区”。对于应届毕业生而言,专业技能通常包含语言技能、计算机技能、职业技能等。技能认证的呈现应注重质量而非数量,优先选择 3~5 项与目标岗位高度相关、含金量高的证书或技能,清晰列明。

6. 奖励情况

“奖励情况”是简历的“荣誉勋章墙”。奖励一般指奖学金或者其他国际性、全国性及省级竞赛奖项，需清晰列明获奖时间、奖项名称，可补充说明奖项级别、颁发机构等。奖项同样贵精不贵多，选择 3~5 项最具代表性的核心荣誉即可，如图 6-3 所示。

奖励情况

◆ 2022 年国家奖学金（学院唯一获得者）。
◆ 2022 年湖北省 × × 大赛二等奖（全省仅 10 人获奖）。
◆ 2022 年校级一等奖学金（前 2%）。
◆ 2021 年校级三好学生（前 5%）。

图 6-3　奖励情况举例

7. 自我评价

“自我评价”是简历里最容易写成“自夸大会”的板块。这部分不建议长篇大论或者描述性格、爱好等与岗位要求不太相关的内容。可以基于岗位要求，采用“核心优势+案例+数据”的方式进行描述。一般来说，除非用人单位有明确要求，否则不建议在简历中填写自我评价。

总之，理解简历的核心，需把握两个要点：“简”就是只介绍岗位最需要的核心优势；“历”则要用真实经历说话。当你能够将“简”与“历”有效结合时，面试邀约便可能纷至沓来！

（二）简历的四大黄金原则

HR 通常只需 7 秒便会决定简历去留——这是残酷的“7 秒大关”！如果幸运地通过了这 7 秒，那么 HR 大约在 25 秒内就会判断是否给你一个面试机会——这是宝贵的“黄金 25 秒”！

如何在如此短暂的时间里抓住 HR 注意力？一份合格的简历（图 6-4）必须满足四大黄金原则。

1. 职业化——突破“7 秒筛选关”

简历的“职业化”，就是 HR 眼里的“得体着装”，是闯过初筛的第一道门槛。通常需要同时满足以下几个条件。

（1）求职照片正式，展现个人职业形象。

使用清晰、正式的职业照，通常是蓝底或白底证件照，着装得体，表情自然自信。避免使用生活照、自拍照、艺术照、搞怪表情包、模糊不清的照片。

（2）求职意向明确，精准定位目标岗位。

在简历显眼位置，清晰写明你申请的职位名称。这个职位名称务必与招聘信息上官方发布的名称保持一致。避免职位名称含糊不清、写多个不相关职位，或者职位名称与招聘信息不符。

(3)简历排版整洁,体现个人专业态度。

选择简洁、专业、易于阅读的模板。排版清晰、层次分明、字体统一、字号适中,整个页面看起来干净、清爽、重点突出。避免选择花哨混乱的模板、五颜六色的字体、密密麻麻不留白、排版错乱、一页纸挤不下硬塞成两页或排版拉伸变形。

(4)行文用语规范,符合职业表达要求。

使用正式、规范、专业的书面语言进行描述。语句通顺,逻辑清晰。最重要的是没有错别字、语法错误和标点符号误用。避免口语化表达、网络用语、随意缩写、病句,以及任何形式的错别字和语法错误。

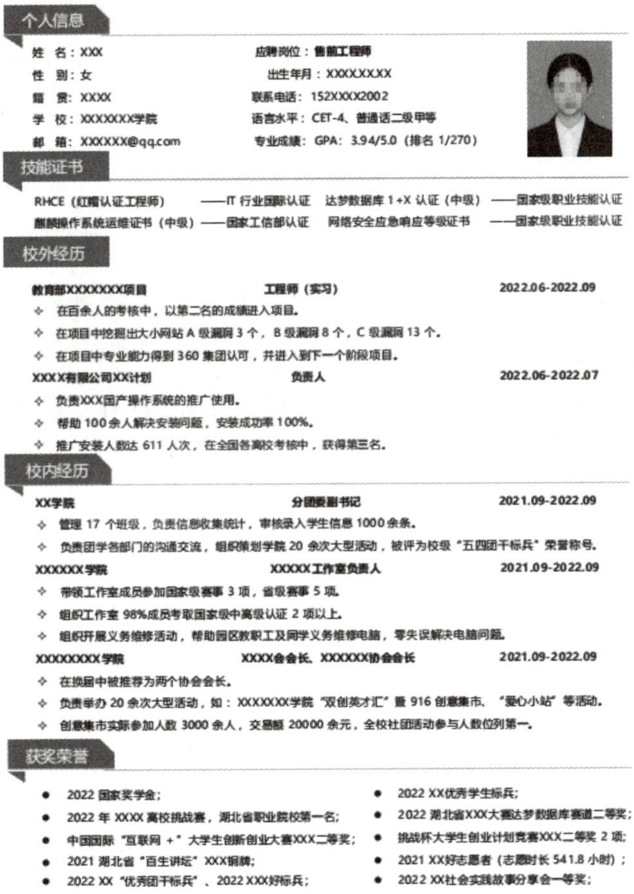

个人信息

姓　名:XXX　　应聘岗位:售前工程师

性　别:女　　出生年月:XXXXXXXX

籍　贯:XXXX　　联系电话:152XXXX2002

学　校:XXXXXXX学院　　语言水平:CET-4、普通话二级甲等

邮　箱:XXXXXX@qq.com　　专业成绩:GPA:3.94/5.0(排名 1/270)

技能证书

RHCE(红帽认证工程师)——IT 行业国际认证　达梦数据库 1+X 认证(中级)——国家级职业技能认证

麒麟操作系统运维证书(中级)——国家工信部认证　网络安全应急响应等级证书——国家级职业技能认证

校外经历

教育部XXXXXXX项目　工程师(实习)　2022.06-2022.09

- 在百余人的考核中,以第二名的成绩进入项目。
- 在项目中挖掘出大小网站 A 级漏洞 3 个,B 级漏洞 8 个,C 级漏洞 13 个。
- 在项目中专业能力得到 360 集团认可,并进入到下一个阶段项目。

XXXX有限公司XX计划　负责人　2022.06-2022.07

- 负责XXX国产操作系统的推广使用。
- 帮助 100 余人解决安装问题,安装成功率 100%。
- 推广安装人数达 611 人次,在全国各高校考核中,获得第三名。

校内经历

XX学院　分团委副书记　2021.09-2022.09

- 管理 17 个班级,负责信息收集统计,审核录入学生信息 1000 余条。
- 负责团学各部门的沟通交流,组织策划学院 20 余次大型活动,被评为校级"五四团干标兵"荣誉称号。

XXXXXX学院　XXXXX工作室负责人　2021.09-2022.09

- 带领工作室成员参加国家级赛事 3 项,省级赛事 5 项。
- 组织工作室 98%成员考取国家级中高级认证 2 项以上。
- 组织开展义务维修活动,帮助园区教职工及同学义务维修电脑,零失误解决电脑问题。

XXXXXXXX学院　XXXX会会长、XXXXXX协会会长　2021.09-2022.09

- 在换届中被推荐为两个协会会长。
- 负责举办 20 余次大型活动,如:XXXXXXX学院"双创英才汇"暨 916 创意集市、"爱心小站"等活动。
- 创意集市实际参加人数 3000 余人,交易额 20000 余元,全校社团活动参与人数位列第一。

获奖荣誉

- 2022 国家奖学金;
- 2022 年 XXXX 高校挑战赛,湖北省职业院校第一名;
- 中国国际"互联网+"大学生创新创业大赛XXX二等奖;
- 2021 湖北省"百生讲坛"XXX铜牌;
- 2022 XX"优秀团干标兵"、2022 XXX好标兵;
- 2022 XX优秀学生标兵;
- 2022 湖北省XXX大赛达梦数据库赛道二等奖;
- 挑战杯大学生创业计划竞赛XXX二等奖 2 项;
- 2021 XX好志愿者(志愿时长 541.8 小时);
- 2022 XX社会实践故事分享会一等奖;

图 6-4　简历模板

2. 关键词——命中 HR 筛选逻辑

HR 筛选简历时,会重点识别与岗位要求紧密相关的关键词。这些关键词可归纳为三类,如表 6-1 所示。

表 6-1　关键词类型总结

关键词类型	代表字段	简历策略
硬性条件	学历/专业、证书、核心技能、语言	必须满足，前置突出
优先条件	相关实习、竞赛奖项、志愿经历	若符合则加粗、量化
软性要求	沟通能力、抗压性、团队协作	融入经历描述（例："协调 8 人团队"）

（1）硬性条件。

此类要求属于应聘的基本门槛，不符合者通常无法通过初筛。常见的硬性条件关键词包括以下几个。

● 教育背景：限定学历与专业。比如：要求本科学历或计算机相关专业。

● 资格证书：特定专业资质认证。比如：持有注册会计师（CPA）证书者优先。

● 核心技能：必备工具或技术掌握。 比如：熟练掌握 Python 编程或精通 Photoshop。

● 语言能力：明确的语言水平要求。 比如：英语六级（CET-6）成绩 425 分以上，或具备流利的英语口语沟通能力。

（2）优先条件。

此类条件虽非强制，但能显著提升同等资质候选人中的竞争优势。典型的优先条件关键词包括以下几个。

● 相关实习或项目经验：特定领域实践经验。比如：具有互联网产品实习经验者优先。

● 特定的社会实践或荣誉信息：相关经历或成就证明。比如：有志愿服务经历者或获得省级以上相关竞赛奖项者优先。

若招聘信息明确列出申请者具备此类项且优先，务必在简历的相关经历描述或技能证书栏等显著位置予以清晰突出。

（3）综合条件/软性要求。

此类要求较为抽象和内隐，反映岗位对候选人综合素质、个性特质及价值观契合度的深层次期待。常见的关键词包括以下几个。

● 素质能力：核心工作能力要求。比如：具备优秀的沟通协调能力或较强的抗压能力。

● 个性特征：期望的行为特质。比如：积极主动、责任心强、富有团队合作精神。

● 工作适应性与价值观：工作环境与文化契合度。比如：能适应快节奏工作环境，能接受偶尔加班或短期出差。

3. 数据化——拒绝模糊表述

简历描述应极力避免使用诸如“挺好”“不少”“很多”“显著提高”等模糊不清的词汇。有效的方法是用具体、可衡量的数据清晰呈现工作内容和成果，比如：将“带领团队”具体为“带领 12 人团队”；将“活动效果提升”表述为“活动拉新用户 100 人”。

4. 匹配度——告别“万能简历”

HR 期望看到的是针对特定岗位深度定制的简历，而非内容泛泛、适用任何职位的“万能简历”。提升人岗匹配度的关键在于深度理解目标岗位的核心需求，并精准提炼与匹配自身的核心优势。提交一份量身定制的简历，能清晰地传递申请者的目标感、用心程度以及与岗位的高度契合，从而大大增加获得面试机会的可能性。

记住，找工作不是“广撒网”，而是“精准捕捞”。用心为每个心仪的“它”定制简历，才是叩开求职之门的终极密码！

简历是求职的敲门砖，一份“完美”简历远非信息堆砌！本视频将系统解析如何根据目标岗位精准定制内容，巧妙布局提升视觉吸引力，运用关键词优化通过筛选系统，以及严格规避致命错误。掌握这些科学方法与实用策略，打造你的“黄金名片”，让简历从海量投递中脱颖而出，显著提升获得面试的机会！

扫一扫，观看视频

二、让你的简历会发光

掌握了简历的核心要素和基本原则，下一步就是如何让你的经历在简历中“发光”，吸引 HR 的注意。

（一）STAR 法则成就个人故事

STAR 法则是一种简单而实用的表现技巧，常被用于求职过程中的个人经历描述，富有条理性，可以帮助你在职场中脱颖而出。“STAR”分别对应的是 Situation-Task-Action-Result，通过情境、目标、行动和结果四个方面的描述，可以让描述更加清晰、具体和有说服力（表 6-2）。

在简历中，运用 STAR 法则能够提高简历内容的逻辑层次感，通过情境、目标、行动、结果的层次分明方式，把要展示的工作经历和自身优势，体现得明明白白。同时，由于简历中篇幅有所限制，我们应该尽量精简地表达项目经历，每个要素用一句话左右表达就足够。

表 6-2 STAR 四要素解析

要素	关键内容	案例解析(公众号运营)
Situation	项目背景/问题场景	运营学院官方公众号(粉丝不足 1000 人)
Task	你的职责/目标	提升内容质量与粉丝量
Action	具体行动与方法	数据驱动选题、原创内容生产
Result	可量化成果/影响	3 个月粉丝增长 20000+,平均阅读破万

描述经历总是逻辑混乱、重点模糊?STAR 法则就是你的制胜武器!本视频将手把手教你将任何经历转化为条理清晰、细节饱满、说服力十足的成功故事。告别流水账,让你的能力在 HR 面前闪闪发光!

扫一扫,观看视频

(二)校园实践经历点石成金

简历中的“实践经历”或“项目经历”部分,是向招聘方展示能力与潜力的关键环节,往往能成为吸引 HR 注意的亮点!许多同学可能担忧:“如果缺乏校外实习经历,这部分内容是否会显得单薄甚至无从下笔?”

其实,即使没有耀眼的实习履历,也绝不意味着你的实践经历会黯然失色!关键在于如何深度挖掘校园经历中的“闪光点”,并运用“项目化思维”进行有效呈现。

如果是偏技术类的岗位,我们可以按照“实习项目>相关竞赛>毕业设计>高质量课程作业”的优先层级进行经历梳理;(图 6-5)如果是非技术类的岗位,除上述经历外,还可重点考虑志愿活动、社团组织、校园媒体运营等实践。

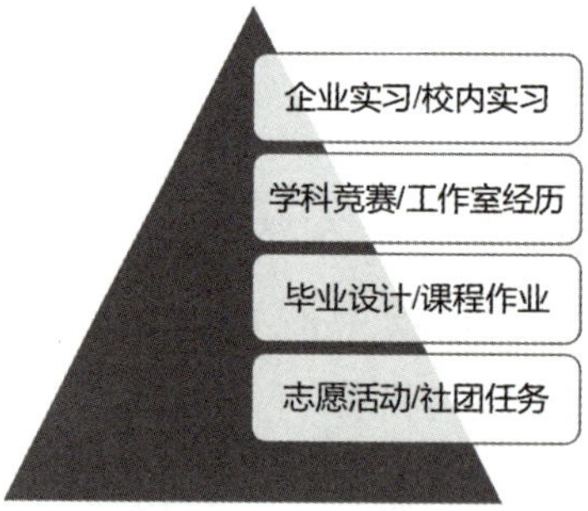

图 6-5 相关经历梳理优先层级

1. 学科竞赛/工作室经历

企业实习经历固然理想,但若无此经历,应首先回顾参与过的学科竞赛、专业工作室或实验室项目。

挑战杯、中国国际大学生创新大赛、专业学科竞赛、商业案例分析大赛、营销策划大赛等获奖或深度参与的经历，均可视为有价值的项目经历。在导师工作室参与的设计项目、实验室的课题研究、校园媒体的采编运营等，都是宝贵的“准职业”项目经验。

撰写时可运用 STAR 法则，突出具体职责与可量化产出。例如：在××校园媒体担任记者，独立完成 5 篇校园热点新闻采写，单篇最高阅读量达 1 万次以上（图 6-6）。

撰写公式：

项目名称（含奖项） 你的角色 时间段

- 任务挑战（T）
- 关键行动（A）
- 量化结果（R）

图 6-6 撰写公式举例

【成长小故事】

某高校学生小熊目前正投递某公司前端开发岗位。虽无相关实习经历，但他多次参与挑战杯、国创赛等竞赛，其中在“安伴·老年人安睡感知系统”项目中担任技术支持角色，主导微信小程序开发工作，该项目最终荣获省级金奖。现在小熊准备将这项竞赛项目经验作为核心亮点写入简历。根据上述思路，简历撰写如下：

安伴·老年人安睡感知系统（省级金奖） 前端开发 2025.3—2025.4

·为老年用户设计易用界面

·开发响应式组件库，适配 90%老年机型

·系统崩溃率 ≤0.2%，首月注册用户 5000+

2. 课程作业/毕业设计类

若缺乏相关的竞赛或工作室经历，聚焦于那些需要团队协作、深度调研、动手实践并产出明确成果的高质量课程作业或毕业设计，同样是构建项目经历的宝贵资源！

首先，为经历设计一个项目化名称，比如：“××企业市场营销策划案”“××小区用户需求调研与分析”“××系统设计与开发”“××主题短视频创作”等，然后试着用 STAR 法则清晰阐述项目背景、任务目标、关键行动及最终成果。

【成长小故事】

某高校学生小王目前正投递某公司前端开发岗位。在校期间虽无岗位相关的实习、竞赛或工作室经历，但通过课程实践与毕业设计系统积累了项目开发经验：在课程中独立完成基础购物车系统开发，实现商品展示、数量增减、总价计算等核心功能；毕业设计阶段主导全栈开发流程，完成用户登录认证及商品数据管理。现在小王准备将这个课程作业和毕业设计作为项目经历写入简历。根据上述思路，简历撰写如下。

简易版在线商城系统　　全栈开发工程师　　2022.11—2022.12

·独立主导商城全流程开发，前端采用 Vue.js 实现响应式布局（首页/列表页/详情页）

·后端基于 Node.js 搭建 RESTful API，通过 JWT+bcrypt 实现用户认证与数据加密

·页面响应速度优化至 200 毫秒内，代码被纳入学院示范案例库

智能购物车管理系统　　前端开发工程师　　2022.04—2022.05

·使用原生 JavaScript 开发商品管理模块，实现增、删、改、查价格/数量双重验证（正则校验+非空拦截）

·创新开发分页组件（每页 5 条数据）与勾选计算功能，通过 CSS Transition 实现删除动画

·课程考核等级为“优秀”，分页组件被教师采纳为标准化教学案例

3. 志愿活动/社团任务类

若核心经历梳理后简历仍显单薄，可筛选组织性强、目标明确、你承担实际职责并产生可衡量成果的志愿服务或社团活动进行项目化包装。重点在于体现策划、组织、执行、解决问题等通用能力。

撰写时优先匹配岗位需求，尽可能选取能体现目标岗位所需能力，同时需要突出行动与结果，服务时长、参与人数、活动规模、获得的评价和奖项等是重要的说服力支撑。

简历海选，HR 平均只看 15 秒！如何瞬间抓住眼球？答案就是打造“高光成就故事”。本视频将教你如何精准提炼核心价值，用具体数据、突出成果和独特贡献，在极短时间内制造震撼“记忆点”，让 HR 迫不及待想约你面谈，大幅提升你的简历通关率和面试邀约率！

扫一扫，观看视频

三、AI 赋能求职

人工智能技术已深度渗透招聘领域,正以前所未有的效率和精度扫描海量简历。这一变革既带来筛选效率的革命,也对求职者提出了新要求:你的简历不仅需打动 HR,更要适配 AI 筛选逻辑,善用智能工具为求职赋能。

(一)破译岗位密码:用 AI 解析 JD(岗位描述)核心能力

大型企业普遍采用 AI 驱动的求职者追踪系统(Applicant Tracking System, ATS)进行简历初筛。若简历未命中系统设定的"关键词密语",将在 HR 触达前被直接拦截!

操作指南(以 DeepSeek 为例)。

1. 输入素材

将目标岗位 JD(岗位描述)粘贴至对话框或上传文件。

2. 执行指令

输入指令,例如:请分析该岗位 JD(岗位描述),提取核心能力关键词及高频硬性要求,并按重要性排序。

3. 关键输出

随即,DeepSeek 生成核心技能关键词、隐性能力要求、硬性门槛等关键信息(图 6-7)。

(二)智能诊断优化:让简历与岗位"精准共振"

掌握 JD(岗位描述)关键词后,可以用 AI 工具"校准"简历内容,确保内容与岗位要求深度匹配,成为通过初筛的"黄金通行证"。

操作指南(以 DeepSeek 为例)。

1. 输入素材

上传简历文档和目标岗位 JD(岗位描述)

2. 执行指令

输入指令,参考如下图 6-8 所示:

一、核心能力关键词（按优先级排序）

1. **技术文档编写**
   - 高频需求：出现3次（职责1/2/3）
   - 具体指向：**宣讲材料**、**招投标技术文档**、**可行性方案/建设方案**
2. **技术宣讲能力**
   - 明确要求：职责1中强调"独立完成售前宣讲"
   - 关联技能：**汇报能力**（职位要求2）、**沟通能力**（职位要求2）
3. **项目统筹管理**
   - 核心动作：职责4的"制定计划→统筹资源→推动落地"闭环
   - 扩展能力：**团队协作**（要求4）、**资源协调**（职责4）
4. **技术广度**
   - 硬性门槛：要求3明确列出技术栈：
     大数据 | **应用软件** | **数据库** | **网络** | **服务器** | **虚拟化**
   - 深度要求：对**数据库原理**（底层结构/优化/设计）需有认知（要求5）
5. **行业洞察力**
   - 前瞻性职责：职责5的"关注行业动态→发掘业务亮点"
   - 隐性要求：需具备**市场敏感度** + **技术趋势判断力**

二、隐性需求关键词（JD未明说但隐含）

- **技术-业务转换能力**：将技术方案转化为客户价值（职责1/3）
- **多角色协同**：需联动**市场** + **销售** + **技术专家**（职责1/4/要求4）
- **抗压执行力**：推动项目落地（职责4）需极强的**结果导向**意识
- **快速学习**：接受应届生（要求1），但需快速掌握复杂技术栈

图 6-7　AI 工具解析岗位关键词

你作为资深 HR 顾问，请对比简历与 JD 要求，按以下优先级优化： 1. 用 STAR 法则重构经历描述，补充量化结果（如提升 30%、节省 20 小时）； 2. 确保核心关键词自然融入内容（避免堆砌）； 3. 优化排版为 Markdown 格式（标题分级/项目符号/关键加粗）； 4. 提示内容薄弱点并给出补充建议。

图 6-8　输入指令举例

3. 效果预览

复制输出的 Markdown 文本，访问网址"rentry.org"，粘贴至"Edit Text"，点击"Preview"查看排版效果。最后，根据 DeepSeek 优化内容调整简历描述和内容排版，简历优化后的预览效果图如图 6-9 所示。

XXX - 售前工程师

电话：156XXXX2406 | **邮箱**：XXXXX@qq.com
求职意向：售前工程师 | **语言能力**：英语四级（CET-4）、普通话二级甲等

教育背景

2020.10 – 2023.06 XXXX大学 | 计算机网络技术
主修课程：
网络攻击与防御、路由与交换技术、Linux操作系统、MySQL数据库、Python程序设计、PIX/ASA防火墙技术、计算机病毒与防御
专业技能：

- **操作系统**：熟练CentOS/Debian/Ubuntu日常运维
- **数据库**：掌握MySQL/MariaDB/达梦数据库操作，了解Redis等NoSQL
- **开发**：熟悉Python/Java Web/HTML+CSS基础开发

专业技能证书

- 麒麟操作系统运维证书（中级）| **国家工信部认证**
- 达梦数据库中级DCP证书 | **国家级职业技能认证**
- 网络安全应急响应等级证书 | **国家级职业技能认证**
- 中国神农架文旅调研优秀志愿者 | **国旅认证**

实习经历

XXX有限公司某分公司 | 售前支持/团队管理

2022.09 – 2023.02

- **Situation**：负责公司网络定期维护与项目推广。
- **Task**：制定短期目标，管理30人团队分工，确保项目进度。
- **Action**：
  - 设计网络检修流程，完成日常故障处理100+次；
  - 主导校园营销方案策划，协调团队成员实施落地。
- **Result**：项目周期缩短20%，团队任务完成率达95%。

2021.09 – 2022.06 | 校园营销负责人

- **Situation**：承担XX校园卡推广指标，管理30人学生团队。
- **Task**：提升新生办卡率，完成年度销售目标。
- **Action**：
  - 制定激励政策（目标激励+情感激励），组织地推活动50+场；
  - 设计话术培训手册，提升团队转化效率。
- **Result**：
  - **销售500+张校园卡**，获公司"万元激励金"；
  - 团队留存率85%，文化传承至下一届小组。

图 6-9　简历优化后预览效果

(三)模拟面试预判:用 AI 拆解“深度追问”

优化后的简历将为你敲开面试大门,而 AI 的终极价值在于预判面试官基于简历的深度追问,助你提前演练应答策略。

操作指南(以 DeepSeek 为例)。

1. 生成问题

输入指令,比如:请扮演目标岗位公司的面试官,针对目标岗位以及求职者的简历提 5 个高质量的问题。

2. 优化回答

输入指令，比如：请帮助我优化回答，提升逻辑性和说服力（图 6-9）。

输出示例：
原回答：我和同事一起做了用户调研……
优化后：作为项目负责人（S），需 2 周内定位转化率瓶颈（T）。我主导设计分层问卷（A），锁定支付流程复杂为核心问题；推动技术团队简化步骤后，转化率提升 30%（R）。

图 6-9　优化举例

“AI 简历优化实验室”是融合智能诊断技术与专业求职逻辑的简历生成平台，通过人机协同模式助力用户高效打造适配岗位需求的求职文档。立即扫码开启智能简历之旅，轻松迈出职业发展的第一步！

扫一扫，了解详情

通过前文的系统学习,我们已掌握简历的要素拆解、经历打磨与智能优化技巧。为帮助你一站式梳理核心方法论,现用全景框架图(图 6-10)整合关键要点——从本质认知到实战技巧,从基础规范到 AI 赋能。建议将此图存为求职工具箱的导航指南,随时对照,精准行动!

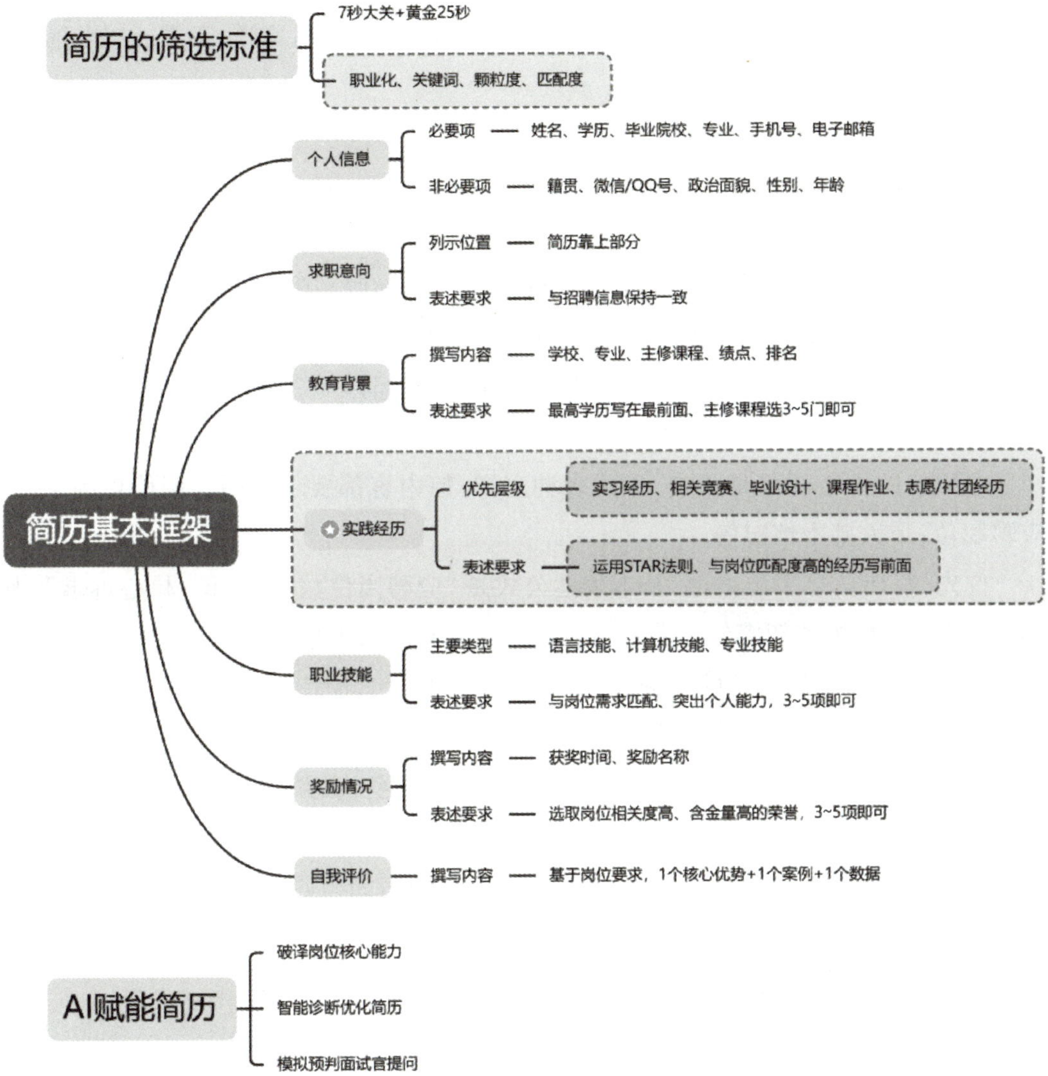

图 6-10 简历制作框架图

四、求职信的制作技巧

（一）求职信的内容

求职信是求职者向用人单位展示个人优势、表达求职意愿的专用文书。与简历不同，求职信需以“价值传递”为导向，通过逻辑严谨的论述吸引招聘方关注，而非简单复述个人经历。求职信的基本格式与书信无异，主要包括称呼、正文、结尾、署名、日期和附录共六个方面的内容。

1. 称呼

求职信的称呼与一般书信不同，书写时须正规，优先使用具体姓名+头衔，如：张经理、李主管等。未知具体负责人时，可按单位性质选择：写给国家机关或事业单位的人事部门负责人，可用“尊敬的××处（司）长”称呼；国有企业则可用“尊敬的××部长（主任）”；民营企业或外企，则可称之为“尊敬的××经理（总监）”。尽量避免使用“尊敬的领导”“人事部负责同志”等模糊称谓。

2. 正文

求职信的中心部分是正文，形式多种多样，但内容都要求说明求职信息的来源、应聘职位、个人基本情况等。

首先，写出信息来源渠道，基本表达公式是“应聘岗位+信息渠道+核心诉求”，如“获悉贵司正在招聘新媒体运营专员（岗位），特通过招聘平台提交申请（渠道）。随信附上为该岗位定制的私域流量运营方案（核心诉求），期待能贡献专业能力。”

其次，在正文中要简单扼要地介绍自己与应聘职位相关的学历水平、经验、成绩等，令对方在阅读完毕后即对求职者产生兴趣。但这些内容不能代替简历，较详细的个人简历应作为求职信的附录。

最后，应说明能胜任职位的各种能力，这是求职信的核心部分。目的无非表明自己具有专业知识和社会实践经验，具有与工作要求相关的特长、兴趣、性格和能力。总之，要让对方感到，求职者能胜任这份工作。

3. 结尾

一般应表达两层意思，一是希望对方给予答复，并盼望能够得到参加面试的机会；二是表示敬意、祝福之类的语句，如“此致敬礼”“顺颂商祺”等。最重要的是在结尾认真留下联系方式，一般是电话/邮箱（需与简历头保持一致），以便用人单位随时与你取得联系。

4. 署名

按照一般的习惯，直接签上自己的名字即可。

5. 日期

写在署名右下方，应用阿拉伯数字书写，年、月、日都要全写上。

6. 附录

求职信一般要求和证书等一同寄出，如学历证书、获奖证书等的复印件，并在求职信的左下方一一注明。

（二）求职信的书写格式

求职信可参考以下书写格式书写（图 6-11）：

求职信

收信人的姓名、头衔：

第一段：说明求职者为什么要写这封信，求职者所申请的职位或工作的具体名称，以及求职者是如何听说有这一职位空缺的。

第二段：解释求职者为什么对这个组织和这个职位感兴趣，说明求职者可以如何为该组织做出贡献。解释一下求职者的教育背景和相关经历从而使求职者有资格来申请这一个职位。突出强调求职者所取得的成就或比较特别的过人之处，但不要重复求职者简历中的内容，而是作为对简历的一个引介和提升（可挑选简历中的一两点突出之处，或是受简历格式所限而未能在简历中体现之处做更详细的说明）。强调求职者的技能与求职者所申请的职位之间的契合。这一段为求职信的核心内容。如果内容较丰富，也分为两段。要简洁而具体。

第三段：激发收信者对阅读求职者的简历的兴趣。表达求职者希望有机会面试的愿望，重申便于找到求职者的联系方式，以及联系时间。表示愿意提供更多的信息供对方参考。

最后，以一句鼓励对方做出回应结束求职者的求职信。

此致

敬礼！

姓名（如果打印需要有亲笔签名）

最后附上简历，学历复印件等证明材料。

字体一般建议中文用宋体/微软雅黑（10.5 pt），英文用 Calibri/Arial（11 pt）边距上下左右 ≥2 cm，段落行距 1.5 倍，岗位关键词可以加粗（非下划线），数据也可以加粗。

图 6-11 求职信

样例参考：

尊敬的 ×× 经理：

您好！

感谢您在百忙中审阅我的求职信。我是 ×× 大学市场营销专业应届毕业生陈某，获悉贵公司于 2023 年 5 月 12 日在《××××报》发布的营销专员招聘公告后，怀着极大的热忱递交此函。贵公司作为国内电子台历行业的领军企业，以“××”品牌占据 45%市场份额，年产值突破 20 亿元，并持续拓展欧美市场的战略布局令我深感钦佩。尤其公司“没有最好，只有更好”的核心理念，与我的职业追求高度契合，期待能有机会为贵公司的全球化征程贡献力量。

在校期间，我系统修读市场营销、消费者行为学、品牌管理等核心课程，辅修数据分析与商业策划专项，连续三年获校级一等奖学金。为夯实跨领域能力，我自学通过证券从业资格与计算机二级考试，英语能力获 CET-6 508 分，可熟练完成全英文市场调研报告撰写及商务洽谈。实践方面，我曾于××集团市场部实习，主导完成“Z世代消费偏好”调研项目，通过大数据分析优化产品定位，使目标客户转化率提升18%。

我始终秉持“以创意赋能商业”的理念，在校期间带领团队获省级营销策划大赛金奖。作为项目负责人，我为某初创品牌设计的“国潮风电子日历”方案，结合 AR 技术实现传统文化数字化呈现，该案例入选《中国营销创新案例集》。此外，我持有助理营销师资格证书，并持续关注行业动态，对私域流量运营、关键意见领袖（KOL）矩阵搭建等新兴营销模式有深入研究。

我性格开明包容，善于跨部门协同。曾作为学生会外联部部长，牵头策划校企合作论坛，对接 15 家知名企业达成战略合作。导师评价我：“兼具战略思维与落地执行力，是团队中不可或缺的桥梁型人才。”这种特质使我既能深入洞察消费者需求，又能高效协调资源推动方案落地。

选择贵公司，不仅源于对行业地位的认可，更是被贵司“以创新驱动变革”的企业精神所打动。随信附上简历及作品集，期待能获得面谈机会，详述我如何通过数字化营销工具与全球化视野，助力贵司开拓国际市场。如蒙拨冗联络，我将随时配合时间安排（联系方式：1380×××××××；邮箱：×××@qq.com）。

静候佳音，顺颂商祺！

×××

2024 年 6 月 3 日

技能小挑战

挑战 1:简历打分

目标:通过角色扮演(HR 视角),引导学生反向思考,从而帮助学生洞见简历本质,精准把握其核心使命。

时间:15 分钟(含 5 分钟讨论+4 分钟打分+6 分钟分享,建议课前讨论环节进行)。

要求:你是某公司 HR,你收到了 3 份简历,目标岗位都是售前工程师。现在你需要确认 1 位候选人进入面试环节,请给简历打分(0~100 分)以确定面试名单。

材料准备说明:教师提前准备一些典型的简历样本(包括优秀简历和存在明显问题的简历),制定评分标准及评分表,提前打印出来,活动开始前分发给各小组。准备材料参考如下:

1. 个人简历

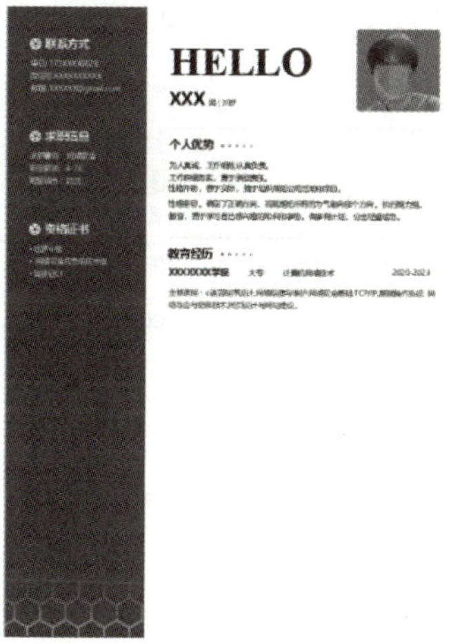

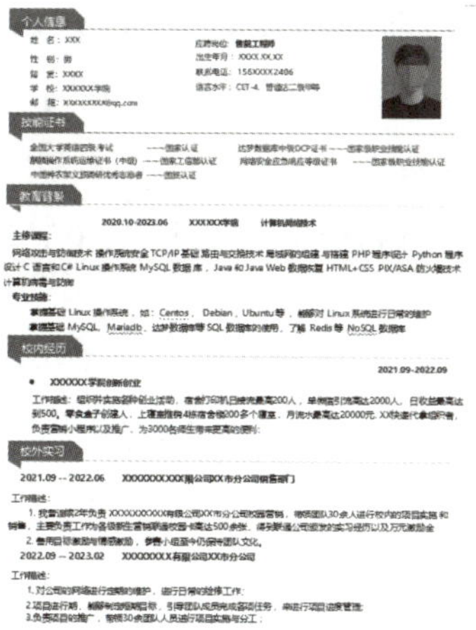

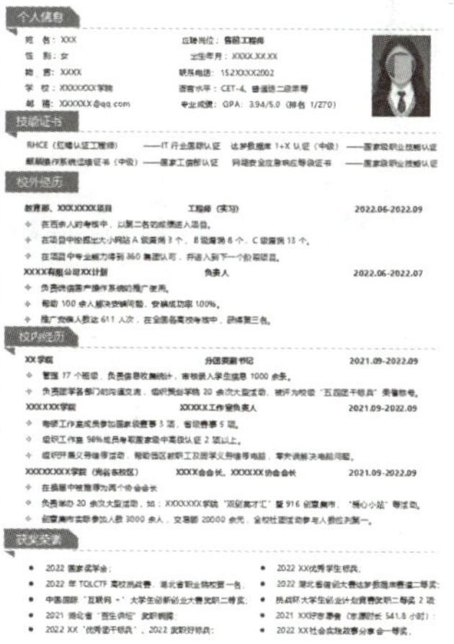

2. 评分表

候选人	格式规范(20 分)	关键信息(20 分)	经历量化(20 分)	岗位匹配(20 分)	亮点突出(20 分)	总分	排名
候选人 1							
候选人 2							
候选人 3							

3. 评分标准

维度	评分标准（0 - 20 分）	典型问题示例
格式规范	排版清晰/重点突出/字体字号统一/照片专业/内容 1 页 A4 纸以内	花哨模板/字号混乱
关键信息	联系方式完整/教育背景连贯	缺失毕业时间/专业课程堆砌
经历量化	数据化呈现成果（如“提升 30%效率”）	“参与××项目”等空泛表述/表述冗长/“学习能力强”“吃苦耐劳”等空话连篇
岗位匹配	技能关键词与 JD 重合度>70%	通用模板/无针对性描述
亮点突出	差异化经历（如竞赛获奖、项目经验、证书、软著专利等）	平凡经历重复罗列

流程：

Step 1 教师将学生分成 3 个小组，每组 4~6 人。教师为每个小组发放候选人简历及评分表。

Step 2 每组学生对分配到的简历进行分析，找出其中的优点和不足之处。例如，格式是否规范、内容是否突出重点、是否有错别字或语法错误、是否缺乏针对性等。

Step 3 每组学生对简历进行打分确定面试名单：

候选人	格式规范（20 分）	关键信息（20 分）	经历量化（20 分）	岗位匹配（20 分）	亮点突出（20 分）	总分	排名
候选人 1							
候选人 2							
候选人 3							

Step 4 每组派一位学生代表上台分享，公布简历分数。对未进入面试环节的简历进行点评并提出优化建议。

挑战 2:大家来找茬

目标:通过找茬游戏,明确简历中的常见误区,引导学生正确撰写简历。

时间:15 分钟(含 3 分钟思考+10 分钟书写+2 分钟分享)。

要求:对照简历筛选标准及简历七个模块撰写要求,依次找出不少于 3 处需要改进的问题。

材料准备说明:教师提前准备一则招聘信息和一份存在明显问题的简历。

流程:

Step 1 浏览招聘信息及个人简历

招聘信息如下:

售前工程师 10-15K

收藏 立即沟通

武汉 在校/应届

职位描述

微信扫码分享 举报

岗位职责:

1、配合市场人员,参加项目调研、产品介绍等售前交流工作,能够完成各类宣讲演示材料的编制,能够独立完成售前宣讲任务;

2、负责招投标相关技术文档的编写工作,熟悉招投标相关流程;

3、配合技术专家,完成可行性方案、建设方案等技术文档编写;

4、负责项目建设与管理,制订项目开展计划,统筹团队资源,推动项目落地;

5、积极关注行业动态,发掘业务亮点和行业发展趋势。

职位要求:

1、计算机相关专业(可接受24届毕业生);

2、具备较强的沟通能力及汇报宣讲能力;

3、熟悉大数据、应用软件、数据库、网络、服务器、虚拟化等技术;

4、具备良好的团队协作意识和极强的负责态度,能配合销售人员、技术人员有效推进项目工作;

5、对数据库的基本原理、底层结构、优化原理、设计方法等有一定的认知,并且保持浓厚兴趣。

个人简历如下：

联系方式

电话 173XXXX6628
微信号:XXXXXXXXXXX
邮箱 XXXXXX@gmail.com

求职信息

求职意向：网络安全
期望薪资：4-7K
期望城市：武汉

资格证书

- 达梦中级
- 网络安全应急响应中级
- 驾驶证C1

HELLO

XXX 男 | 20岁

个人优势

为人真诚，工作细致认真负责。
工作积极务实，勇于承担责任。
性格开朗，擅于交际，擅于组织策划公司活动和项目。
性格坚韧。确定了正确方向，我就能把所有的力气砸向那个方向。执行能力强。
勤奋，擅于学习自己感兴趣的知识和事物。做事有计划，分出轻重缓急。

教育经历

XXXXXXXX学院　　大专　　计算机网络技术　　2020—2023

主修课程：c语言程序设计,网络组建与维护,网络安全基础TCP/IP,麒麟操作系统,网络攻击与防御技术,网页设计与网站建设。

Step 2 对照简历筛选标准,依次找出简历的不足。

职业化:
关键词:
经历量化:
人岗匹配:

参考答案:

职业化:求职照使用个人自拍照过于随便,模板过于花哨,内容留白较多,整体不符合简历职业化的标准
关键词:仅写"网络安全",与售前工程师岗位完全不匹配,简历内容单薄,只有"教育经历"与"个人优势",与招聘信息关键能力点契合度较低
经历量化:完全空白! 简历中没有描述个人相关经历
人岗匹配:求职意向与目标岗位完全不匹配,有种投错简历之嫌

(以上点评仅供参考,具体根据实际情况而定。)

Step 3 分模块依次找出简历不足。

个人信息:
求职意向:
教育背景:
实践经历:
技能证书:
奖励情况:
自我评价:

参考答案:

个人信息:"HELLO"等表述看起来不专业
求职意向:仅写"网络安全",与售前工程师岗位完全脱节
教育背景:主修课程堆砌(如"网页设计"与岗位无关),未突出核心能力
实践经历:完全空白! 无实习/项目/校园活动,无法验证能力
技能证书:仅罗列证书名称,未体现能力价值;证书未写全称
奖励情况:完全缺失
自我评价:空泛描述(例:"擅于交际"),未绑定岗位需求

(以上点评仅供参考,具体根据实际情况而定。)

挑战3:应届毕业生简历自核表

目标:理解简历"自我营销"的本质,围绕目标职位展开。

时间:15分钟。

要求:请根据你已经完成的一份简历的真实情况作答。如果还没写过简历,根据你想象中写出的简历效果作答。

流程:

测评题目	选项	
1. 在简历的开头,我清晰地写出了自己的求职岗位,HR一眼就能看到	是	否
2. 在简历中,我只挑选出了与应聘岗位相吻合的经历和能力,而不是罗列了所有经历	是	否
3. 我把与应聘岗位最密切相关的经历/能力放在简历的前面,而不是照搬简历模板填充相应的内容	是	否
4. 在描述每一段经历时,我具体描述了自己都做了哪些事情、取得了哪些成绩/成果,方便HR判断我所具备的能力。	是	否
5. 在描述经历时,我使用的关键动词比较丰富,而不是只用"参与……参与……"/"完成……完成……"等单一重复的动词。(如果不知道什么叫关键动词,请选"否")	是	否
6. 我用数字、相对数字等(如全系49人中最高分)来量化我所取得的成绩,方便HR感受到我的能力和水平	是	否
7. 自我评价部分如果没有事例/数字来证明,我就不写这个部分了	是	否
8. 我相信在10秒内,HR就可以从简历中了解到我针对应聘岗位所具有的能力和优势	是	否
9. 我的联系方式(电话、邮箱)清晰地写在简历的开头,方便HR联系到我	是	否
10. 简历完成后,我做了检查,保证没有错字、语法、格式等错误	是	否
11. 如果简历中一定要放照片,我会放职业照	是	否
12. 我的简历上没有写"简历"或"个人简历"这几个字	是	否
13. 我的简历排版(字体、颜色等)简洁、重点突出,没有学校logo、五颜六色的图标等	是	否
14. 我的简历长度体现了一个"简"字,尽量不超过1页	是	否
15. 应聘不同的岗位时,我根据应聘岗位的要求针对性地修改自己的简历	是	否

第二节 面试通关:提升面试应对能力

进阶小目标

1. 理解面试核心要素,明确求职沟通目标
2. 强化面试前准备,提升职业素养表现
3. 掌握面试应答策略,提高问题解决效能
4. 开展模拟面试训练,增强实战应对能力

一、了解面试

同学们可能在想:面试不就是和 HR 聊聊天吗?其实这场精心设计的职场对话,既是企业用“放大镜”观察你的过程——通过面对面交流或模拟工作场景,像拼图般将你的专业知识、实践技能、性格特质与岗位需求逐一比对;更是你主动展示“立体简历”的机会:当面试官追问项目细节时,他们在验证你的真实能力;抛出突发状况的“情景测试题”,实则在探测你的应变思维;而关于团队协作的讨论,恰似在检测你的价值观是否与企业文化同频共振。这场双向选择的深度对话,最终要解答的核心命题是:你与岗位的匹配度,能否经得起未来共事的考验?

总体来看,面试的类型主要包括以下 10 种。

(一)结构化面试

结构化面试是一种标准化的面试流程,它按照预先设定的面试提纲进行提问(如“你的职业规划是什么?”),并根据固定的评价指标、评价标准和评价方法进行评分,通过考官与面试者面对面地交流,对面试者进行评价。

一般来说,结构化面试流程通常包括以下 5 个环节(图 6-12)。

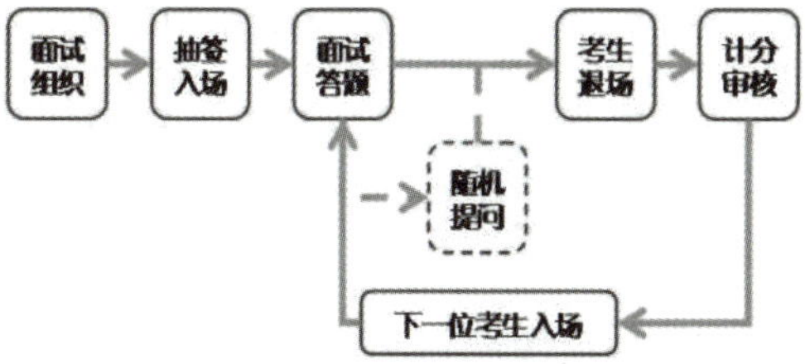

图 6-12 结构化面试流程图

（1）抽签。面试中的抽签模式和我们常识中的抽签模式并无区别，但由于技术进步，一些考场会采取电子抽签模式。抽签完成后，需要考生确认签字。

（2）候考。在轮到考生的面试序号前，需要在指定区域或候考室候考。在等待期间，考生可以进行深呼吸放松心情。

（3）答题。轮到考生时，引导员会带其进入面试室，室内一般设有考官席、监督席、记分员和计时员（座次图如下图 6-13 所示）。待考官说完面试指导语、强调注意事项并提示考试开始后，考生根据规则进行答题，这一过程一般会提供草稿纸、笔。本环节大多情况下按照既定流程执行，部分情况下可能会有随机提问。

图 6-13　结构化面试考场座次图

（4）离场。答题结束后考生根据指引退场，这一过程一般会有候分室。

（5）侯分。考生答题结束后在候分室等待自己的面试成绩，并进行签字，确认无误后方可离开。如果面试现场不公布成绩，考生在面试结束后即可离开。

以下是部分真题示例。

你为什么选择报考这个职业岗位？

（2023 年某企业人力资源专员）

单位要组织一个活动，领导让你去找某部门负责人帮忙，明明是举手之劳，对方却不愿意配合，推脱说没时间没人力，你会怎么和他沟通？

（2024 年某社区服务中心工作人员）

你认为“干一行，爱一行”与“年轻人就是要多换工作”是否矛盾？并阐述你的理由。

（2025 年某互联网公司产品经理助理）

结构化面试常见于公务员考试和校招初筛，公平性和可比性较强，重点考察逻辑性和稳定性。

结构化面试一般以标准化流程与评分维度来衡量求职者的综合素养。本视频将为你揭开其神秘面纱，系统解析其底层逻辑，助你构建清晰严谨的答题框架，让思维如清泉奔涌，在面试中绽放专业风采，从容斩获高分。	扫一扫，观看视频

（二）非结构化面试

非结构化面试没有统一的流程和固定的问题清单，面试官可以根据具体情况灵活调整提问内容和方式，自由提问。注重自然交流，问题根据对话的发展随机生成，可能涉及行业趋势、考生某一领域的能力、经历、价值观甚至生活兴趣（如“你对元宇宙的看法是什么？”），且每位候选人的面试过程可能完全不同，给予面试官极大的自由度。这种类型的面试能够考察候选人的真实反应能力和应变能力，灵活的交流方式也往往能更直接地反映候选人的真实水平。多用于高管或初创公司核心团队成员选拔，注重战略思维与价值观契合。

以下是部分真题示例。

你认为职业大学和普通大学的教育模式有什么不同？这种不同对你的职业发展有什么影响？

（2023 年某制造企业技术员）

你最近在关注什么热点话题？它对你的职业发展有什么启发？

（2025 年某金融公司客户经理）

（三）半结构化面试

半结构化面试是一种介于结构化面试和非结构化面试之间的评估方式。在实际操作中，考官通常会保证在核心固定问题框架（如自我介绍、职业规划）、确保基本评估标准一致的前提下，根据候选人的回答或现场表现，灵活追问细节（如“你提到组织过校园活动，具体如何协调冲突？”），从而进一步了解其能力和潜力。具有一定的灵活性和针对性。常用于多数企业的社招、中层管理岗复试。

以下是部分真题示例。

你认为自己在未来三年内最想实现的职业目标是什么？

随机追问：你打算如何实现这个目标？

（2024 年某广告公司文案策划）

请你简单介绍一下自己在大学期间的实习经历。

随机追问：你在实习中遇到的最大挑战是什么？你是如何解决的？

（2023 年某电商公司运营助理）

你如何看待团队合作？

随机追问：请举例说明你在团队中遇到过的一次冲突，你是如何处理的？

（2025 年某医院护士）

（四）无领导小组讨论

无领导小组讨论，也称为群面，是一种在校园招聘中非常常见且极为高效的面试方式，因其淘汰率较高而闻名。这种面试形式通常由六至十余名求职者组成一个工作小组，要求应聘者在这个临时组建的小组中讨论特定问题（如资源分配、方案制定等），并在限定的时间内做出决策，决策没有标准答案，言之有理即可。无领导小组讨论不指定小组领导或主持人，所有参与者平等，也没有固定的发言顺序或角色分配，重点在于考察应试者的综合素质，包括解决问题的能力、团队合作精神、沟通技巧和领导潜力等，观察其表现与团队角色适配性，是管培生和咨询岗的常见招聘环节。

1. 无领导小组讨论的实施流程

开始阶段：主考官宣读面试引导语、注意事项和小组讨论题目，应聘者阅读题目，独立思考，准备个人发言。准备时间一般为 3~5 分钟。

个人发言阶段：每位应聘者轮流发言，初步阐述自己的观点。主考官控制每人发言时间不超过 3 分钟。

自由讨论阶段：个人发言后，小组进入自由讨论阶段。应聘者需要继续阐明自己观点，同时也要对别人的观点做出回应。讨论最后必须达成一致意见，如未达成一致意见，整组参与讨论的应聘者将被严重扣分（在涉及同一岗位应聘人数较多，单位设置多组无领导小组讨论时，此情形对本组应聘者不利）。自由讨论的时间一般为 30~40 分钟，此阶段考官只进行观察，不作任何干预。

总结陈词阶段：一般由小组最终推选出的一位成员进行总结，概括讨论的主要观点和结论。

无领导小组讨论的座位安排

一般而言，无领导小组讨论的座位安排有两种，考场布置图如图 6-14 所示。

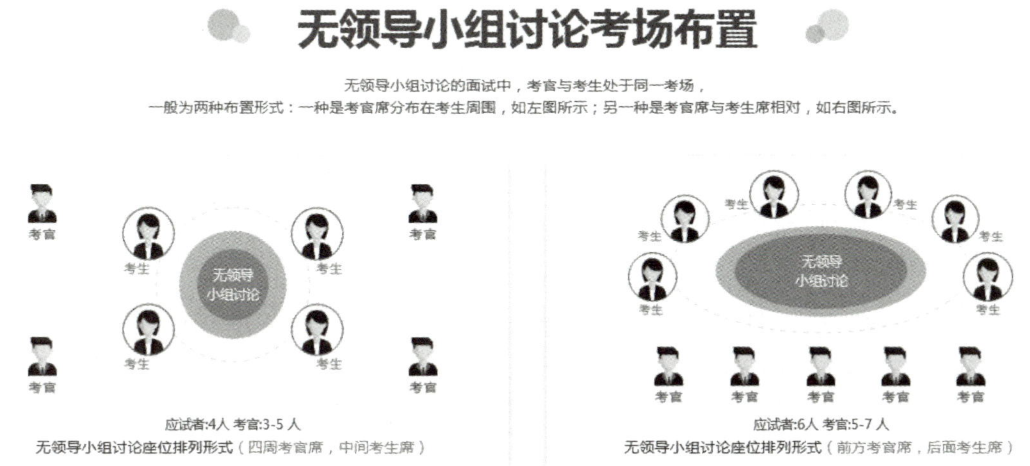

图 6-14　无领导小组考场布置图

方式一:通常是一个圆形或方形的桌子,应聘者围坐一圈,彼此面对面,各个考官分散在应聘者身后,以便更好地观察他们的表现。

方式二:所有应聘者饶桌子环坐呈半圆形,没有明显的领导位置,考官席集中设置在应聘者的对面。

在无领导小组讨论中,座位安排通常是随机的,不会事先指定谁坐在哪个位置,考官会根据应聘者的自然表现来观察他们的行为和互动。因此,应聘者不应该过分关注自己的座位位置,而应该专注于积极参与讨论,展示自己的能力和素质。

2. 无领导小组讨论的常见角色

虽然无领导小组讨论不指定任何角色,但在讨论过程中,往往会有潜在的角色扮演,每种角色都有其优势和风险。某些情况下,综合表现优秀的应聘者甚至能同时扮演好多个角色,因此应聘者应根据自身及现场情况主动找到适合自己的角色,并把它扮演好,从而在面试中脱颖而出。以下是无领导小组讨论中的常见角色构成。

1)领导者(Leader)

角色职责:领导整个讨论进程,在规定的时间里,规划先讨论哪些问题、后讨论哪些问题,为问题讨论给出可行性方案,引领小组按照一定思路推进讨论。

能力要求:需要具备较强的沟通表达能力、组织协调能力和清晰的逻辑思维,有高深的见解,能够全程把控全场,成为团队的核心。

优势:如果方案被小组采纳,对整个小组的贡献突出,容易给考官留下深刻印象,展示出领导才能和大局观。

风险:若领导能力不足,规划不合理,可能导致讨论混乱、效率低下,反而会引起小组成员的不满,给考官留下负面印象。

2)总结者(Summarizer)

角色职责:阶段性总结讨论情况,在讨论一段时间后,梳理整个小组在哪些问题上已经达成共识,哪些问题还存在分歧,更好地推动讨论进行。在讨论结束后,需要向考官组汇报讨论的最终结果和情况。

能力要求:具备较强的归纳总结能力和语言表达能力,能够准确、清晰地呈现讨论的要点和成果。

优势:有更多的机会在考官面前展示自己的总结归纳和表达能力,让考官了解小组的讨论情况和自己在其中的作用。

风险:如果总结不准确或不全面,会影响考官对小组讨论效果的判断,也会对自己的表现产生不利影响。

3)记录者(Recorder)

角色职责:完整记录讨论情况,包括各成员的发言、观点、讨论的重点及结论等,为最后的汇报提供完整且清晰的笔记参考。

能力要求:需要有快速记录和整理信息的能力,保证记录的准确性和完整性。

优势:一份高质量的记录能受到考官的青睐,同时在记录过程中可以更全面地了解讨论情况,为自己后续的发言提供依据。

风险:如果记录不完整或不准确,可能会影响总结汇报的质量,而且可能因为过于专注记录而减少了自己的发言机会,降低在考官面前的存在感。

4)计时员(Time Controller)

角色职责:计算讨论时间,把握各个问题的讨论进程,控制好每个问题的讨论时间,避免出现讨论超时的情况。无领导小组面试讨论环节时间较长,一般约1小时,且讨论问题较多,计时员的作用至关重要。

能力要求:要有较强的时间观念和把控能力,能够合理分配每个阶段的时间,并及时提醒小组成员。

优势:能体现出较强的时间管理能力和责任心,保证讨论按计划进行。

风险:如果计时不准确或提醒不及时,导致讨论超时,会影响整个小组的表现,自己也可能受到负面评价。

5)辅助者(Helper)

角色职责:辅助他人领导讨论进程,为领导者补充解决问题的思路和方案,顺着小组讨论的方向及时补充自己的观点和理由。

能力要求:具备敏锐的思维和良好的倾听能力,能快速理解讨论的方向和领导者的意图,并及时提供有价值的补充。

优势:可以展示自己的团队协作精神和思维的灵活性,为小组讨论做出积极贡献。

风险:如果补充的内容缺乏价值或过于重复,可能会被考官忽视,显得存在感较低。

6)调停者(Mediator)

角色职责:协调解决分歧矛盾。由于不同人思考问题的角度不同,无领导小组讨论环节可能会出现分歧甚至矛盾,调停者需要推动讨论顺利进行。

能力要求:要有良好的沟通能力、情商和协调能力,能够站在客观的角度分析问题,找到各方都能接受的解决方案。

优势:能体现出出色的人际关系处理能力和团队协作意识,有助于营造和谐的讨论氛围。

风险:如果协调不当,可能会让矛盾更加激化,影响讨论的正常进行,同时也会暴露自己协调能力的不足。

7)其他成员(Other Members)

角色职责:全场按照要求进行发言、讨论,但没有太多自己独特的观点和想法,思维容易被其他人带着走,并且缺乏积极有效地互动。

能力要求:具备基本的沟通和参与能力,但在主动性和创新性方面表现不足。

劣势:很容易被面试官忽视,最终很难获得较高的评价。

改进方向:这类成员应积极争取发言机会,表达自己的独立见解,加强与其他成员的互动,提升自己在小组中的存在感和影响力。

3. 无领导小组讨论的表现技巧

1)积极发言

在讨论过程中,面试者应学会观察并抓住时机,积极发言,加深考官的印象。每个面试者都有自己独特的优势和特长,在讨论中,应适时展示这些优势,可以帮助自己在小组中脱颖而出。

2)友善合作

面试者应在讨论中友善待人,充分听取他人意见,尊重不同观点,并展现出礼貌倾听的特质。每个尊重小组其他成员的观点,友善待人,不恶语相向。要注意在积极发言的前提下,不过分表现自己,更不能对他人观点无端攻击、加以指责、恶语相向,否则只会导致自己最早出局。没有公司会聘用一个不重视合作、没有团队意识的人。注意多用建议性批评,不用批评性建议。

3）条理清晰

小组成员的每次发言都必须有条理、有根据，所有的讨论都要基于材料，不能自己做假设。面试的最后环节通常为小组作总结展示或回答面试官提问，总结者要注意利用金字塔原理（总—分—总）（图 6-15）形式回答和总结，给人以条理清晰印象。虽然在这个阶段通常由总结者来代表小组作展示或者回答提问，但小组的其他成员也应该仔细聆听小组代表的陈述和面试官的提问，并随时记录下能够补充的观点和建议，并给予总结者必要的反馈和提示，例如在台下以适当的方式来提醒总结者陈述的时间进度。

例如，未用“金字塔”策略前：“约翰·科林斯来电话说他 3 点钟不能参加会议。哈尔·约翰逊说他不介意晚一点开会，把会放在明天开也可以，但 10:30 以前不行，唐克利福德的秘书说，唐克利福德明天较晚时间才能从法兰克福赶回来，会议室明天已经有人预订了，但星期四还没有人预订。会议时间定在星期四 11 点似乎比较合适，您看行吗？

使用“金字塔”策略后：“我们可以将今天的会议改在星期四 11 点开吗？因为这样对科林斯和约翰逊都会更方便，唐克利福德也可以参加，并且本周只有这一天会议室还没有被预订。”

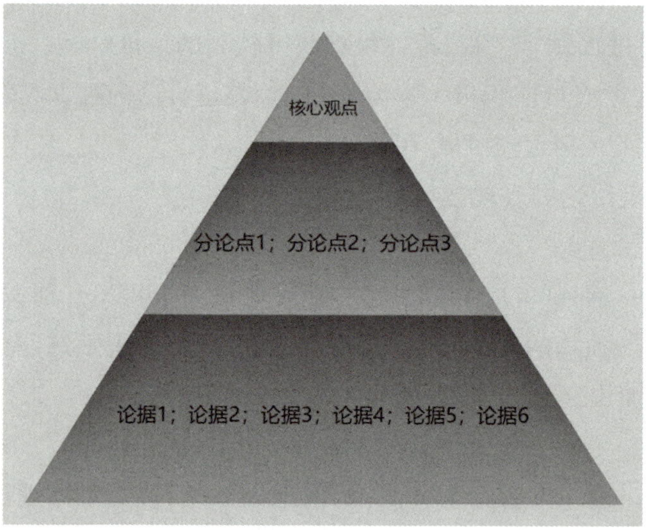

图 6-15　金字塔原理

4）表达流畅

对于总结者来说，在这个阶段除了在陈述、回答问题时思路要清晰，表达要准确，如果是演讲形式的总结，那么一些演讲的技巧也需要掌握。

在总结前应该简单地感谢公司并介绍小组讨论情况,然后简要复述题目,便于面试官记录;

在演讲过程中,可以将要表达的重点简明扼要地分条列出,写在发放的纸张上;

用一句话简要回顾题目,并总结出小组讨论的最后结果,同时在总结结束后再次致谢。

4. 常见问题及解决方案

1)如何处理意见分歧

在小组讨论中,出现意见分歧是很正常的,关键在于学会倾听不同的观点,并通过理性分析和讨论寻求共识。同时,展示自己的决策能力和灵活性也是非常重要的。

2)如何在有限时间内做出有效决策

时间管理是无领导小组讨论中的一个关键挑战。应试者应该学会在有限的时间内迅速分析问题,并提出切实可行的解决方案,可以通过模拟面试训练进行提升。此外,合理分配任务和资源也是提高决策效率的有效方法。

通过以上准备和技巧的运用,应试者可以在无领导小组讨论中取得更好的成绩,从而增加获得理想工作的机会。

以下是部分真题示例。

开放式问题——好领导的特质

你认为什么样的领导才是一个好领导?请小组讨论并总结出好领导的至少5个重要特质。

答题思路:可以从多个角度进行思考,例如领导对下属的关怀、对团队的凝聚力、对工作的责任心、自身的专业能力等。例如,好领导应具备以下特质:沟通能力强,能够有效传达信息,倾听下属意见。有责任感,对团队和工作负责,不推诿责任。决策果断,在关键时刻能够迅速做出正确决策。激励团队,能够激发团队成员的积极性和创造力。以身作则,通过自身行为树立榜样。

评分要点:主要考查考生思考问题是否全面、是否有针对性,思路是否清晰,是否有独到的观点和见解。

两难问题——实习机会选择

你有两个实习机会。公司A:知名企业,但实习工作内容较为基础,学习机会较少。公司B:新兴创业公司,工作内容复杂,但能接触到核心业务,但公司知名度较低。如果只能选择其中一个,你会如何选择?请小组讨论并形成一致意见。

答题思路:从职业发展、个人成长、未来就业机会等角度进行分析。

评分要点:是否能从多角度分析问题;理由是否充分,是否有说服力;小组成员是否积极参与讨论，是否能有效协作；代表发言是否清晰、有条理。

资源争夺问题——公司奖金分配

公司有100万元年终奖金，需要分配给以下四个部门：研发部、市场部、销售部和客服部。每个部门都有充分的理由争取更多奖金，请小组讨论并形成一个合理的分配方案。

答题思路：每个考生可以代表一个部门，阐述本部门对奖金的需求和分配理由。例如：

研发部：强调研发对公司未来的重要性，需要资金用于新技术研发。

市场部：强调市场推广对品牌和销售的推动作用。

销售部：突出销售业绩对公司收入的直接贡献。

客服部：强调客户满意度对客户留存的重要性。

总结：小组需要通过讨论，权衡各部门的需求和贡献，形成一个合理的分配方案，例如：

研发部：30万元。

市场部：25万元。

销售部：30万元。

客服部：15万元。

评分要点：主要考查考生的语言表达能力、分析问题能力、概括总结能力、发言的积极性和反应的灵敏性。

案例分析——校园创业项目

你计划在学校开设一家小型咖啡店，目标是满足学生和教职工的日常咖啡需求。请小组讨论并分析该项目的可行性，包括但不限于以下方面：市场需求分析（学生和教职工的咖啡消费习惯）；成本与收益预估（包括设备采购、原材料成本、场地租赁等）；竞争优势（与校外咖啡店相比的优势）；风险评估与应对措施。

答题思路：结合实际情况进行分析，可适当假设一些数据。

评分要点：是否能全面分析项目可行性；分析是否条理清晰，是否有逻辑性；小组成员是否积极参与讨论，是否能有效协作；代表发言是否清晰、有条理。

排序问题——大学生活优先级

大学生活即将结束，回顾过去几年，你认为以下五件事中哪三件对你的成长和未来发展最重要？请按重要性排序并说明理由。专业知识学习、社团活动参与、实习经历、人际关系拓展、课余兴趣爱好（如运动、艺术等）。

答题思路：从个人成长、职业发展、综合素质提升等角度进行分析。

评分要点：是否能从多角度分析问题；排序是否合理，理由是否充分；小组成员是否积极参与讨论，是否能有效协作；代表发言是否清晰、有条理。

> 在众多求职面试形式中，无领导小组讨论正日益成为考察综合能力的关键环节。如何在无指定领导、观点碰撞的情境下，有效展现你的逻辑思维、沟通协调、团队合作与临场应变能力？掌握这些技巧，你将在隐形考官的注视下脱颖而出，显著提升职场竞争力。
>
> 扫一扫，观看视频

（五）压力面试

压力面试是一种特殊的面试形式，旨在评估求职者在高压环境下的反应和表现。这种面试方式通过使用质疑、尖锐或连续追问的语言（如“你的学历不如其他人，凭什么录用你？”），故意制造紧张氛围，测试求职者的抗压能力和情绪管理，多见于销售、公关、投行等高强度岗位。

应对压力面试时，同学们不要被面试官故意制造的紧张氛围所影响，保持冷静自信，沉着应对。

（六）行为面试

行为面试属于结构化面试的一种，通过聚焦应聘者过往经历（如“分享一次失败经历”）来预测其未来工作表现。行为面试广泛应用于各种组织的员工选拔过程中，在外企招聘中较为常见。

面对行为面试，面试者可以用 STAR 法则（图 6-16）组织答案。

图 6-16　STAR 面试法则

情境（Situation）：描述事件发生的背景和环境。

任务（Task）：明确你需要完成的具体任务。

行动（Action）：详细说明你采取的行动步骤。

结果（Result）：阐述行动的结果及其对你的影响

（七）技能面试

技能面试通过直接测试专业技能（如现场编码或设计实操），评估应聘者在特定领域的实际操作能力和技术专长。在技术岗位等需要特定技能的岗位招聘中较为常见，如工程师和设计师等。

技能面试中，应熟悉岗位要求，提前练习可能被问到的技术问题和场景，并展示自己的项目经验和技术成果。

（八）案例面试

案例面试通过具体案例来考察面试人员的逻辑分析与商业敏感度能力。面试官会提供关于公司的信息，并提出公司面临的问题或两难困境（如"奶茶店亏损如何扭亏？"），面试者需要针对这些问题给出答案或建议。案例可以是真实的也可以是虚构的，面试形式可以是口头也可以是书面的。案例面试常用于管理咨询公司，近年来也逐渐应用于科研、市场、消费品管理和投资银行等职位。

（九）电话/视频和 AI 面试

电话/视频面试是一种常见的远程面试方式，它允许面试官和候选人通过电话或视频通话进行交流，侧重即时反应与沟通效率。这种方式在初步筛选候选人或当候选人无法亲自到场时适用。

AI 面试是一种利用人工智能技术模拟面试官与候选人之间互动的过程，旨在评估候选人的能力和性格。这种面试方式不仅提高了招聘效率，还能够在一定程度上减少人为偏见，使招聘过程更加客观公正。

（十）角色扮演面试

角色扮演面试是一种评估应聘者特定技能的方法，它通过模拟实际情况，让参与者在特定的角色中，模拟和体验特定情境的行为（如客户投诉处理）。应聘者需扮演不同角色来展示自身能力和素质，面试官则通过观察其表现评估是否适合岗位。同时，它也是一种情景模拟活动，要求应试者扮演一定角色进入预设情景，即兴运用语言、动作、表情、姿态等表达意愿、观点或处理问题和矛盾，考官对应试者在不同角色情景中的行为进行观察记录，以测查其素质和潜能。

二、面试准备

同学们是否思考过，面试前的准备本质上是在搭建与未来雇主的对话桥梁？生涯发展是人生角色的连续演进，面试准备也需要系统性的成长规划。从深入了解用人单位、准备材料,到对镜进行面试训练并调整状态——这四个维度的深度准备,既是向面试官呈现职业素养的过程,更是自我认知迭代的契机。当你用80%的确定性应对未知挑战时,剩下的20%突发状况便成了展现实时学习能力的舞台。

(一)了解用人单位

知己知彼,百战不殆。在面试前,深入研究应聘单位是必不可少的环节。这个环节有助于更好地了解应聘单位和岗位,也能在面试中展现出自己对公司的热情和专业性,给考官留下好印象。同学们可以主要从以下几个方面了解应聘单位。

1. 单位背景

单位官网。通过单位官网了解单位的基本信息,包括成立时间、发展历程、主营业务、核心产品或服务等。

媒体平台。关注单位的官方社交媒体账号(如微信公众号、微博、领英等),了解公司的企业文化、员工动态和最新活动。

行业报告。查阅行业报告或市场分析,了解单位在行业中的地位、市场份额和竞争优势。

行业新闻。通过新闻媒体和财经报道,了解单位的近期动态及关注点,如重大项目、市场拓展计划、战略调整等。

2. 企业文化

价值观。研究公司的核心价值观和使命,思考自己的简历中与这些价值观契合的点,做好融合。

工作氛围。通过员工评价、社交媒体和公司官网的介绍,了解公司的工作氛围和团队文化。

员工发展。关注公司对员工的职业发展支持,如培训机会、晋升通道和员工福利。

3. 岗位信息

招聘启事。仔细研究招聘启事,明确岗位的职责、技能要求、素质期望和潜在需求。

岗位匹配。结合自己的经历和技能,思考如何在面试中展示自己与岗位的匹配度。

潜在问题。提前准备可能被问到的问题,如"你为什么想应聘这个岗位?""你对这个岗位的理解是什么?"等,提前准备好答题思路。

(二)准备材料

面试前需携带的材料一般以应聘单位通知为准。除特殊要求情况下,大多面试环节只需携带身份证、学生证等相关证件，但建议同学们在面试前仍需准备好相关材料，以备随时提供给面试官查看。

1. 简历

格式清晰。确保简历格式简洁、清晰，突出重点信息。

内容准确。检查简历内容的准确性，避免错别字或语法错误。

针对性。根据应聘岗位的要求，调整简历内容，突出与岗位相关的经历和技能。

2. 证书和证明

学历证书。携带学历证书原件或复印件。（如毕业年级还未发放毕业证，可携带学校统一出具的推荐表等学历证明）

技能证书。如英语四六级证书、计算机技能证书、专业资格证书等。

获奖证书。相关荣誉或奖项原件或复印件。

3. 纸质作品（如适用）

设计类岗位。准备一份包含优秀作品的作品集，展示你的设计能力和创意。若作品需要通过网页链接或二维码查看，也可以提前准备好。

写作类岗位。准备一些写作样本，如文章、报告或项目文案。

技术类岗位。展示相关项目代码、技术文档或成果案例。

4. 纸笔

记录要点，展示准备。可以准备纸笔，以备记录面试官提到的重要信息或问题。同时，在面试中适当记录，能体现你的专注和认真。

（三）面试训练

面试训练是提升面试表现的重要环节，通过模拟面试和反复练习，可以更好地应对实际面试。本章“面试实战”小节提供了相应题目，供大家实操练习。

1. 模拟面试

自我介绍。反复对墙/对镜练习自我介绍，确保内容流畅自然，时间控制在1~2分钟。自我介绍不建议死记硬背，以免临场紧张卡壳，只需记住几个要表述的关键要点即可。

常见问题。准备并练习回答常见的面试问题，如“你的优点和缺点是什么？”“你为什么选择我们公司？”等。

行为问题。练习回答行为面试问题，如“请描述一次你解决团队冲突的经历。”（请用STAR法则练习回答）

专业问题。结合岗位要求，准备回答专业相关的问题，展示你的专业知识和技能。

2. 反馈与改进

模拟面试。邀请朋友或职业导师扮演面试官,帮助你进行模拟面试,根据他们的反馈进行改进和完善。

自我反思。根据反馈,分析自己的不足,如语言表达、逻辑条理、肢体语言或回答内容等。

持续改进。根据反馈和自我反思,不断调整和改进面试表现。

3. 时间管理

问题回答。通过定闹钟等方式,练习在有限时间内清晰、完整地回答问题,避免超时或离题。

面试流程。熟悉面试流程,确保在面试中能合理分配时间,回答所有问题。

【成长小故事】

张沫是一名市场营销专业的应届毕业生,她决定应聘一家金融公司的市场专员岗位。为了这次面试,她做了非常充分的准备。她通过公司官网、社交媒体和行业新闻,了解到该公司在金融创新领域有很强的竞争力,近期正在推出一款新的理财产品。张沫精心准备了简历,还制作了一份详细的市场推广方案,作为面试时的展示材料。通过模拟面试,她练习了自我介绍和常见问题的回答,甚至准备了一些可能被问到的行业热点问题的答案。面试当天,张沫带着精心准备的材料来到公司。面试官是一位市场部经理,他首先问了张沫对金融市场的看法。张沫自信地回答了问题,并拿出了自己准备的市场推广方案。然而,面试官只是简单地翻阅了一下方案,并没有表现出太多兴趣。接着,面试官问了一些关于团队合作和沟通能力的问题,这些问题张沫并没有充分准备。她发现自己过于专注于技术性问题的准备,而忽略了面试官可能更关注的软技能。面试结束后,张沫感到有些失落,她意识到自己虽然准备了大量材料,但没有很好地理解面试官的真正需求。

成长思辨台

张沫在面试准备中存在哪些问题?如果你是张沫,你会如何调整面试准备策略,以更好地满足面试官的期望?

(四)调整状态

面试前调整好自己的心态和状态,能帮助你在面试中更好地发挥。

1. 自信心态

积极心态。相信自己的能力和准备,保持积极的心态。

自我鼓励。面试前通过自我鼓励的方式,如默念"我可以""我准备好了",增强自信心。

避免焦虑。通过深呼吸、冥想或运动等方式缓解紧张情绪。

表达技巧。面试表达时要音量洪亮,有助于提升自信,帮助放松。平时练习时就可训练该技巧,但注意声音不要过大。

2. 熟悉环境

提前到达。提前查看面试地点,建议面试当天早到或提前一天踩点,熟悉环境,避免因迟到或不熟悉环境而增加紧张感。

了解流程。提前了解面试流程,包括面试形式、面试官人数等,做到心中有数。

3. 身体状态

充足睡眠。面试前保证充足的睡眠,保持精力充沛。

适当饮食。面试前避免食用过于油腻或刺激性食物,保持身体舒适。

仪表整洁。面试当天保持仪表整洁,穿着得体,展现良好的精神面貌。

面试准备是一个系统的过程,涉及对用人单位的深入了解、材料的精心准备、面试训练的反复练习以及心态的调整。通过以上四个方面的准备,你可以在面试中更好地展示自己的优势,提升求职成功率。记住,充分的准备是成功的关键。

【成长小故事】

王海作为视觉传达专业应届生,应聘某知名广告公司的平面设计师岗位时,展现了教科书级的面试准备。提前两周,他不仅下载了公司近三年获奖作品集(发现其擅长极简主义与环保材料结合),更通过领英调研创意总监的学术背景——当注意到总监有北欧设计留学经历时,他特意在作品集新增了斯堪的纳维亚风格系列。为应对团队协作考题,王海用STAR法则重构了毕业设计案例:当小组因LOGO配色方案争执时,他如何通过色彩心理学实验数据说服队友(案例中量化了不同配色方案的用户点击率差异)。面试前夜,他甚至在同学协助下模拟了"方案被客户推翻"的压力测试,将应答时长精准控制在3分钟内。面试当天,创意总监突然展示饮料包装草图问:"如果是你主导,会如何优化团队产出?"王海从容展开预案:先肯定原稿的瓶型创新(呼应公司年报提到的"传承中突破"理念),再建议增加AR互动元素(引用应聘品牌年轻化战略),最后递上预先打印的简易原型图——这张用可降解材料制作的样品,最终成为他收到offer的关键筹码。

三、面试礼仪

面试不仅是展示专业能力的机会,更是展现个人素质和职业素养的重要环节。面试礼仪很大程度上影响了考官对你的第一印象。接下来,将从状态、着装、入场、握手、站坐姿、聆听、手势、面部表情、动作等多方面对同学们进行面试礼仪指导。

(一)状态

面试中,同学们留给考官的第一印象很重要,因此,要让自己呈现出良好的状态和精气神。在考试前,同学们要做好充分的心理准备,以放松的心态应对,可以深呼吸或给自己一些暗示,告诉自己我能行。

(二)着装

着装是面试的重要名片,不同岗位的着装要求也各不相同,应根据应聘岗位的行业特点选择合适服装。

(1)金融行业。选择深色系正式西装套装(如黑色、深蓝色或深灰色),搭配白色衬衫和素色领带(图 6-17)。避免过于花哨的颜色或图案,保持整体形象的稳重和专业。

图 6-17 金融行业着装

(2)互联网行业。可选择简洁商务装,如简洁的衬衫搭配牛仔裤或休闲裤,保持整体形象的清爽和自然(图 6-18)。

图 6-18　互联网行业着装

（3）服务行业。选择干净、整洁的服装，避免过于随意地搭配，保持职业感（图 6-19）。

图 6-19　服务行业着装

（4）教育行业。选择端庄得体的服装，如简洁的衬衫搭配直筒裙或西裤，颜色以柔和为主（如米色、浅蓝色、淡粉色等），避免过于暴露或过于花哨的服装（图 6-20）。

图 6-20 教育行业着装

（4）其他行业。如创意设计岗位，可在保持整洁的基础上，融入一些时尚元素或体现个人风格的配饰，如独特的首饰、个性的领带或有创意的配饰，但需注意整体搭配的协调性和专业感。

注意，无论应聘哪个行业，都应确保服装干净、整洁、无破损，鞋子擦亮，头发梳理整齐，体现职业化和端庄形象。

（三）入场

（1）提前到达。面试当天，务必提前 10~15 分钟到达面试地点，避免迟到给面试官留下不良印象。

（2）礼貌入场。进入面试场地时，需先敲门，声音不要太大或太小，节奏规律，避免过缓或过急；入场后保持微笑，步伐坚定自信，走到考生席旁边，向考官问好，如：考官们好，我是 × 号考生 × ×。然后进行鞠躬，得到考官允许后坐下。入座后，考官会宣读引导语，我们此时应认真注视考官，并给予眼神和肢体回应，如身体前倾、点头等；面试开始后，如桌前有准备纸笔，可以根据面试要求进行记录并思考，在规定时间内作答。考试中要注意举止，不要出现转笔、抖腿、眼神飘忽不定等行为。入场以及答题时都要十分注意自己的一言一行，给考官留下好印象。

（3）手机静音。进入面试场地前，确保手机调至静音或关机状态。

（四）握手

握手不是面试的必须环节，但如有需要，应体现出你的自信和专业。

（1）时机。在面试官主动伸出手时，迅速而自然地回应握手。

（2）力度。握手力度适中，既不能过于用力，也不能过于轻飘，以体现自信和尊重。

（3）时间。握手时间控制在 2~3 秒左右，避免过长或过短。

（4）眼神交流。握手时保持眼神交流，面带微笑，传递出积极的态度。

（五）站姿

站姿可以展示自信和专业，在面试过程中，良好的站姿能给人留下深刻印象（图 6-21）。

图 6-21　面试正确站姿

头部：保持头部自然抬起，目视前方，避免低头或仰头。

肩部：双肩自然放松，不要耸肩。

胸部：挺胸，保持身体的挺拔。

腹部：腹部微微收紧，避免驼背。

腿部：双腿站直，膝盖微弯，避免锁死膝盖。

双脚：双脚与肩同宽或略窄，重心均匀分布在双脚上。

双手：自然下垂，放在身体两侧，或双手相握放在腹前，保持得体。

可以对镜练习，呈现出自信从容、落落大方的站姿。

（六）坐姿

坐姿同样能体现一个人的修养和职业素养，面试中保持良好的坐姿至关重要。

图 6-16 面试正确坐姿

(1)入座。等面试官示意后,轻轻拉开椅子,从椅子左侧入座,坐在椅子前 1/3 即可。坐下时动作要轻缓,避免大声拖动椅子,发出声响。

(2)坐姿要求。保持头部自然抬起,目视前方或面试官,双肩自然放松,背部挺直,不要靠在椅背上,挺胸收腹,双手自然放在大腿或膝盖上,女生双腿并拢,膝盖和脚踝处轻微交叉,男生可将双腿略分开,但不超过肩宽。

(七)聆听

聆听是面试中被忽视但极为重要的环节,能体现你对他人的尊重。

(1)专注。面试官讲话时,保持眼神交流,避免分心或东张西望。

(2)反馈。通过点头、微笑等方式给予适当反馈,表明你在认真聆听。

(3)记录。如果面试官提到重要信息,可在适当时候记录,但不要频繁低头,避免流露不自信的状态。

(4)确认理解。如果问题复杂,可以在回答前简单复述问题,确保自己理解正确。

(5)避免打断。让面试官说完问题后再回答,不要打断。

(八)手势

手势是表达思想和情感的重要方式,应与面试中的语言表达一致,但需注意自然流畅和适度使用,避免次数过多、随意乱动或指向面试官。

(九)面部表情

面部表情能传递出你的态度和情绪,面试中保持自然、友好的表情至关重要。

（1）微笑。保持微笑，但不要过度夸张，微笑要自然、真诚。

（2）眼神交流。眼神交流要适度，避免频繁眨眼或眼神游离，传递出自信和专注。

（3）表情管理。避免过于严肃或紧张的表情，保持轻松自然。

（十）动作

面试中的动作细节也能体现你的修养和职业素养。

（1）起身。从椅子左侧起身，起身时动作要轻缓，不要发出声响。

（2）递物。如需递接物品（如简历、文件），要双手递接，保持平稳。

（3）点头。在面试官讲话时，适当点头表示认同，但不要频繁点头，避免显得没有主见。

（4）避免小动作。避免频繁抖腿、玩弄手指、咬嘴唇等小动作，这些动作会显得不自信、不专业。

【成长小故事】

留学生 Lily 应聘某国际教育机构双语教师岗位，经历了三轮面试，在初试（中方 HR）中，她发生了以下失误：身穿露肩连衣裙，入座后跷二郎腿，被批“不符合教师形象”。于是，她购入了一件米色针织开衫和一件过膝裙，并参加礼仪培训课程。信心满满地参加第二轮面试，不料在复试（外籍教学主管）环节，她又发生了跨文化冲突——她在面试中过度微笑（美式礼仪中显轻浮），回答时频繁点头（被误解为盲目迎合），于是她选择调整策略，降低微笑幅度，并改为专注倾听表情，将点头频率控制在关键结论之后。在第三轮面试，即终试（校长压力测试）中，她经历了一个压力面试的场景：校长突然泼洒茶水，观察 Lily 反应。Lily 立即起身递纸巾，并询问“需要我帮忙清理吗？”并全程保持镇定，未因突发情况打乱回答逻辑。最后，她因“得体应变与文化适应力”获得录用。

面试礼仪是面试成功的重要组成部分。通过以上细节的注意，你可以在面试中展现出专业、自信和得体的形象，给面试官留下良好的第一印象。

四、常见面试问题回答技巧

面试是求职过程中的关键环节，回答问题的能力直接影响面试的成功与否。为在较短时间内成功“推销”自己，除了要有优秀的专业知识、能力和才华外，还应在面试中掌握和应用一些技巧。

(一)面试成功要素

面试除了做好必要求职准备工作外,应还把握以下关键要素。

(1)真诚自信。保持真诚的态度,自信展示自己取得的重大成绩,但要适度,避免自吹自擂或夸大其词。

(2)积极热情。不论考官如何提问,都要始终保持积极热情。在考官介绍公司、求职岗位情况,面临挑战以及存在问题时,也要保持热情,这是非常重要的。

(3)清晰表达。语言简洁明了,逻辑清晰,不要怕短暂的停顿。当碰到一个需要经过认真思考才能回答的问题时,不要急着很快给予答复,仔细想想自己应该怎么回答。这样的停顿表示你对主考官提出的问题很重视,这也同样可以在某种程度上表明你的自信和成熟。

(4)真实回答。如被问到自己学习或实习经历中负面的东西,不要否认,而是勇于承认,并想办法换个思路回答,将其转变成有利于自己的东西。如通过 STAR 法则,强调你的解决方法,这样能够表明你是如何面对问题,并促使自己去做出积极改变或弥补的。

(5)倾听能力。认真倾听面试官的问题,确保理解后再作答。

(6)情绪管理。保持冷静,避免紧张或焦虑影响表现。

(7)避免背诵。在面试时紧张忘词情况时有出现,一旦忘词,很可能无法完成这道题目,所以面试中一定要避免死记硬背,应在平时训练中锻炼自己的临场表达能力,从而让面试显得自然、真实。

(二)语言表达技巧

面试中的语言表达,在考试分数中占比最高,语言表达也标志着考生的综合素养和成熟程度。对求职者来说,掌握语言表达的技巧无疑是很重要的。准确、灵活、恰当的口语表达,是面试成功的关键。因此,要掌握以下语言表达技巧的运用。

(1)语句流畅。语言表达的流畅自然度是重中之重,考生可以根据自己的语言积累程度,适当注入修辞,忌用口头禅,如“嗯”“啊”“呃”“然后”“那么”“所以呢”等,以免影响流畅度。

(2)逻辑清晰。按照一定的逻辑结构组织语言,例如金字塔原则中的“总—分—总”模式或“背景—问题—解决方案”模式。

(3)语气平和,音量适中。面试时要注意语言、语调、语气的正确运用。打招呼时宜用上语调,加重语气并带拖音,以引起对方的注意;自我介绍时,最好多用平缓的陈述语气,声音过大令人厌烦,声音过小则难以听清。音量的大小要根据面试现场情况而定。

（4）语速适中。注意吐字清晰，控制说话的语速，不宜过快或过慢，确保面试官能轻松理解你的回答。

（5）语言要含蓄、机智、幽默。说话时除了表达清晰外，适当穿插一些幽默的语言，可使谈话气氛愉悦，也能展示自己的优越气质和从容风度。尤其是遇到难以回答的问题时，机智幽默的语言会显示自己的聪明智慧，有助于化险为夷，并给主考官留下良好印象。

（6）使用积极语言。尽量使用积极的词汇，避免使用消极或模糊的表达。

（三）应答和提问技巧

面试中的应答和提问是展示你能力和特点的重要环节，面试没有标准答案，合理即可。以下是一些常见的面试题目、应答和提问技巧，同学们可以根据内容思考并练习，总结出自己的个性化回答思路。

1. 应答技巧

1）自我介绍类

“请用3分钟介绍一下你自己。”

回答框架：STPE模型。

背景（Situation）：学历+专业（简明扼要）。

能力（Talent）：核心技能（与岗位JD匹配，如“数据分析/教学设计”）。

项目（Project）：1个高光经历（将数据量化，如“主导××项目，用户增长30%”）。

期望（Expectation）：表达对岗位的热情（如“希望将我以上用户运营经验应用于贵司产品优化”）。

例如：“您好，我叫[××姓名]，毕业于[××学校][××专业]。我熟练掌握[××关键技能]，并在[××实习或项目]中积累了丰富的经验。我对[××应聘岗位]充满热情，期待能为贵公司贡献自己的力量。”

自我介绍一般只有1~3分钟，在短时间内要简明扼要地说明自己的亮点，避免复述简历全文，避免提及与岗位无关的兴趣爱好，如应聘会计岗却大谈街舞获奖等。

2）职业规划类

“你未来3~5年的职业规划是什么？”

回答框架：双轨定位法。

短期专业深耕：“我希望在市场营销领域持续提升，1~2年掌握全域运营能力，3年后能独立负责品牌策略。”

长期组织融合：“长期来看，我希望成为团队核心成员，助力公司实现‘2025年市占率第一'的目标。"

要围绕工作规划实际谈,注意不要进行空洞承诺,如"做到管理层",也不要明显暴露出功利性,如"三年内年薪 30 万。"

3)求职动机类

"为什么选择我们公司?"

应答策略:3C 法则。

公司(Company):行业地位/文化认同(如"贵司的'用户至上'理念与我价值观一致")。

职业(Career):岗位与自身发展的契合(如"新媒体运营岗能发挥我的内容策划与数据分析双优势")。

贡献(Contribution):可预见的价值输出(如"我能将校园社群运营经验迁移至贵司年轻用户拓展")。

例如:"我对贵公司的发展前景非常看好,尤其是在[行业领域]的领先地位。贵公司的企业文化强调[核心价值观],这与我的职业理念高度契合。我相信在这里能实现我的职业目标,同时也为公司的发展贡献自己的力量。"

机会总是给有准备的人。此类问题,考生应结合自己的长处和应聘单位的发展,找到契合点,展开来回答。

4)专业水平类

"你的专业成绩一般,如何胜任这份工作?"

应答技巧:PRB 模型。

问题承认(Problem):"您提到的成绩问题确实存在,大一时我的时间管理能力不足。"

应对行动(Response):"后来我通过时间块(Time Blocking)法和 Trello 工具,将学习效率提升了 40%。"

成果转化(Benefit):"这段经历让我在 × × 实习中高效完成 3 个并行项目。"

例如:"我曾经在时间管理上有所欠缺,导致[具体事件]。后来我通过学习时间管理技巧,使用[工具名称]制订详细计划,现在能高效地安排工作和学习,按时完成各项任务。"

注意不要否认问题,也不要抱怨客观因素(如"老师打分不公平"),而是由问题推导出自己的实施行动,最后再给出成效,反映自己解决问题和困难的能力。

5)薪资谈判类

"你的期望薪资是多少?"

应答策略：薪资三段论。

前置调研：提前查询岗位薪资区间（如猎聘/脉脉），设定底线值与理想值。

范围应答："根据我的了解与能力评估，期望在 8000~10000 元范围内，也相信公司有合理的薪酬体系。"

弹性补充："如果未来发展空间大，我愿意在具体数字上保持灵活。"

注意不要直接报底价（如"至少 5000 元"），也不要有意地回避问题（"按公司规定就行"）。

6）经验欠缺类

"你缺乏相关实习经验，如何证明能力？"

应答技巧：经验迁移法。

学术经验："我的毕业论文是研究社群裂变模型，其中提到的用户分层方法，可以用于贵公司的私域运营板块。"

校园实践："作为学生会外联部长，1 年内拓展 23 家合作企业，这与商务岗的客户开发逻辑是一致的。"

自主学习："我已考取 CDA 数据分析师证书，并用 Python 完成小红书爆文关键词分析项目。"

此类问题，必须建立在自己已有相关成果的前提下，否则回答效果一般。在新媒体公司应聘面试成功的案例中，有一名应届生就凭借"自媒体账号从 0 到 1 万粉"的经历，斩获了互联网运营 offer。

7）敏感问题类

"你有男朋友吗？计划几年内结婚？"

应答策略：边界设定法。

原则回应："我个人生活不会影响工作投入，目前重心在职业发展上。"

法律援引："根据《中华人民共和国劳动法》，用人单位不得涉及劳动者婚育状况。"（了解即可，非必要情况下，不要轻易使用）

注意不要详细解释自己的私生活，同时要保持冷静淡定，避免和 HR 进行情绪化对抗。

8）适应能力类

（1）"工作需要经常加班，你能接受吗？"

应答技巧：弹性承诺法。

态度优先："如有紧急项目，我愿意配合团队进度高效完成。"

隐性设限："同时我会通过 ×× 的方式，优化工作流程，减少低效加班。"

此类问题请避免绝对化回答（“完全没问题”或“绝不加班”），否则会给用人单位留下不敬业的印象，直接影响面试结果。

（2）“你如何看待团队合作？”

结合自身经历，从团队合作的重要性、自身经验以及未来期望等方面回答。例如：“我认为团队合作是现代工作环境中不可或缺的一部分。在[具体项目]中，我与团队成员密切协作，通过有效沟通解决了[具体问题]。我相信团队的力量能实现更大的目标，我也期待在贵公司继续发挥团队合作精神。”

2. 提问技巧

面试中可以根据实际情况，适当主动提问。以下提问方式，可以帮你了解更好地了解公司和岗位。

文化与发展相关。“贵公司在未来几年有哪些重要的发展战略？”/“贵公司的企业文化如何影响员工的职业发展？”

岗位相关。“这个岗位在实际工作中的主要挑战是什么？”/“这个岗位的晋升路径是怎样的？”

团队与领导相关。“我将与哪些部门或团队合作？”/“团队的氛围是怎样的？”

（四）面试难点及应对方法

面试中可能会遇到一些难题，以下是一些常见情况及应对方法。

1. 压力性问题

面试官可能会提出一些挑战性问题，如“你觉得自己不适合这个岗位的地方是什么？”此时要保持冷静，诚实但积极地回答。如：“我意识到自己在[某方面]还有提升空间，但我一直在努力学习和改进。我相信通过……（具体化描述）的努力，可以克服这些不足。”

2. 行为性问题

行为性问题通常要求你描述过去的经验，如“请描述一次你解决团队冲突的经历。”这时可以采用 STAR 法则来组织回答。例如：“在[情境]中，我面临[任务]。我采取了[行动]，最终[结果]。”

3. 未知问题

面试中可能会出现你完全没有准备的问题。如果一时间没有主意，保持冷静，不要急于回答。可以先说“这是一个很好的问题，我需要稍微思考一下。”然后整理好思路，组织好语言，再清晰地回答问题。

面试成功不仅取决于专业知识和技能，还与语言表达、倾听能力、应答技巧密切相关。通过充分准备、清晰表达、认真倾听和灵活应答，你可以在面试中更好地展示自己的优势，提升面试成功率。记住，面试是一个双向选择的过程，通过提问和互动，你也能更好地了解公司和岗位是否适合你。祝你在面试中表现出色！

【成长小故事】

小付是一名刚毕业的会计专业学生，他申请了一家大型企业的财务岗位。面试前，他仔细研究了公司资料，准备了自我介绍和一些常见问题的答案。面试时，面试官问道："你能谈谈你未来五年的职业规划吗？"小付一下子紧张起来，他没有深入思考过这个问题，只能临时组织语言："我想先在财务岗位上积累经验，然后争取晋升机会，成为一名资深的财务人员。"这个回答显得过于笼统，缺乏具体目标和行动计划。面试结束后，小付感到有些失落，他意识到自己在职业规划方面的准备不足，没有展示出明确的方向和对岗位的深入理解。

成长思辨台

小付在回答职业规划问题时存在哪些不足？如果你是小付，你会如何更具体、更有条理地回答这个问题，以展示你对未来发展的清晰思考和与公司共同成长的意愿？

五、面试实战

以下是不同类型的面试真题，供同学们模拟面试练习使用。

（一）结构化面试

·2025年1月11日中国邮政速递物流重庆公司面试题（业务客户经理）

（1）请进行1分钟的自我介绍。

（2）说说你对报考岗位的认识。

（3）说说你对邮政集团及邮政速递物流公司的认识。

（4）分享一项快速与他人结交并顺利开展合作的经历。

·2024年6月16日浙江省温州市公用集团招聘面试题

（1）因燃气涨价，收到了市民的投诉，你作为工作人员，如何处理？

（2）单位组织员工外出徒步活动，由你负责，你忘记通知大家带雨具，附近也没有挡雨的地方，你怎么处理？

·2025年1月11日安徽省合肥市新站高新区国有企业面试题

（1）为推动低空经济高质量发展，有必要把握好局部与全局的关系、政府与市场的关系、发展与安全的关系。谈谈你的理解。

(2)为优化办事流程,提升服务满意度,单位要举办一场服务创新的金点子征集活动,你认为活动的重点是什么?你将如何开展?

(3)你每次工作都能如期完成,而小王总是拖沓,领导就经常把复杂、棘手的工作都安排给你,因此你感到压力很大,身心疲惫。你该如何向领导沟通说明?请现场模拟。

·2025年2月10日山东省菏泽市定陶农商行面试题

(1)工作学习中,考证还有成绩绩点,你怎么看待?

(2)你进入农商银行,会怎么从入职到合格到优秀?

(3)中央经济工作会议高质量发展是首要任务,高质量发展如何应用到农商银行?

(二)无领导小组讨论面试

1. 资源分配问题

某公司有100万元的奖金,需要分配给工程、营销、设计、综合管理四个部门,但要求不能均匀分配。请小组讨论并制定出奖金分配方案。

2. 业务选择问题

一家通信公司现有两大业务,××平台业务占市场40%,行业最高;××浏览器业务占市场10%。今年计划重点发展潜力业务,包括手机视频、无线音乐、手机支付、手机邮箱。请小组讨论决定重点发展哪一个或几个业务,并说明依据,涵盖核心竞争力、时间安排、业务对象、推广方式等方面。

3. 功能区选择与分配

街道办建设三层每层1000平方米的邻里中心,需划分五个功能区,现已收集9类需求:党建宣传、公益宣传、文化宣传、群众活动、学习园地、多功能活动厅、会议室、公益培训、长者饭堂。请小组从9个需求中选择5个进行场地优配,并给出理由,再进行场地分配方案的确定。

4. 2023年宝洁校招

请设计一款针对下沉市场的洗发水推广方案,预算50万元。

5. 2022年华为校招

小组排序题——5G基站建设面临资金、技术、政策三方面阻力,请按优先级排序。

(三)校招面试

(1)请用3分钟说明你的职业规划与腾讯价值观的契合点。腾讯校招(2023)

（2）如何看待“双碳”目标对电力行业的影响？国家电网（2022）

（3）你提到擅长数据分析，请举例说明如何用数据驱动产品迭代。字节跳动（2023）

（4）你的专业与金融无关，为什么选择银行管培生岗位？中国银行（2022）

（5）“你能谈谈你未来五年的职业规划吗？”（某大型企业财务岗位）

（6）“请描述一次你在团队项目中遇到困难并如何解决的经历。”（某软件公司开发岗位）

（7）“如果在项目执行过程中，客户突然提出一个与原计划完全相反的要求，你会如何处理？”（某互联网公司产品经理岗位）

（8）“如果你的上级交给你一个任务，这个任务需要其他部门配合，但其他部门不配合，你会怎么做？”（某制造企业技术员岗位）

（9）“当你同时面临多个紧急任务，你会如何安排工作优先级，确保所有任务都能按时完成？”（某金融公司客户经理岗位）

（10）你的项目经历很普通，我为什么要录用你？阿里校招（2023）

（11）你的方案漏洞百出，现在给你 1 分钟重新阐述。麦肯锡（2022）

（12）分享一次你通过协调多方资源达成目标的经历。美团（2023）

（13）描述你主动学习新技能并应用于实践的过程。联合利华（2022）

（14）某连锁健身房会员续费率下降 20%，如何提升？贝恩咨询（2023）

（15）请估算上海市一年奶茶店的市场规模。腾讯战略（2022）

【成长小故事】

小林是一名市场营销专业的应届毕业生，她申请了一家知名互联网公司的市场专员岗位。为了这次面试，她做了充分的准备。在面试前，小林深入研究了公司的业务范围、企业文化和发展战略。她了解到该公司注重创新和团队合作，因此在准备材料时，她精心挑选了自己在大学期间参与的团队项目和创新活动作为案例。同时，她还准备了一些关于公司近期推出的新产品的见解和建议。面试当天，小林提前到达公司，着装得体，面带微笑，给面试官留下了良好的第一印象。在面试过程中，她逻辑清晰地回答了面试官的问题，重点突出自己的团队合作能力和创新思维。例如，当被问到“请描述一次你在团队项目中遇到困难并如何解决的经历”时，她详细阐述了自己在项目中的角色、采取的行动以及最终取得的成果，充分展示了她的个人能力和价值。最终，小林成功获得了这份工作。

1. 面试准备:小林在面试前全面深入了解了公司和岗位,针对性地准备了相关案例和材料,使她在面试中能够自信地展示自己的优势。

2. 面试礼仪:她注重面试礼仪,提前到达面试地点,着装得体,面带微笑,给面试官留下了良好的第一印象。

3. 问题回答:小林在回答问题时逻辑清晰,重点突出,能够结合实际案例展示自己的个人能力和价值。

成长思辨台

1. 在面试准备方面,如何全面深入了解公司和岗位,针对性地准备材料和案例?

2. 在面试礼仪上,如何展现良好形象和素养,给面试官留下积极的印象?

3. 在问题回答时,如何做到逻辑清晰、重点突出,充分展示个人能力和价值?

4. 面对面试中的突发情况和压力,如何保持冷静和自信,避免因紧张而导致失误?

5. 如何提前模拟面试场景,提升自己的表达能力和应变能力,以更好地应对实际面试?

技能小挑战

挑战 1:面试场景侦查赛

目标:帮助学生了解真实面试场景,提升对面试底层逻辑的实战应用能力。

时间:45 分钟(依据视频长短而定)。

要求:

1. 记录观察要点并标注视频中对应时间节点。
2. 完成面试观察分析,并做汇报准备。
3. 上台展示汇报,其他同学点评(准确性/创新性)。
4. 修正错误,记录高频易错点。

流程:

Step 1 观看综艺《令人心动的 offer》。

边观看边思考:这是什么面试类型?哪些表现是加分项/致命伤?

Step 2 观察并完成以下事项:

①判断每段视频的面试类型及理由;

②列出 3 个关键考察点(如逻辑性、抗压性);

③为应聘者提出 3 条改进建议

Step 3 上台汇报。

请上台说明面试类型的判定依据,对应聘者的“诊断报告”(如:眼神飘忽——扣分项)以及改进方案(如:用 STAR 法则重构回答)。

Step 4 公布参考答案并点评。

分析应聘者表现优劣并提出改进策略。

挑战 2：面试礼仪实验室

目标：掌握面试礼仪，理解礼仪行为评价维度，建立职业形象微习惯养成机制。

时间：30 分钟。

要求：

1. 应聘者需按要求完成全流程礼仪动作，包括敲门、入场、握手、递简历、自我介绍、离场等。

2. 面试官需模拟提问，观察应聘者的非语言信号，做出评价。

3. 观察员需根据行为偏差点，在《面试礼仪评分表（通用版）》上打分。

活动结束后，全体同学自查职业仪态，制订 21 天微习惯计划（含站/坐姿等），进行标准化动作训练。

流程：

全体同学分为三组，分别扮演不同角色并进行轮换

应聘者：敲门→鞠躬→双手递简历

面试官：提标准问题："请用 1 分钟自我介绍"

观察员：填写《面试礼仪评分表》（通用版）

面试礼仪评分表（通用版）

流程环节	评分项	评分标准	分值	得分
进门敲门礼仪	敲门次数	2~3 次，节奏均匀（1 次扣 1 分，超过 3 次扣 2 分）	2 分	
	敲门力度	力度适中，声音清晰（过轻/过重扣 1 分）	2 分	
	等待回应	敲门后静候 3 秒，未直接推门（直接推门扣 2 分）	3 分	
	表情管理	表情自然，保持微笑（僵硬/严肃扣 1 分）	3 分	
握手礼仪	握手时机	面试官主动伸手后再回应（抢先伸手扣 2 分）	3 分	
	握手姿势	右手握手，虎口相对，掌心微贴（单手无力/双手过度用力扣 2 分）	4 分	
	握手时长	持续 2~3 秒，自然松开（过长/过短扣 1 分）	3 分	
	眼神交流	注视对方眼睛，微笑致意（低头/眼神游离扣 2 分）	5 分	
递简历礼仪	递交方式	双手递送，文字正向面试官（单手递送/方向错误扣 3 分）	5 分	
	语言配合	伴随"这是我的简历，请您过目"等礼貌用语（无语言扣 2 分）	4 分	
	表情管理	保持微笑，身体微前倾（僵硬/无表情扣 2 分）	3 分	
	放置位置	轻放桌面中央，避免滑落或歪斜（随意丢放扣 3 分）	3 分	

续表

流程环节	评分项	评分标准	分值	得分
自我介绍礼仪	坐姿规范	座椅面 2/3,背部挺直,双手自然放膝(驼背/靠椅背扣 3 分)	5 分	
	语速语调	语速适中,音量清晰(过快/过慢扣 2 分)	5 分	
	眼神交流	80%时间与面试官对视,自然切换注视对象(全程低头/盯某处扣 3 分)	8 分	
	手势控制	手势自然,幅度不过肩(频繁摆手/抱臂扣 2 分)	5 分	
	内容结构	逻辑清晰,重点突出(流水账/超时扣 4 分)	7 分	
离场礼仪	鞠躬角度	15°~30° 微鞠躬,身体前倾(幅度过大/无鞠躬扣 3 分)	5 分	
	语言致谢	明确表达"感谢您的时间/机会"(无致谢扣 3 分)	5 分	
	退场动作	后退两步再转身离场,轻关门(直接转身/摔门扣 2 分)	5 分	
其他礼仪细节	全程表情管理	自然微笑,避免皱眉/假笑(僵硬扣 3 分)	5 分	
	着装规范	整洁得体,无夸张配饰(邋遢/过度暴露扣 4 分)	5 分	
	物品摆放	随身包袋放脚边,手机静音(手机响铃/物品散乱扣 3 分)	5 分	
总分统计	总分(100 分)		100	

扣分项:抖腿、频繁撩头发、打断面试官等行为,总分额外扣 3~5 分。

加分项:主动扶门、拾物等细节,总分额外加 2~3 分。

通用禁忌:避免喷浓香水、嚼口香糖等。

挑战 3：双镜训练场

目标：通过考生角色掌握结构化面试全流程应答策略，训练职业化表达与临场控场能力；通过考官角色理解评价维度（逻辑性/匹配度/职业化），培养团队互评的协作学习思维。

时间：30 分钟（以下时间分配供参考，可按实际情况来）。

角色分配 2 分钟 → 随机抽题 1 分钟 → 正式模拟 15 分钟 → 互评反馈 5 分钟 → 教师点评 7 分钟

要求：

考生全程模拟真实面试场景（着装/礼仪/计时应答），针对题库中“职业规划”“团队冲突”等高频题应用 STAR 法则。

考官记录关键观测点（语言逻辑/非语言表现），反馈时采用“三明治法则”（肯定+建议+鼓励）。

流程：

Step 1 角色分配。

两人为一组，盲抽角色（A 考生/B 考官）。

Step 2 随机抽题。

涵盖基础题（自我介绍）、能力题（逆境处理）、价值观题（职业选择）。

Step 3 模拟面试（15 分钟）。

考生按时间规则作答，考官记录考生表现。

Step 4 角色互换重复流程。

组内互评（聚焦 3 个改善点），教师随机走动，进行观察和点评。

挑战 4：群面演武场

目标：掌握无领导小组面试全流程，培养多元角色适应力（领导者/协调者/贡献者），训练团队决策思维与时间管控能力，多维度观察理解群面评价标准。

时间：45 分钟。

要求：

考生组独立思考形成观点，参与团队共识构建，推选代表总结发言。

考官组依据《群面观察表》记录表现，重点关注贡献度/逻辑性/影响力。

计分组量化记录各位考生的发言次数/有效建议数/冲突调解次数。

观察组填写《群面观察表》，捕捉观点演进路径/隐性领导力/沟通障碍点。

流程：

Step 1 按照以下要求分组

考生组（6~11 人），考官组（3 人），计分组（2 人），观察组（全员）。

Step 2 抽取无领导小组题目并按要求进行模拟面试

Step 3 教师进行总结点评

群面观察表								
观察要点	考生 1	考生 2	考生 3	考生 4	考生 5	考生 6	考生 7	考生 8
是否自然获得话语权								
对待不同意见者态度								
冲突时的调解策略								
发言次数								
引导讨论次数								
有效建议数								
支持他人观点次数								
冲突调解次数								
冲突解决能力								
逻辑性								
团队影响力								

挑战 5：闪电表达力

目标：培养思维组织能力，训练结构化表达框架和语言表达能力。

时间：5 分钟。

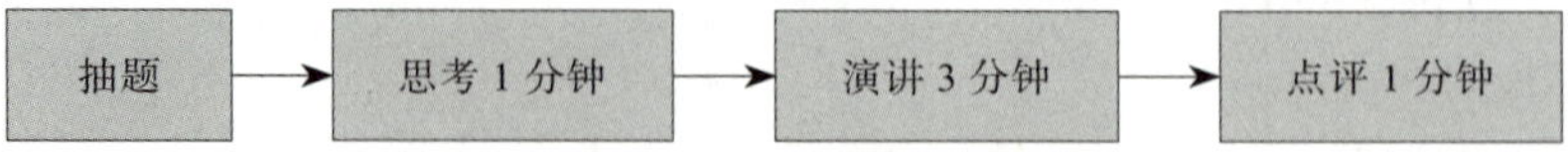

要求：用金字塔结构（总—分—总）回答，演讲首尾明确结论（如："我的核心观点是……"） 注意避免：超时 15 秒以上（计时器红灯警示）；"啊、哦、那个、嗯、呃……"等口头禅太多。

流程：

Step 1 抽取题目。

1 分钟思考（提供白纸速记）；

3 分钟演讲（1 名同学充当计时员）。

Step 2 多维点评。

全体同学用"闪光灯法则"（1 亮点+1 建议）进行点评；

教师示范优化表达框架。

第三节 就业流程与权益保护

进阶小目标

1. 了解就业全部流程与时间节点
2. 深入理解就业权益的核心要素
3. 精通高校毕业生就业协议书及合同的签订流程
4. 识别并规避各种就业风险

一、就业流程详解

(一)投递简历

1. 选择正规招聘平台

大型综合平台:如智联招聘、前程无忧、BOSS 直聘等,这些平台拥有庞大的企业资源库和丰富的职位信息,覆盖各个行业和领域,能够为求职者提供广泛的选择。

专业领域平台:对于有特定行业意向的求职者,如金融行业的领航员、互联网行业的拉勾网等,这些平台专注于某一领域,能够提供更精准的职位匹配和行业动态。

2. 注意简历投递时间

工作日最佳时段:一般在工作日上午 9~11 点、下午 2~4 点效果较好。因为这是人力资源部门集中处理事务的时间段,此时投递的简历更容易被及时查看和处理。

避开高峰期:尽量避免在工作日的午休时间和下班前的最后半小时投递简历,以免被淹没在大量的邮件中或因 HR 急于下班而被忽略。

3. 投递方式

按照招聘启事要求:有些企业要求将简历以电子邮件形式发送至指定邮箱,且对邮件主题、附件命名等有明确格式要求;有些则要求在企业官网或特定招聘平台上填写在线申请表。务必严格遵守这些要求,避免因格式错误或附件问题导致简历无法被接收。

多渠道投递:除了按照招聘启事要求投递外,还可以结合实际情况,通过社交媒体平台、行业论坛等渠道向企业相关负责人发送简历链接或简要信息,增加简历被查看的机会，但需注意方式得体，避免过度打扰。

（二）笔试环节

1. 了解考试内容

专业知识测试：针对应聘岗位所需的专业知识进行考查，如计算机科学、金融、法律等领域。提前了解目标岗位所需的专业知识范围，可通过查看职位描述、企业官网上的岗位要求以及相关行业资料来确定复习重点。

行测：主要测试求职者的逻辑推理、数量关系、言语理解与表达、判断推理等能力。这类题目通常具有一定的难度和时间限制，需要通过系统练习来提高解题速度和准确率。

性格测试：用于了解求职者的性格特点、工作风格和团队协作能力等。虽然性格测试没有绝对的对错之分，但了解测试的目的和常见题型，有助于在答题时更好地展现自己的优势性格特质，使其与应聘岗位的匹配度更高。

2. 针对性复习

技术岗位：提前复习专业核心课程，如计算机专业的数据结构、操作系统、计算机网络等；电子工程专业的电路原理、信号与系统等。可以通过参考教材、在线课程、刷题平台等多种方式进行系统复习，加深对专业知识的理解和掌握。

管理岗位：练习行测题目和案例分析。行测部分可通过购买专业的行测复习书籍、参加线上线下的行测培训班等方式进行针对性训练；案例分析则需要熟悉企业管理、市场营销、人力资源管理等方面的知识，学习如何运用理论知识分析实际问题，并提出合理的解决方案。

（三）面试环节

1. 面试技巧

语言表达：回答问题时要简洁明了，逻辑清晰，避免冗长和模糊。使用积极、专业的语言，避免使用口头禅和过于随意的表达方式。同时，注意语速适中，语调平稳，让面试官能够轻松理解你的回答。

倾听能力：认真倾听面试官的问题，保持眼神交流，避免中途打断面试官讲话。在面试官提问时，可适当点头、微笑等给予反馈，表示你在认真聆听并思考问题。

应答技巧：对于常见问题，如自我介绍、职业规划、优缺点等，按照逻辑清晰、重点突出的原则进行回答，充分展示个人能力和价值。对于行为面试问题，采用 STAR 法则（情境、任务、行动、结果）进行组织回答，使回答更具条理性和说服力。

2. 面试后跟进

发送感谢信：在面试结束后的 1~2 天内发送感谢信，可通过电子邮件或手写信的方式。感谢信中要表达对面试官的感谢之情，提及面试过程中印象深刻的话题或问题，再次强调自己对职位的兴趣和适合度，同时可简要提及下一步的期望，如期待收到录用通知等。

保持沟通：在发送感谢信后，可适当关注企业的招聘进度，但避免过于频繁地联系面试官，以免给对方造成压力。如果在约定时间内未收到回复，可礼貌地再次询问招聘进展情况。

（四）签约

应届毕业生要仔细阅读合同条款，确认好再进行签约。

薪资待遇：明确基本工资、绩效工资、奖金、福利等各项收入的构成和发放方式。了解绩效工资的考核标准和发放周期，奖金的发放条件和金额范围，以及福利的具体内容和享受方式，如五险一金的缴纳基数和比例、带薪年假天数、补充商业保险的险种等。

工作时间：确认工作时间的安排，包括标准工时制、弹性工时制或其他特殊工时制度。了解企业的加班政策、调休制度以及工作日和休息日的安排，确保自己能够适应企业的工作时间要求。

福利保障：除了法定的五险一金外，关注企业提供的其他福利保障措施，如带薪年假、病假、产假、陪产假等休假制度，补充商业保险（如重疾险、意外险等）、企业年金计划、健康体检、员工培训与发展机会、团队建设活动等，这些福利能够为员工提供更全面的保障和支持。

试用期：明确试用期的期限、薪资待遇以及考核标准。了解试用期内的工作内容和考核指标，确保自己在试用期内能够顺利通过考核，转正后享受正式员工的待遇。

从校园迈向职场，签订就业协议和劳动合同是必经一步，但你真的了解它们的区别和法律效力吗？本视频将清晰解析两者关键差异，助你避开法律陷阱，明确权利义务，守护好职业生涯的起点。

扫一扫，观看视频

二、就业时间节点

校园招聘：校园招聘是应届毕业生求职的重要途径，其时间安排相对固定。通常情况下，每年的9—11月和次年的3—4月是校园招聘的高峰期。在这两个时间段内，企业会集中开展招聘活动，包括宣讲会、笔试、面试等环节。春招和秋招的各个阶段时间安排不同，学生需要提前了解并合理规划求职时间。秋招一般从9月开始，持续到11月左右，主要针对下一年毕业的学生；春招则在次年的3—4月进行，主要针对应届毕业生。了解这些时间节点，能够帮助学生更好地安排求职进程，确保不错过重要机会。

社会招聘：社会招聘的时间相对较为灵活，企业会根据自身的业务发展和人才需求情况，全年不定期地发布招聘信息。求职者需要密切关注目标企业的官方网站、招聘平台以及社交媒体账号等渠道，及时获取最新的招聘信息，合理安排求职时间。

三、大学生求职过程中享有的就业权益

大学生在求职过程中享有的就业权益是其顺利进入职场的重要保障。然而，由于社会经验不足、法律意识相对薄弱，大学生在求职时往往处于弱势地位，合法权益容易受到侵害。面对就业歧视、合同陷阱、试用期侵权等隐性风险，许多大学生选择沉默应对，缺乏主动维权的能力和意识。这种现状既源于对法律条款的陌生，也源于对维权成本的担忧。因此，提高大学生的法律意识，明确其就业权益，成为保障职场公平的关键。

（一）平等就业权

平等就业权是大学生最核心的权益之一。《中华人民共和国劳动法》第十二条明确规定："劳动者就业，不因民族、种族、性别、宗教信仰不同而受歧视。"

平等就业应当包括同等机会和待遇公平，及时、全面、准确地获取就业信息，获取招聘信息、参与招聘活动的权利不受身份限制，同时入职后薪资、晋升、福利等需一视同仁。

（二）就业信息知情权

知情权与选择权则是大学生避免就业陷阱的"防护盾"。用人单位有义务公开岗位信息、薪资结构、考核标准，禁止虚假宣传。大学生在求职时应要求将口头承诺写入劳动合同附件，并通过企业信用网、离职员工评价等反向核实企业资质。例如，对"年薪20万"等模糊承诺，需明确其是否包含绩效、奖金等浮动部分。

【成长小故事】

某企业以"年薪15万起"招聘管培生，实为"底薪4000+提成"。毕业生小王入职后发现实际收入不足承诺的三分之一，因未留存证据导致维权困难。

案例启示：

求职需警惕模糊承诺，必要时录音存证。

(三)接受就业指导权

毕业生有权从学校接受就业指导,学校应成立专门机构,安排专门人员对大学生进行就业指导,包括向大学生宣传国家关于大学生就业的有关方针、政策;对大学生进行择业技巧的指导;引导大学生根据国家、社会需要,结合个人实际情况进行择业,使大学生通过接受就业指导,准确定位,合理择业。

(四)接受就业推荐权

所谓就业推荐权,是指毕业生拥有被高校和职业介绍机构(这里所指的职业介绍机构为公益性质)如实、公正、择优推荐到用人单位就业的权利。

大学生享有的就业推荐权应包含三方面的内容。

(1)如实推荐,学校需基于学生真实表现进行评价,不得夸大或贬低。

(2)公正推荐,每位毕业生享有平等被推荐机会,禁止"厚此薄彼"。

(3)择优推荐,以学业成绩、实习经历等客观指标为推荐依据。

【成长小故事】

李某与同学张某应聘同一岗位,张某因"省级三好学生"身份获学院重点推荐并录用。李某质疑学校侵犯其就业推荐权,但经调查,用人单位仅因张某实习经历更匹配岗位需求而优先录用。

案例启示:

李某落聘原因很多,不能就此认定是学校的责任。就业推荐权强调"公正"而非"平均",需兼顾公平与效率。毕业生需理性看待竞争,应提升自身竞争力以争取机会,避免盲目维权。

(五)隐私保护权

《中华人民共和国劳动合同法》第八条规定:"用人单位有权了解劳动者与劳动合同直接相关的基本情况。"毕业生在就业过程中不可避免地需要向用人单位提供相关的个人信息,但是这些信息仅限于与应聘岗位招聘条件密切相关的范围之内。如果毕业生不是自愿,任何单位和个人不得将毕业生的个人信息随意发布和使用,用人单位更无权以招聘考核为名过问毕业生的各种隐私。换句话说,不属于"与劳动合同直接相关的基本情况",用人单位都无权过问,劳动者也有权拒绝作答。

【成长小故事】

一位工商管理专业的学生小陈,在面试时被问到一连串与工作无关的问题。

"你有女朋友了吗?"

"女朋友的工作是不是在厦门?"

"如果她的工作没能落定在厦门,你是否会选择分手?"

最终小陈未能被录用,他觉得很有可能是告诉了用人单位他女朋友工作地点在龙岩,而且他们不会轻易分手。

案例启示:

目前存在部分企业为了了解员工的稳定性,在面试时会涉及关于婚育计划、交友状况、购房情况等问题,在不了解HR真实用意的情况下,如实回答最好。如果非常需要这份工作,回答时强调"以工作为重",对敏感问题保持原则性。如果一家用人单位因为这种问题而拒绝录用你,可以想见将来入职后的工作恐怕也会让你难以平衡工作和家庭,还是趁早放弃另寻机会为好。

(六)就业选择权

《中华人民共和国劳动法》第三条明确:"劳动者享有选择职业的权利。"因此,作为求职方的毕业生(委培生、定向生除外),在就业市场上享有自主选择职业的绝对权利,可以按照自己的兴趣、爱好和能力去选择自己将要从事的职业。家长、学校和用人单位,可以为初出校门、缺乏工作经验的毕业生,提供择业意向方面的建议、参考、推荐和引导,但不能强迫或限制他们选择职业。

【成长小故事】

小李从学校毕业后通过校招应聘到了一家企业的销售岗位,该企业在未与小黄确认的情况下,以小李还年轻,多在其他岗位积累一些经验为由,将小李从原本的岗位调整到行政岗位。小李据理力争,最终通过劳动仲裁恢复原岗位。

案例启示:

毋庸置疑,企业的行为是错误的。我国宪法规定除国家特殊职业需要并由法律法规明确规定外,其他职业不分年龄、性别、高矮、长相等,平等地享有,不得含有任何歧视。岗位调整需双方协商一致,单方面决定属侵权。

(七)签约权

签订就业协议书或劳动合同是毕业生入职的必经程序,也是法律赋予的核心权利。合同需明确岗位职责、薪资待遇、试用期条款、违约责任等关键内容,避免"口头承诺"或"空白条款"。不签订就业协议书和劳动合同,或者约定的条款过于笼统,明显不公平甚至违规、违法都是对大学生就业权益的侵犯,同时也不允许以欺诈和胁迫的方式要求毕业生签订就业协议书或劳动合同。

【成长小故事】

小林是一位金融学专业应届毕业生,通过层层考核,最终获得银行试用机会,企业以“日均存款500万”为签约条件,长期拖延转正。

案例启示:

现在部分单位在“业务”岗位上设置“签约”条件,在试用期上耍花样,不仅伤害了毕业生的签约权也有骗取廉价劳动力之嫌。毕业生应坚持“考核标准、转正条件、最长试用期时限”三要素写入合同,防止企业滥用试用期。

(八)违约求偿权

若用人单位违反就业协议或劳动合同,毕业生有权主张赔偿。就业协议虽非劳动合同,但属民事合同,受《中华人民共和国民法典》保护;劳动合同违约则适用《中华人民共和国劳动合同法》,可索要经济补偿金或赔偿金。

【成长小故事】

小曾同学毕业两年,供职于一家信息公司,月薪8000元。2018年2月,公司以小曾经常迟到为理由,勒令小曾待岗,月薪降为5000元。小曾觉得非常愤怒,向律师进行咨询,后来发现公司只以1250元为基数给自己上了社保。于是次日就委托律师拟写了解除劳动合同通知书寄至了单位,向单位行使了单方解除合同的权利。同时,他通过劳动仲裁获赔拖欠工资及经济补偿金,打破“员工主动辞职无补偿”的误区。

案例启示:

在多数人的理解中,公司辞退员工,员工才可以向公司要求经济补偿金;如果是员工自己辞职的话,则无权再向公司要求经济补偿金,实际上这是一种常识的错误认识。毕业生需留存工资条、考勤记录等证据,必要时委托律师发送解除合同通知,依法维权。

成长思辨台

就业权益保护不仅是法律赋予的权利,更是职场生存的必备技能。大学生需从“被动接受”转向“主动出击”,通过法律学习、证据意识培养、维权实践,构建职场权益的“防护网”。记住:每一次勇敢地维权,都是在为后来者铺平道路。

四、识别就业陷阱[①]

大学生求职陷阱是指招聘单位及其他机构或个人，利用大学生的弱势地位，以提供就业机会为诱饵，采用违法悖德等手段，侵害大学生合法权益的现象。大学生在求职过程中，因社会经验不足、自我保护意识薄弱，往往成为不法企业设置陷阱的对象。常见的求职陷阱有以下几种类型。

（一）境外高薪诱骗陷阱

境外高薪诱骗陷阱往往是不法分子将违法犯罪活动包装成境外“高薪”岗位，以“低门槛、高薪酬”为噱头，诱骗毕业生从事电信诈骗、网络赌博等活动。若拒绝参与或“业绩”不达标，可能遭遇非法拘禁、虐待等伤害。

【成长小故事】

某大学毕业生小王，应聘到一家施工企业工作，工作地点显示在境外。交纳3000元保证金，护照、机票一站全包，到达施工地点后立即退还保证金，工钱最低一天400元……小王看到手续这么简单，薪资待遇这么好，便立即答应，结果发现落入电诈窝点，在多方协助调解下才被解救回国。

防范提示：

境外高薪工作需警惕。通过官方渠道确认企业是否具备境外就业服务资质，警惕薪资明显高于行业平均水平的岗位。优先通过公共就业服务机构或持有人力资源服务许可证的正规中介求职。

（二）传销陷阱

传销陷阱往往以“轻松赚大钱”“无需面试”为诱饵，通过发展下线牟取非法利益。传销组织常以亲友推荐为传播途径，工作地点偏僻且频繁更换，以“连锁销售”“资本运作”等名义掩盖传销本质。

【成长小故事】

某高校毕业生小李被同学以“创业项目”为名诱骗至外地，发现需缴纳数万元“入门费”并发展下线后，拒绝参与并被限制人身自由，最终借机报警脱身。

防范提示：

毕业生务必认清传销本质，传销属违法行为，若遇到“拉人头”“缴纳会费”等宣

① 姜琳。毕业生应聘，这十大“坑”要避！ [EB/OL].(2024-05-27)[2025-05-27].https://www.news.cn/politics/20240527/ef1425be752342d884c94e1fc9fc9fd73b6/c.html.

传,应保持高度警惕。如不慎陷入传销,应在确保人身安全前提下第一时间报警。

(三)黑中介陷阱

非法中介以“介绍工作”为名,收取报名费、服装费、体检费等名目费用,但未提供真实岗位或中途辞退求职者。部分中介甚至伪造资质,通过虚假招聘信息骗取求职者财物。他们的典型特征是没有人力资源服务许可等相关资质,以冒充或伪造相关资质骗取求职毕业生信息。往往收取高校毕业生报名费、服装费、体检费、培训费、押金、岗位稳定金、资料审核费等费用。

【成长小故事】

某高校毕业生小张向某中介缴纳500元“推荐费”后,被安排至一家企业“面试”,实际为中介与企业串通骗取求职者费用的骗局。

防范提示:

高校毕业生求职时,应当核查中介是否持有《人力资源服务许可证》,优先通过政府主办的公共就业服务平台求职。正规招聘不收取任何费用,若需缴费,应要求出具加盖公章的正规发票,并留存转账记录。

(四)“刷单诈骗”陷阱

刷单诈骗陷阱往往以“高薪兼职”“点赞返现”为幌子,诱导求职者从事虚假交易刷单,最终拒绝支付报酬。此类陷阱常利用大学生兼职需求,通过“零门槛、高回报”诱导其参与。

【成长小故事】

某高校学生小刘被“××平台点赞员”招聘吸引,按要求缴纳200元“会费”后,发现需完成高额任务才能提现,最终被骗取数千元。

防范提示:

毕业生不要轻信既轻松又赚钱的好差事,天上不会掉馅饼,对低门槛、高回报的兼职信息保持理性判断,通过企业官网或正规兼职平台核实信息。不轻易泄露银行卡、密码等敏感信息,不点击陌生链接或扫描未知二维码。

(五)“内推”陷阱

内推陷阱往往是中介或个人声称可通过“内部关系”推荐进入知名企业,收取高额费用后以各种理由推诿责任。部分机构甚至伪造录用通知,骗取求职者信任。

【成长小故事】

某高校毕业生小陈向某“内推机构”缴纳3万元“服务费”后，收到某知名企业“录用通知”，实际为机构伪造，企业人事部门证实并无相关招聘计划。

防范提示：

企业招聘应通过官方渠道公开进行，勿轻信“保offer”“内部推荐”等虚假承诺。选择正规求职平台，避免向个人或无资质中介支付费用，留存转账记录及沟通凭证。

（六）“培训贷”陷阱

培训贷陷阱往往以“培训后包就业”为名，诱导求职者贷款支付高额培训费，但最终未兑现就业承诺或提供低质岗位。部分机构甚至与借贷平台合作，使求职者背负高额债务。

【成长小故事】

某高校毕业生小王被某机构“大数据分析师培训”吸引，贷款1.8万元完成培训后，发现机构推荐的岗位与承诺严重不符，月薪不足3000元。

防范提示：

毕业生要增强辨别意识，审慎选择培训机构，通过人社部门官网查询正规培训机构名单，核查机构资质、师资力量及课程内容。不轻易签署含贷款条款的培训合同，要求机构提供就业数据及合作企业名单，保留缴费凭证及培训协议。

（七）“猫腻合同”陷阱

猫腻合同陷阱往往是用人单位通过不签劳动合同、签订“阴阳合同”或附加“霸王条款”逃避法律责任，如限制结婚、无条件加班、试用期不缴社保等。有的仅签订《就业协议书》，或以谈话、电话等口头形式约定工作相关事项；有的合同内容简单，缺少工作岗位、工作地点、工资、劳动条件、合同期限等具体内容；有的以少缴税款为由，同时准备两份不同薪资的“阴阳合同”；有的包含“霸王条款”，要求几年内不得结婚、无条件服从加班、试用期离职不结算工资等。

【成长小故事】

某高校毕业生小张与某企业签订“阴阳合同”，实际执行月薪低于约定标准，且未缴纳社保，最终通过劳动仲裁追回差额工资及社保补偿。

防范提示：

毕业生应坚持签订书面合同，劳动合同应明确岗位、薪资、工作地点、试用期等必备条款，拒绝“口头协议”或“空白合同”。对“试用期不缴社保”“离职不结算工资”等条款说“不”，必要时咨询法律专业人士或向劳动监察部门求助。

（八）“假试用”陷阱

假试用陷阱一般是用人单位超期约定试用期，或以试用期为由支付低于最低工资标准的薪酬，试用期结束后以“不合格”为由解聘。部分企业甚至通过反复招聘应届毕业生，长期使用“廉价劳动力”。

【成长小故事】

某高校毕业生小李在某企业连续签订两次试用期合同，实际工作8个月未转正，最终通过法律途径确认企业违法，获赔经济补偿金。

防范提示：

《中华人民共和国劳动合同法》第十九条规定，劳动合同期限三个月以上不满一年的，试用期不得超过一个月；三年以上固定期限和无固定期限的劳动合同，试用期不得超过六个月。同一用人单位与同一劳动者只能约定一次试用期，试用期工资不得低于本单位相同岗位最低档工资或者劳动合同约定工资的80%。毕业生应主动留存工资条、考勤记录等证据，若遇侵权，可向劳动监察部门投诉或申请劳动仲裁。

（九）“扣证件”陷阱

扣证件陷阱多出现于用人单位或中介以“代办社保”“保管证件”为由扣押身份证、毕业证等原件等情形，可能用于非法活动或限制求职者离职。

【成长小故事】

某高校毕业生小刘入职时被要求交出毕业证“备案”，离职时企业以“证件丢失”为由拒绝归还，其最终通过法律途径追回证件。

防范提示：

《中华人民共和国居民身份证法》第十五条规定，任何组织或个人不得扣押居民身份证。求职者不要将证件原件交付他人，如有需要，仅向有关人员出示即可。需要提供证件复印件或者影印件的，要在合适位置注明具体用途。

（十）虚假信息陷阱

虚假信息陷阱常见于用人单位夸大公司规模、薪资福利，或模糊岗位职责（如将“销售员”美化为“市场经理”）。部分企业甚至虚构项目背景，以“储备干部”等名义招聘基层员工。

【成长小故事】

某高校毕业生小张应聘某企业“管培生”，入职后发现实际岗位为“电话销售”，且薪资低于招聘广告承诺的30%。

防范提示：

高校毕业生可通过企业官网、工商登记系统、新闻报道等核实用人单位真实性，警惕成立时间短、频繁变更注册地的企业。面试时详细询问工作内容、考核标准、晋升机制，要求企业提供书面岗位说明书，避免入职后发现与预期不符。

本章凝萃

求职竞争力修炼如同构筑职业堡垒。我们通过简历“细致编织法”、面试“多维应答术”等实战练习，完成从“我能做什么”到“我如何证明”的能力跃迁。这个过程就像锻造神兵利器，要层层淬炼，形成“素材提炼”“价值凝练”“场景应用”的求职闭环。

简历是你的职业微缩景观。要用 STAR 法则熔铸经历成闪光点，以量化成果替代空洞描述，让每份作品集都成为岗位契合度的关键展示。面试战场则需启动双核驱动，用问题预判冷静应对考题，以素养训练校准言行细节，在就业权益加持下避开签约陷阱。

求职赋能绝非临时冲刺，而要建立“优化—迭代”的动态系统。定期更新能力雷达图，用法律盾牌抵御就业风险，让每场实战都转化为求职的精准卡位。我们应领悟到，职场竞争力不仅是入职通行证，更是终身成长的永动机，最终共同实现实力筑基，机遇破局，价值共生！

第七章

职场进阶：实现职业新突破

每一项事业，不论大小，都是靠脚踏实地、一点一滴干出来的。“道虽迩，不行不至；事虽小，不为不成。”这是永恒的道理。做人做事，最怕的就是只说不做，眼高手低。不论学习还是工作，都要面向实际、深入实践，实践出真知；都要严谨务实，一分耕耘一分收获，苦干实干。广大青年要努力成为有理想、有学问、有才干的实干家，在新时代干出一番事业。

——节选自2018年5月2日习近平总书记在北京大学师生座谈会上的讲话

漫画说生涯

学习暖心话

从学生到职业人,我们将迎来人生中一次重要的角色转换。从校园到社会,我们即将正式踏入职场,开启一段充满挑战与机遇的全新旅程。此刻的你们,内心既怀揣着对未来的憧憬,也夹杂着一丝紧张与迷茫,初入职场的不适应、对新环境的陌生感,这些都是职业生涯初期不可避免的经历。为此,我们需要尽快完成角色转换,积极融入职场环境;学会调整心态,适应职场的节奏与规则;不断提升职业素养,为未来的职业发展奠定坚实基础,书写出属于自己的精彩职场故事。

进阶小目标

1. 角色重塑:明晰校园职场异同,掌握角色转换技巧
2. 心态锻造:塑造职场阳光心态,构建积极应对模式
3. 素养进阶:解码职场核心能力,夯实职业竞争根基
4. 适应突围:掌握职场适应策略,规划职业进阶图谱

【成长小故事】

小职从某高职院校毕业后入职成为一家广告公司的平面设计师。在学校时,因专业能力强其设计作品屡获奖,他对自己的能力充满信心。然而,进入职场后,他发现项目节奏快、要求高,客户和领导的反馈常与预期不同,这让他压力倍增,开始怀疑自己。因为害怕犯错,小职总是反复修改设计稿,力求完美。一次紧急项目中,客户要求一周内完成初稿,小职因过度追求细节,直到截止前一天才交出一份未完成的设计稿。团队来不及优化,最终方案质量不达标,客户非常不满。这次失误影响了团队进度,也让小职陷入自责,甚至萌生了辞职的念头。

项目结束后,领导与小职深入交谈,分享了自己初入职场的经历,并告诉他:"每个人都会犯错,重要的是从错误中学习。在职场中,完成比完美更重要,尤其是在时间紧迫时。"在领导的鼓励下,小职调整了心态,意识到害怕犯错只会限制成长。他开始设定时间节点、主动寻求反馈,并学会接受不完美。几个月后,他在另一个项目中高效完成了任务,得到了客户和团队的认可,逐渐找回了自信,逐渐成长为团队中不可或缺的设计师。

第一节 角色蜕变：完成职场新人转型

进阶小目标

1. 理解生涯发展规律，把握角色转型节奏
2. 掌握心态塑造技法，培养积极职场心态

【成长小故事】

凭借亮眼的简历和创业大赛金奖光环，小职顺利入职一家企业的管培生岗位。入职初期，他被安排到综合事务岗以熟悉公司流程，工作多为整理报表、核对数据、归档文件等基础性事务。然而，小职内心觉得这些“杂活”与自己的职业规划不匹配，无法充分施展个人抱负，于是对工作敷衍了事。他在撰写会议纪要时因疏忽遗漏了关键时间节点，导致后续工作安排延误。面对基础岗位职责，他时常流露出对基层工作的轻视与不满情绪，频繁抱怨。由于在试用期内未能及时调整心态，缺乏责任感，小职最终未能通过试用期，遭到企业淘汰。

从校园踏入职场，是人生旅程中极为关键且充满挑战的一步。此时，大学生的学习、工作和生活环境都将发生改变，正式迈入社会，成为其中的一员。这不仅意味着要承担更多的社会责任，也意味着要承载更多来自社会的期待。成为“职场人”后，新角色会带来诸多变化：工作任务的挑战、人际关系的复杂、生活节奏的调整……诸如此类的问题，都在考验着每一位初入职场的新人。

面对这些改变，感到困惑和苦恼很正常。大家可能会在工作内容理解、职场人际交往、生活与工作平衡等方面遇到具体难题。这些难题，其实都是职业成长的必经之路。不用担心，我们将一起探索适应职场角色转换的有效策略，助力大家快速完成从“学生”到“职场人”的身份蜕变，开启一段精彩纷呈的职场生涯。

一、角色认知与转换

（一）初入职场的角色认知

学生角色和职场人角色均为特定的社会角色。

社会角色是指个体在社会关系体系中,基于特定社会地位或身份而被期待的行为模式、权利义务及相应的社会规范的总和。它既包括该身份所赋予的合法权限,也涵盖个体在具体情境中的角色实践。

学生角色是个体在教育体系中承担的社会角色,其核心任务是通过系统化学习,掌握知识与技能,完善自身素质,为未来进入社会做好准备。学生角色以学校为主要活动场所,通过课程学习、学术研究、校园活动等方式全面展开,具有明显的阶段性和成长性特点。

职场人角色是个体在特定工作组织与职业活动中所承担的社会角色。它基于组织分工和岗位要求而形成,具有明确的权利、义务与行为规范。职场人需履行岗位职责、创造工作价值,同时遵循职场规则、适应组织文化,并在工作中持续调整自我、提升能力,以实现组织发展与个人职业成长的双重目标。

1. 校园与职场的区别

在个人成长历程中,人们会扮演不同的角色。对于即将毕业的大学生而言,从学生到职场人,不仅仅是生活场景的切换,更是人生角色的重大转变。

从校园到职场,首先带来的是工作(学习)与生活环境的显著变化。在校园里,同学们处于一个熟悉而稳定的环境中,日常以学习专业知识为核心,通过课程学习、学术研究、校园活动等多种途径积累知识,同时还参与各类校园活动以提升综合能力。校园生活节奏规律,作息与学习规划清晰明确,为个人提供了相对宽松和自由的发展空间。

相比之下,职场是一个全新的领域,有着自己独特的规则和要求。进入职场后,需要遵守公司的各项规章制度,包括考勤、绩效管理等多方面的规定。工作中必须迅速适应业务流程,承担起相应的职责,以满足各方的期望。而且,职场中的人际关系更为复杂,对个人的沟通、协作和应变能力提出了更高的要求。

校园环境与职场环境的差异,在一定程度上对学生和职场人这两个角色提出了不同的要求(表 7-1)。

表 7-1 校园环境与职场环境核心差异

对比维度	校园环境	职场环境
核心目标	知识输入:以个人成长为导向的知识积累、技能学习,强调“我要学”	价值输出:以商业利益为导向的为企业创造效益,实现业务增长,完成具体的工作指标,注重“要我干出成果”
时间管理	弹性作息:课表松散,自由时间多,可自主安排学习节奏且允许“试错性迟到”	刚性制度:考勤打卡,固定工时,不固定的下班时间,实际工作时间往往超出预期,要求“精准守时”

续表

对比维度	校园环境	职场环境
问题答案	标准答案:考试有唯一正确答案,学习围绕教材展开	情景化解题:客户需求、市场变化决定解决方案,需结合经验与创造力
评价维度	知识掌握:以学业成绩为主,也包含社会实践、第二课堂、竞赛获奖等	工作成果:注重业绩与综合表现,主体多元,包括上级、同事、客户等,更关注工作成果与价值创造
任务属性	任务明确:课程大纲清晰规划每学期任务	动态任务:项目制、跨部门协作、突发任务,需自主梳理优先级
人际关系	单纯稳定:主要是师生关系,同学情谊,矛盾较少,社交氛围轻松,强调"共情共鸣"	复杂多元:涉及同事、上级、下级、客户等多层面,需遵循职场礼仪,处理不当会影响工作

2. 学生与职场人角色差异

了解校园环境与职场环境的不同,也就能够理解这两个角色群体在思维模式、问题解决及责任承担等维度呈现显著区别(表 7-2)。对于刚踏入职场的毕业生而言,需强化角色意识,主动明确岗位职责与行为准则,通过积极学习、虚心求教,加速建立对职场角色的认知,从而顺利完成从学生到职场人的身份转变。

表 7-2　学生角色与职场人角色差异对比

对比维度	学生角色	职场人角色
社会权利	接受教育	依法行使职权,开展工作,获得报酬
社会责任	知识学习与个人成长	履行职责与创造价值
社会规范	学生规范,校规校纪	职业规范,不同职业有不同的行为规范
生活环境	生活方式简单,单纯的校园文化	快速的生活节奏,紧张的工作;自由支配时间少;须适应不同环境和组织文化
人际关系	简单,单纯	复杂,明确等级关系,服从管理
行为模式	多处于被动接受状态	主动担责,自主规划解决问题
行事规则	处世交往和待人接物比较简单	高效做事,以结果为导向,绩效为王
思维角度	只关注是什么	主要关注做什么、怎么做
思维方法	被动思考和回答	主动思考问题
解决问题	依赖家长和学校,协助解决问题	团队沟通,协作解决问题
能力要求	学科专业能力,主要是理论认知和专业实践	复合型能力矩阵,包含专业硬技能、职场软实力、持续学习力

(二)学生到职场人的角色转换

角色转换指个体从原有社会角色向新社会角色转变的过程,其核心任务是适应新角色的行为规范与价值要求。对于大学生而言,从学生到职场人的角色转换,通常可分为两个关键阶段：毕业前夕和实习就业期。

1. 毕业前夕的角色转换

毕业前夕是毕业生迈向职场的关键转折点，也是择业黄金时段。在这期间，毕业生通过与用人单位的双向选择，能够深入地了解行业生态，科学锚定职业方向，并最终通过签订就业协议完成职业角色的初步确认。这一过程是毕业生全面感知社会认可度、校正职业发展预期的重要环节，如同为职业生涯"锚定坐标"，直接影响后续角色转换的顺利程度。建议毕业生从以下三个维度做好准备。

1）强化岗位适配技能

大学课程侧重基础能力培养，而岗位实操往往需要更精准的专项技能。从签订就业协议到毕业离校这段时间，毕业生应结合目标岗位的具体需求，重点学习企业实际需要的专业技术，提升对职业岗位的认同感，同时激发职业内生动力。

2）培养职场沟通能力

在知识技能同质化背景下，沟通表达和压力管理等软技能已成为个人的核心竞争力。毕业生应利用课堂展示、实习答辩、企业开放日等实践机会，重点锻炼结构化表达能力。在自我介绍时，应能够清晰、准确地说明自己所掌握的技能以及能够解决的问题；在日常沟通中，应保持真诚和礼貌，通过积极回应和适度提问展现职业素养。

3）构建心理韧性体系

初入职场时，毕业生可能会面临基础性岗位安排、超出预期的工作强度等各种现实落差和挑战。因此，毕业生应提前建立"成长型思维"，将基础工作视为经验积累契机，树立"小事做好方担大任"的观念。遇到困难时，应保持积极主动的态度，主动寻求帮助，将困难视为提升能力的阶梯，避免抱怨和退缩。

毕业前夕角色转换准备，能够帮助大学毕业生构建从校园到职场的"缓冲带"，为职场人角色转换打下坚实的基础，从而更好地适应未来的职业生涯发展。

2. 实习就业期内的角色转换

实习就业期是职业角色塑造的关键期，通常持续入职后 3~6 个月，也是毕业生迈向职场人角色的核心适应阶段。与校园环境大相径庭，职场往往伴随着快节奏的工作、沉重的任务压力以及复杂多变的工作环境等挑战。面对这些挑战，毕业生需要从以下三方面主动调整，加速角色转换。

1）活学活用所学知识，助力团队协作

大学积累的理论知识只有通过实践才能转化为实际生产力。在工作中，毕业生应主动将专业知识与实际需求紧密结合。当同事遇到难题时，要以谦虚的态度从理论层面提出建议，并通过团队协作推动问题的解决。同时，利用业余时间积极参与行业交流活动，以专业视角解读热点话题，逐步树立良好的职场形象。

2）从基础工作做起，培养职业责任感

初入职场，毕业生通常会从资料整理、数据录入等一些辅助性工作做起，这是熟悉业务全貌、积累实战经验的必经环节。无论工作大小，都必须以高标准对待每项任务。接到工作任务时，首先要明确目标要求与时间节点；执行任务过程中，注重细节核查；完成任务后，及时向领导汇报工作结果，展现出职业责任感。

3）培养严谨务实的工作作风

在工作中，出现失误在所难免，关键在于正确应对。要学会掌握“止损、复盘、优化”的应对方法。一旦发生操作失误，应立即暂停相关流程，主动向领导和团队说明情况并勇于承担责任。同时，系统分析错误根源，记录解决方案与预防措施，总结经验教训。通过“实践、反思、迭代”的循环，逐步提升工作能力与职业成熟度。

实习就业期的角色转换，本质上是通过持续调适实现“学生思维”向“职业思维”的升级。毕业生需以空杯心态接纳新规则，以工匠精神打磨细节，最终完成从学生到职场人的角色转换。

（三）角色转换的常见问题

从学生到职场人的角色转换过程中，常面临认知、能力与心理层面的多重挑战，具体问题表现如下。

1. 思维模式固化，职场逻辑适配不足

初入职场的毕业生受思维模式固化影响，被动依赖惯性思维严重，习惯等待上级指示，缺乏主动思考和探索意识。据调研，约58%的职场新人在面对工作任务时，第一反应是等待上级给出详细指示，导致工作效率低下。同时，缺乏结果导向意识，过度关注任务执行过程，忽视最终产出质量和价值，易因未达绩效标准而产生挫败感。

2. 角色定位模糊，职责边界认知不清

刚入职的毕业生常对岗位职责理解有偏差，未能深入了解工作内容和要求，导致工作方向出现偏差。同时，规则制度执行不到位，因对规则重视不足或理解不深出现违规行为，损害公司利益，影响个人职业形象。

3. 能力结构失衡，岗位胜任力不足

进入工作岗位的毕业生可能面临专业技能与实践脱节的问题，虽掌握专业理论，但在实际工作中难以转化为有效技能。此外，软技能短板突出，沟通、协作、问题解决等方面存在不足，严重制约职场发展。

4. 职业预期错位，现实落差较大

初入职场的毕业生常抱有理想化的职场认知，认为工作应充满创意和挑战，能迅速获得高回报和晋升机会。然而，实际工作中需从基础、琐碎事务做起，与理想状态形成巨大落差。同时，部分毕业生在职业发展目标设定上缺乏理性思考，制定的目标过高或不明确，导致工作中缺乏方向感和动力。

5. 心理调适困难，压力应对薄弱

职场压力来源广泛，刚入职的大学生因缺乏职场经验，面对压力时易产生焦虑、抑郁等负面情绪，甚至因无法承受压力而选择离职。同时，心理韧性欠缺，遭遇挫折时难以快速调整心态，容易陷入自我怀疑和否定。

6. 人际关系适应不良，团队融入困难

职场人际关系复杂，初入职场的毕业生常因不熟悉职场社交规则而陷入困境，使他们显得格格不入，影响工作协作和个人发展。同时，与不同年龄层同事存在价值观和工作习惯的差异，加上跨部门协同的沟通障碍，也会影响工作进度和质量，毕业生融入团队困难。

告别象牙塔，踏入写字楼，你是否感到迷茫与不适？“学生思维”到“职业素养”的鸿沟如何跨越？本视频深入解析校园与职场在目标导向、责任承担、沟通方式、思维模式上的核心差异，并提供切实可行的转化策略。助你快速摆脱“职场新人”的生涩感，塑造专业形象，自信从容地开启职业新征程！

扫一扫，观看视频

（四）角色转换的途径和方法

从学生到职场人的转变，是毕业生对职场角色逐步深入的演绎过程，涵盖“角色期盼、角色认知、角色实践、角色修正”四个阶段。为实现这一转变，毕业生需在思维模式、心态、行为与责任等方面做出全方位调整，可从以下方面努力。

1. 告别学生思维模式，拥抱职场思维

进入职场后，从“汲取输入型”的学习者转变为“实践输出型”的工作者，是毕业生面临的关键转变。在校园里，学习的主要目的是积累知识，为自己创造价值；而在职场中，个人价值的实现则取决于为所在企业创造的价值。毕业生需要积极调整思维模式，主动与同事进行交流，深入了解工作内容和需求，善于发挥自身优势，同时尊重他人的专业领域。树立目标导向和结果导向的思维方式，将个人职业目标与团队、企业的整体目标有机结合，注重实际工作成果和效益。此外，始终保持积极的学习态度,持续学习和实践以提升专业技能和综合素养,这样才能为企业创造更大价值,实现个人价值的同步提升。

2. 精准角色定位,加速职场融入

入职初期,大学毕业生应当采取主动与上级沟通交流的策略,全面了解岗位职责以及相应的考核标准,以此消除可能存在的信息差。同时,深入熟悉企业的各项规章制度,以此来规范自身的行为举止。此外,从企业整体发展的宏观角度出发,重新审视自己所处岗位的重要性和独特作用,从而增强责任感和使命感。在实际工作中,充分发挥个人的专业优势,同时注重与同事之间的团队协作,共同推动团队目标的实现。

3. 主动学习,弥补能力短板

大学毕业生踏入职场,常常会遇到技能不足的问题,所学知识与实践应用之间存在一定的差距。面对这一挑战,首先要摒弃畏难情绪,因为畏难情绪会限制潜能的发挥,降低学习的效率,积极主动地寻找学习资源至关重要。可以利用业余时间阅读专业书籍或学习网络课程,同时在工作中积极向经验丰富的老职场人请教,从而获得针对性极强的指导。通过不断积累知识,努力补齐技能短板,进而更好地适应岗位的需求。

4. 合理管理期望值,应对职场现实

大学毕业生进入职场后,实际工作情况可能与个人预期存在较大差距,这通常是由于对职场持有理想化想象所导致的。毕业生应提前深入了解职场的真实状况,建立起对职场的合理认知。入职后,基于对自身能力的客观评估以及岗位需求的准确把握,制定切实可行的阶段性目标,稳步实现职业发展。不要期望在短时间内就能获得高职位和丰厚的回报,而是应当专注于提升自己的专业能力和综合素质。当现实与期望不符时,及时调整心态,适时重新规划职业路径,避免因心理落差过大而产生消极情绪,进而影响工作积极性和职业发展。

5. 加强心理调适,应对外界变化

大学毕业生成为职场新人后,会经历从学生群体进入职业群体,从被教育者变为教育者和管理者的转变,同时也要从依赖他人转变为独立生活和生产的个体,工作和生活方式发生了巨大变化。毕业生要尽快适应这些改变,从校园无忧无虑的生活中走出来,秉持求实态度,合理安排时间和消费,积极高效地投入工作。要加强心理调适,做到既来之则安之,对工作充满热情和信心,建立良好的职业心理、劳动心理和道德观念,以更好地适应自己的新角色,尽快完成角色和心理的转变。

6. 积极融入职场团队

对于刚入职的大学毕业生而言,融入团队需要采取主动积极的态度。要主动与同事沟通交流,了解他们的工作内容和性格特点,逐步增进相互之间的关系。积极参与团队组织的各类活动,在活动中展示自己的团队精神,加深与同事之间的情感联系。在工作中,明确展现自己的合作意愿,主动承担相应的任务,充分发挥个人优势,同时尊重他人的专业意见。保持开放包容的心态,积极适应团队的文化和工作氛围。当同事遇到困难时,主动伸出援手提供帮助,从而增强团队的凝聚力。通过这些方式,职场新人能够迅速融入团队,建立良好合作关系,为职业发展助力。

初入职场,面对层出不穷的问题手足无措?别慌!转型的核心能力就是“有效解决问题”。本视频手把手教你一套职场新人的“通关地图”:从精准界定问题、拆解分析根源,到高效寻求资源、制定可行方案并闭环执行。掌握这套结构化思维与行动工具箱,你将迅速摆脱被动,独立担当,在解决问题中加速成长,赢得信任,真正站稳脚跟!

扫一扫,观看视频

二、塑造职场阳光心态

【成长小故事】

我国有个非常经典的故事,讲的是在古时候有甲、乙两个秀才去赶考,路上遇到了一口棺材。

甲秀才说:“真倒霉,碰上了棺材,这次考试死定了。”

乙秀才说:“棺材,升官发财,看来我的运气来了,这次一定能考上。”

当他们答题的时候,两人的努力程度就不一样,结果乙考上了。回家以后他们都跟自己的夫人说,那口棺材可真灵啊。

(一)认知阳光心态

初入职场的新人会好奇:何为阳光心态?从心理学视角看,这是一种自带“心理免疫功能”的积极心智模式,如同为心灵安装了“防病毒软件”,既能过滤负面情绪干扰,又能持续生成正向能量,助力职业发展。

阳光心态是一种积极向上、乐观开朗且健康的心理状态,代表着一个人对生活、工作以及自身发展的自信与期待。拥有阳光心态的人,面对困难和挑战时能保持乐观,相信自己有能力解决问题并实现目标。

心理学家马斯洛的需求层次理论广为人知，它将人类需求由低到高划分为生理需求、安全需求、社交需求、尊重需求以及自我实现需求。在工作中，乐观积极的心态有助于我们收获同事的认可与尊重，满足尊重需求，同时激发我们主动探索职业发展机遇，实现自我价值，满足更高层次的自我实现需求。

积极心理学创始人马丁·塞利格曼指出，积极心态涵盖乐观、韧性和感恩三大核心要素。乐观让我们在面对工作挑战时保持积极预期，相信自身具备解决问题的能力；韧性帮助我们在遭遇职场挫折时迅速调整状态，恢复工作效能；感恩则使我们珍视工作中的每一次机会与资源，通过真诚的情感表达，与同事建立良好的关系。这三大要素协同作用，共同塑造出有利于职业发展的职场心态。

（二）阳光心态对大学生的影响

心态分为积极心态和消极心态两种。积极心态如同职场的“加速器”，能让大学生在工作中展现更高的积极性和主动性。他们善于敏锐捕捉工作中的潜在机会，面对挑战时能主动出击，积极寻找解决方案，从而带来更好的工作成果。

相反，消极心态则是职场的“绊脚石”。长期陷入消极心态的大学生，容易被抱怨和逃避情绪所裹挟，陷入恶性循环。他们在面对工作任务时动力不足，遇到困难时容易退缩不前，不仅影响个人职业发展，还可能对团队氛围产生负面影响。

职场中的心态差异直接影响着大学生的职业发展，对比如下表 7-3 所示：

表 7-3　职场中的心态差异对比表

能力维度	积极心态	消极心态
目标导向	聚焦成长与价值创造	停留在任务完成层面
学习模式	主动探索	被动等待
问题解决	主动寻找资源，尝试新方法	等待他人指导，重复无效行为
压力应对	视挑战为技能提升机会	将困难视为威胁
团队协作	主动补位，分享经验	抱怨同事，推卸责任
职业生命力	持续积累正向职业资产	消耗个人信誉与机会

积极心态对于初入职场的毕业生来说尤为重要，因为它能够帮助大家更好地适应工作环境，提高工作效率，同时也有助于建立良好的人际关系。大学毕业生应该努力培养自己的阳光心态，以更好地应对职场中的各种挑战和机遇。

求职路上，焦虑、自我否定如影随形？很可能你正陷入“必须完美”“一次定终身”“全盘否定”等非理性信念的陷阱！本视频将教你掌握科学的三步调适法：觉察、质疑、重塑。挣脱思想枷锁，建立理性、坚韧的求职心态，让你在挑战中保持从容自信，真正释放内在力量，走向心仪 offer！

扫一扫，观看视频

面对挑战、挫折、压力、怀疑或比较时，这些精心设计的话语能快速重构你的思维，将负面能量转化为内在动力和信心，助你保持积极心态，从容应对职场起伏。

扫一扫，了解详情

（三）常见的职场心态误区

职场就像一座充满机遇与挑战的“迷宫”，初入职场的大学生怀揣着对未来的憧憬，但常因不良心态而迷失方向。下面剖析几类常见的职场心态误区。

1. 抱怨式心态——遇事归责别人，问题越堆越多

初入职场，面对工作失误或任务失败，部分新人习惯性地开启“抱怨模式”，将责任推给他人或外部环境。有些新人在团队项目中，因自己数据统计错误导致成果不理想，却抱怨队友没有帮忙检查；当工作进度延迟时，便认为是领导安排不合理或同事配合不积极。如此抱怨，非但解决不了问题，反而会使个人在团队中逐渐被孤立，错失与同事合作学习和成长的机会。

2. 逃避式心态——面对挑战，未试轻言放弃

遇到棘手任务或职场挑战，有些毕业生本能地选择退缩，轻易给自己贴上“我不行”的标签。在刚接触需要频繁与客户沟通的销售工作时，仅因害怕遭拒，就武断认定“我性格内向，做不了销售”，压根儿不尝试提升沟通与抗压能力。这般逃避，只会让你困在舒适区，错失挖掘潜能、实现成长的良机。

3. 攀比式心态——盯着他人成就，忽视自身进步

在职场中，部分毕业生在看到同事升职加薪或获得领导表扬时，往往会瞬间被攀比心理所困扰，过度关注他人的成就与荣誉，从而打乱自己的发展节奏。目睹同期入职的同事晋升，一些人便会陷入自我怀疑，甚至在背后诋毁他人或传播负面言论。这种攀比心态不仅破坏了团队的和谐氛围，还会让个人陷入内耗，满心焦虑与不满，无暇专注于精进专业技能，最终拖慢职业发展的步伐。

4. 消极怠工心态——敷衍了事，错失成长机会

在职场中，部分毕业生可能会表现出“做完就行”的敷衍心态，对待任务敷衍了事，拖延时间。在接到任务后，不认真执行，只是胡乱应付了事，这种消极怠工的心态，不仅会阻碍个人的自我提升，还可能导致失去领导的信任，进而影响未来的职业发展。

5. 焦虑恐慌心态——恐惧先行，未战先败

职场竞争激烈，任务复杂多变，很多毕业生因此陷入焦虑恐慌。尤其在感觉自身经验匮乏时，对工作畏之如虎，未开始就自我否定，认定“我肯定做不好”。有的会在接到陌生领域项目，尚未深入了解时，便焦虑失眠，忧虑自己无法胜任，致使工作时注意力涣散，效率低下。过度焦虑恐慌，损害工作表现不说，长期还侵蚀身心健康，形成恶性循环，不利于长远发展。

（四）培养职场阳光心态

对于刚踏入职场的大学毕业生而言，想要规避常见误区并塑造积极阳光的心态，培养以下六种心态将有助于快速适应职场环境，并在工作中稳步成长。

1. 乐观应变的心态——把“不可能”变成“不，可能！”

乐观应变心态是职场人应对不确定性的核心心理品质。心理学研究表明，具备乐观思维的个体在面对挑战时，更倾向于采用问题导向型应对策略。面对工作中的突发状况，乐观者不会抱怨“这根本做不到”，而是转换思维：“虽然有挑战，但换个角度或许能找到突破口”。

2. 坚韧抗挫的心态——像竹子一样“弯而不折”

职场之路难免遭遇挫折，坚韧抗挫的心态能让你在困境中快速恢复。就像竹子在狂风中弯曲却不断裂，即使遭遇工作失利、项目失败、客户投诉等打击，也能迅速调整状态。职场新人小陈在负责产品开发项目时，因技术难题导致项目延期，但他通过组建跨部门攻坚小组、向行业专家请教，不仅解决了问题，还形成了一套标准化技术解决方案，最终获得公司创新奖励。

3. 感恩利他的心态——用“给予”收获职场支持

感恩利他心态通过正向情感传递和利他行为实践，构建起稳固的职场人际关系网。懂得感恩的人会珍视同事的帮助、领导的指导，及时表达感谢；秉持利他精神的人，愿意主动分享经验、协助他人解决问题。社会交换理论指出，职场中的互惠行为能够有效提升团队凝聚力和个人职业幸福感。

4. 主动担当的心态——从“要我做”到“我要做”

主动担当心态表现为超越岗位职责的积极作为意识，拥有此特质的职场人更易脱颖而出。具备这种心态的人不满足于被动完成任务,而是主动寻找工作中的机会。在工作中,会遇到同样工作岗位,有的新人在完成本职工作的同时,能主动分析行业趋势,提出创新方案,为公司带来显著业绩增长,自身也获得晋升机会,相反,仅持有“要我做”心态的新人,往往只会被动完成既定任务,而不主动寻找额外的工作机会或改进方案,这限制了他们的职业发展,也较难获得晋升机会。

5. 开放包容的心态——接纳差异,拓宽成长边界

开放包容心态要求职场人以开放的姿态接纳不同观点,促进思维的多元化发展。职场中人与人的思维、工作方式各不相同,开放包容的心态能助你打破认知局限。面对与自己不同的观点,不急于否定,而是思考“对方的建议有哪些可取之处”。在工作中,积极倾听不同同事的意见,从中汲取新的思路和灵感,为自己的工作提供更多可能性。这种心态不仅有助于个人成长,还能提升团队的整体协作效率。

6. 持续成长的心态——让自己成为职场“多面手”

在知识经济时代,持续学习能力是个体适应快速变化职场环境的关键。职场发展如同攀登阶梯,需不断升级技能。拥有持续成长心态的人,将学习视为终身事业,不满足于已有的知识和经验。同样是从事新媒体运营的毕业生,小张在掌握基础技能后,主动拓展数据分析、视频剪辑等新能力,成功转型为团队中的“多面手”,不断提升个人职场竞争力。

初入职场,面对挑战与情绪波动在所难免。掌握快速调整心态的小技巧,能助你有效化解压力、重拾专注与信心。15 个简单易行的行动指南,从信息筛选到自我关怀,从行为改变到人际互动,助你主动构建积极心理环境,有效缓解压力,提升日常幸福感与心理韧性。

扫一扫,了解详情

成长思辨台

1. 结合进入大学后的感受,谈谈对角色本质的认识,你是如何完成转换的?
2. 你认为还有哪些职场心态也很重要的?

技能小挑战

挑战 1：我的担当

目标：

1. 理解不同角色在职场中的重要性，及角色间可能存在的冲突。

2. 反思个人价值观对选择角色和处理角色冲突的影响。

3. 探讨解决角色冲突的方法，提升角色适应能力。

时间：30 分钟。

准备：

1. 角色卡片（如学生、教师、销售员等，根据活动讨论内容准备）。

2. 讨论问题清单建议。

（1）在现阶段，哪些角色对你比较重要？

（2）五年后，你的角色比重会有何转变？

（3）十年后，你的角色比重又会有何转变？

（4）这些角色比重的转变是否可以避免？为什么？

（5）你现在感觉到不同角色之间有冲突吗？试举例说明。

（6）你会如何解决这些角色冲突？为什么你会这样解决这些冲突呢？

流程：

Step 1 角色分配（5 分钟）。

①每组 5~6 人，组内成员每人抽取一张角色卡片；

②教师引导学生思考自己在不同人生阶段可能承担的角色。

Step 2 小组讨论（10~15 分钟）。

①各小组围绕活动讨论中的问题进行深入讨论；

②讨论过程中，小组成员可以分享个人经验，互相交流想法。

Step 3 总结分享（10~15 分钟）。

①每组推选 1~2 名代表进行总结分享，阐述小组讨论的主要观点和共识；

②其他小组成员可以对不同观点进行补充和提问，促进更全面地思考。

挑战 2：心态调整工作坊

目标：

1. 引导学生坦诚分享压力/失败经历，建立共情与支持氛围。

2. 归纳适用于职场新人的心态调整策略。

时间：25 分钟。

准备：课件、便笺纸、笔。

流程：

Step 1 **头脑风暴（5 分钟）。**

① 5~6 人一组；

②每位学生匿名写下自己面对压力或失败的经历；

③教师收取便笺纸并打乱顺序，随机分发给各小组。

Step 2 **分析与讨论（5~15 分钟）。**

①分析案例中当事人的情绪状态与潜在需求；

②提出 3 条具体调整心态的方法。

Step 3 **总结与分享（15~20 分钟）。**

①每组派 1 人用 1 分钟简述典型案例与最佳策略。

②体验活动：感受对方传递的感受（两人小组）。

挑战 3:任务三步拆解法

假如你今天遇到困难时,你的第一反应是什么?

1. 这事为什么针对我?

——暗示外部归因,引发抱怨

2. 这任务根本不可能完成!

——自我设限,放弃尝试

不管是什么,我们试着运用任务三步拆解法,用积极的心态来解决问题。

步骤 1:聚焦可控部分。问自己:当前任务中我能立刻做哪 3 件小事?

①整理已有数据:

②搜索同类案例模板:

③列出大纲框架:

步骤 2:设置“微目标”。

步骤 3:立即行动。

第二节 素养升级:锻造职业硬实力

进阶小目标

1. 解析职业素养内核,构建核心要素框架
2. 践行职业素养路径,强化知行合一能力

成长思辨台

有一位学生,在单位上担任总经理助理,由于经验不足,能力欠缺,在工作中出现了失误,受到上级领导的严厉批评,她很不开心,打电话给我。

我问她:你怎么不开心?

她说:经理骂我了。

我又问:你是不是工作没做好?

她说:即便工作没做好,老太婆也不应该对我这样态度恶劣,我长这么大,我爸我妈都没对我大声喊过!

我又问:那你希望怎么样?

她答:我希望我下次再犯错时,她的态度能好点儿!

思考:设想一下,她下次再犯错,会有何种情况发生?她的结果又会是怎么样?

讨论:现代职业人应该具有什么样的职业素养?

一、职业素养的定义

职业素养是职场中个体通过态度、行为及价值观展现的综合修养,体现为符合职业角色的道德品质与行为规范。它包含职业道德、责任感、沟通协作能力、职业形象管理以及抗压能力等维度,是区别于专业技能的核心软实力。

通过职业道德、责任感、沟通协作等核心维度的自评，快速定位你的职业素养优势与待提升项。量化结果提供明确行动方向，助你针对性强化软实力，塑造可靠专业形象。

扫一扫，了解详情

二、职业素养的内容

（一）职业道德

职业道德是职业活动中应当遵循的价值准则与行为规范，是职业责任、职业良知与社会伦理的有机统一。它既是维系行业健康发展的根基，也是从业者实现职业价值的内在标尺，通过约束与引导个体行为，构建职业共同体与社会间的信任纽带。

【成长小故事】

2015 年，大众汽车被曝光在柴油车中安装“作弊软件”，伪造尾气排放数据通过检测，实际排放超标 40 倍，涉及全球超 1100 万辆汽车。这一系统性造假由工程师设计、管理层默许，甚至压制内部举报，导致企业被罚超 300 亿美元，CEO 辞职，品牌声誉崩塌，并加速全球汽车行业监管升级。

（二）责任意识

责任意识是职场中对任务结果主动负责的自觉态度，表现为不推诿、不敷衍的执行力。其核心在于以目标为导向，确保工作有效完成而非机械执行。它要求事前明确目标与节点，事中积极应对挑战并及时沟通，事后主动反思改进。责任意识是职业信任的基石，能降低协作成本，推动个人与团队共同发展。

职场中，专业技能是基础，责任意识则是赢得信任与机会的基石！它远不止于完成任务，更体现在对结果负责、主动担当、信守承诺，以及为团队整体目标贡献力量。提升你的责任担当力，塑造可靠职业形象，成为团队中不可或缺的担当者，为长远发展铺就坚实道路！

扫一扫，观看视频

（三）沟通协作

沟通协作是职场中通过有效交流与资源协调达成共同目标的主动行为，表现为清晰传递信息、整合团队力量。其核心在于打破信息壁垒，推动多方共识而非单方主导。它要求主动倾听他人需求，换位思考化解分歧，并灵活调整策略以平衡各方利益。沟通协作能显著提升执行效率,减少重复劳动与误解成本,是团队凝聚力的关键支柱。

(四)职业形象

职业形象是职场中通过外在呈现与言行举止传递专业性的综合表现,表现为着装得体、礼仪规范与语言严谨。其核心在于塑造可信赖的职业身份,而不仅仅是外表修饰。它要求根据场合调整形象细节,保持言行与岗位角色一致,并尊重组织文化与行业惯例。职业形象能强化个人权威感,建立客户及同事的第一印象信任,是获取机会的关键媒介。

(五)抗压韧性

抗压韧性是职场中应对压力与挫折时保持稳定并持续成长的适应能力,表现为在高强度挑战下维持效率与心态平衡。其核心在于将压力转化为动力,而非被其击垮。拥有抗压韧性的人,能够在面对压力时快速恢复状态、灵活调整策略,并通过有效管理情绪避免消极扩散。这种能力是长期职业健康的关键保障,既能保障工作质量,也能加速个人心智成熟。

三、职业素养提升的路径

(一)人际沟通与协作

1. 职场沟通的三步法

有效表达。通过精准传递信息、减少歧义,使对方快速理解并认同目标的沟通方式,其本质是用最小成本达成共识。

善于倾听。通过主动理解、反馈与共情,捕捉对方语言中的显性需求与隐性意图,从而建立信任、减少误解的沟通能力,本质是“从听到听懂,从听懂到行动”的闭环。

积极反馈。通过建设性的方式给予他人评价和回应,既肯定成绩又指出改进空间,从而促进个人成长和团队进步的沟通方式。它不同于简单的表扬或批评,而是建立“观察、影响、成长”的良性循环。

2. 职场沟通的三层次

(1)对上沟通

接受工作。接收任务时要明确任务目标、完成时限、可用资源和自身权限,确保信息全面准确,避免因信息偏差导致工作失误。可通过提问获取清晰答案,保障工作顺利启动并按预期推进。

汇报工作。汇报工作时结论先行,告知工作进展或核心成果,让领导迅速把握关键信息。必要时提供详细的数据支持，助力领导全面了解情况并决策。

请示工作。请示工作时展现出思考和对问题的深入理解。提出问题前，先分析问题的各个方面，包括可能的原因、影响因素等，并制定两个以上解决方案，为领导决策提供支持。

> 得体的称呼是职场礼仪基石。依据场合正式程度、公司文化及领导偏好灵活选择，从正式职务到昵称，掌握分寸至关重要。恰当称呼体现尊重，促进顺畅沟通与和谐关系。刚步入职场的我们，在工作中如何称呼领导呢？
>
> 扫一扫，了解详情

（2）同事沟通

运用同理心。与同事沟通时，换位思考，理解对方需求、压力和工作状况，体谅难处。在可能的情况下，调整工作计划或提供支持，携手解决问题，推动工作进展。

转变不同立场。为高效合作，需从同事立场出发，寻找共同目标和利益交汇点，如共同挑战或业绩目标，强调共同点以建立合作关系，共同努力达标。

赢得同事支持。尊重同事，尊重他们的专业意见、工作方式和个性特点。避免命令式沟通，通过协商、合作和鼓励激发同事积极性和创造力。同时，注重沟通技巧，运用积极语言和非语言信号表达观点和需求，准确解读同事反馈和情绪，及时调整沟通策略，确保沟通效果和工作推进。

成长思辨台

小刘是公司销售部一名职场人，为人比较随和，不喜争执，和同事的关系处得都比较好。但是，前一段时间，不知道为什么，同一部门的小李老是处处和他过不去，有时候还故意在别人面前指桑骂槐，对跟他合作的工作任务也都有意让小刘做得多，甚至还抢了小刘的好几个老客户。

起初，小刘觉得都是同事，没什么大不了的，忍一忍就算了。但是，看到小李如此嚣张，小刘一赌气，然后就告到经理那里了。经理把小李批评了一顿，从此，小刘和小李成了绝对的冤家。

如果你是小刘，遇到这样的事情你会怎么做？

（3）对下沟通

对下沟通原则。以尊重和明确期望为前提，确保沟通的基础是相互尊重，并清晰传达对下属的期望。

布置工作要点。发布任务时，要清晰说明目标、标准和支持措施，让下属明确知道做什么、为什么这样做、怎么做。

提升下属能力。在任务完成后复盘，指出工作的亮点与不足；逐步委派挑战性任务并允许试错，避免过度干预，以培养下属自主性。

（二）高效执行力

高效执行力是职场成功的关键，其核心在于将重复性工作系统化、复杂任务可复制化，同时激发个体的专业深度。标准化是指将重复性任务的操作步骤、质量要求和输出格式固化为统一的规范，以确保结果的一致性并降低执行成本。通过标准化，组织能够有效提高效率，减少重复工作，降低错误率，提升整体运营的稳定性和可靠性。此外，标准化还能为员工提供明确的工作指导，减少对个人经验的依赖，促进知识的传承和团队协作。

【成长小故事】

1980 年，杨宇出生在四川泸州，大家都叫他饺子。这位后来成为中国内地知名动画导演、编剧和制作人的人，大学就读的是四川大学华西药学院，毕业后按部就班找工作，但他心里始终放不下动画梦。

饺子的动画之旅起步于一间狭小、嘈杂的出租屋，一台旧电脑就是他的全部。那时候，他没名气、没资金、没人脉，只有满腔的热爱和脑海里那些精彩故事。他明白，想要做好动画，就得先有整体规划，就像盖房子要先打好地基。于是，他在创作初期花了几个月时间，把故事框架搭建好，从情节到人物，再到场景衔接，都得想清楚。有了这个框架，后续的创作才不会乱了章法。

制作环节，饺子成了细节控。角色头发怎么飘，光线怎么打，都要反复琢磨、精确调整，因为他知道，这些细节就是让故事活起来的关键。那段时间，他常常熬夜，大家都在电脑前忙碌，键盘声、鼠标声就是他们追逐梦想的节奏。

创作过程压力很大，但饺子有自己的一套。平时他和团队成员打成一片，大家有说有笑，用幽默赶走紧张。可作品一出来，他立马变得严格起来，一点小问题都要改，因为只有这样才能保证作品质量。

在动画行业，很多人会被票房、市场这些目标牵着走，但饺子不一样。他的目标只有一个，就是做出自己心目中最棒的动画。这种坚守初心的态度，让他的作品有了灵魂，也让他的事业一路高歌猛进。

2025 年，《哪吒之魔童闹海》上映后，饺子执导的电影票房累计超 200 亿，跻身全球影史票房前十，还刷新了中国影史系列电影票房纪录。饺子的故事证明了，只要热爱，只要坚守，平凡人也能在梦想的舞台上创造奇迹。

（三）目标与计划能力

设定目标能帮助我们提供内在驱动力，明确方向、聚焦行动，将模糊的愿景转化为可执行的计划，避免精力分散和拖延。SMART原则是使管理者的工作由被动变为主动的一个有效的管理手段。SMART原则是一种科学的目标设定框架，通过将目标定义为具体、可衡量、可实现、相关和有时限的五个维度，帮助个人或组织将抽象愿景转化为清晰、可执行的任务，避免目标模糊或脱离实际，从而提升行动力与成果达成率，同时便于跟踪进度和动态调整策略。

（四）时间管理

1. 时间管理的概念

时间管理是指通过科学规划、优先级排序和高效执行，将有限的时间资源合理分配到工作、学习和生活中，以实现个人或团队目标的能力。

2. 时间管理的方法

“时间管理四象限法”（图7-1）是时间管理的一个重要方法。在工作中要有重点地把主要的精力和时间集中地放在处理那些重要但不紧急的工作上，这样可以做到未雨绸缪，防患于未然。

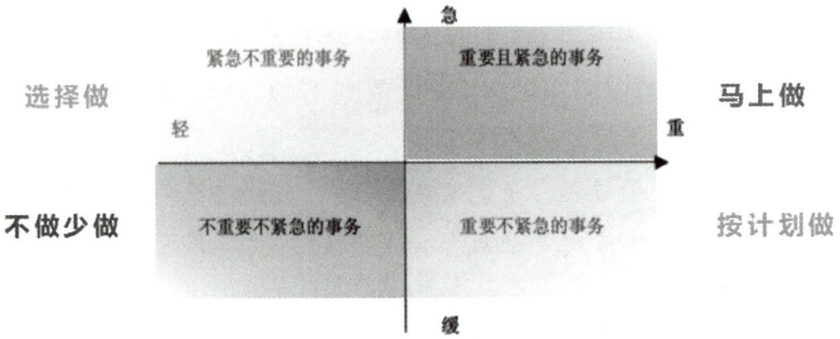

图7-1 时间“四象限”法

（1）四象限法则

第一象限是紧急且重要的事情，特点是迫在眉睫的任务，应当立即处理，这类应用场景包括客户投诉、项目的截止日期等。

第二象限是紧急但不重要的事情，特点是临时干扰，他人的请求等，应对策略是委托后者简化，这类应用场景包括无关会议、临时电话、琐碎邮件回复。

第三象限是重要但不紧急的事情，特点是长期目标，预防性的工作，应当计划性地投入，这类应用场景包括技能学习、战略规划、人际关系维护等。

第四象限是不紧急不重要，特点是消遣、无意义的活动，应对策略是减少或者消除，这类场景包括刷社交媒体、闲聊、重复性行政事务。

总被 deadline 追赶？任务多到焦头烂额？职场新人常陷入忙而无果的陷阱！高效时间管理并非天生技能，而是可习得的核心竞争力。告别手忙脚乱，用更少时间做更多要事，实现高效能、低压力，从容驾驭职场节奏！

扫一扫，观看视频

（2）番茄工作法

番茄工作法是由弗朗西斯科·西里洛提出的一种时间管理技术。它的核心是使用 25 分钟的定时器（一个“番茄时间”），之后休息 5 分钟，每完成四个番茄时间后，休息 15~30 分钟。学习过程中利用倒计时闹钟来提醒自己时间在流逝，同时也提醒自己不受外界的影响，专注在当前的学习项目上面，久而久之，就可以养成高效专注的学习习惯。

在快速变化的职场中，比掌握单一技能更重要的，是拥有持续进化的能力——学习力！掌握系统方法论，你将突破碎片化学习瓶颈，显著提升知识吸收效率与转化速度，构建个人成长的永动引擎，在职业发展中始终保持领先优势！

扫一扫，观看视频

（3）二八法则

二八法则又称帕累托法则。指出 80%的结果往往由 20%的关键因素驱动，强调聚焦高价值事务以提升效率。例如，工作中 20%的核心客户贡献 80%收入，20%的任务决定 80%的成果。一天的时间有限，我们常常感觉忙忙碌碌却成果寥寥。其实，仔细分析就会发现，80% 的重要成果可能是在我们状态最佳的 20% 的时间里完成的。

敷衍了事却期待晋升？敬业是赢得信任的终极筹码！超越“完成任务”的思维，以主人翁精神创造增量价值。用持续靠谱的表现建立个人职业品牌，让责任感成为你晋升路上最硬的底牌，在职场长跑中稳操胜券！

扫一扫，观看视频

技能小挑战

挑战1：你演我猜

目标：让参与的学生了解什么是非语言沟通，并体验非语言沟通的特点

时间：20分钟。

准备：信封，指示卡片20张。

流程：

Step 1 首先准备好两张指示卡，分别放入两个信封里。

Step 2 将学员分成两组，轮流派代表从信封中抽取一张指示卡，然后用非语言的方式（不能说话或者使用文字、符号）向同组的学员表达指示卡上的内容。

Step 3 每组有5分钟的时间限制，或者以最快完成的一组为胜。如果扮演默剧的代表或者其他组员犯规（比如偷看指示卡），每犯规一次就减少1分钟的表演时间。

Step 4 指示卡的内容可以由老师或者另一组学员预先准备，也可以参考示例中的指示卡内容。

参考示例：做饭、滑雪、篮球场、西瓜刀、赛龙舟、游泳、攀岩、织毛衣、cosplay、烤面包、飞机舱、坐飞机、捣蒜、烧烤、做瑜伽、打网球、炸鸡腿、玩滑板、拍照、爬山、游泳池、打篮球、相机、捡钱。

活动总结：获胜的一组分享用时少的经验，失败的一组分享耗时的理由。

挑战 2:时间管理四象限

目标:理解并运用时间管理的通则。

时间:20 分钟。

流程:首先,我们要整理出近期需要完成的所有事情;然后,将这些事项标注上重要程度、紧迫程度和优先级;最后根据重要、紧急程度将内容放入相应的象限中,并按优先级在相应的象限内排序。

第三节 持续成长:保持职业生命力

进阶小目标

1. 了解职场适应逻辑,掌握融入策略方法
2. 明晰职业发展脉络,驱动持续成长动力

【成长小故事】

小职是高职物流管理专业毕业生,入职一家大型物流企业。刚到公司,面对仓库复杂的货物分类和高强度的装卸调度工作,他感到力不从心,小职凭借自己所学,合理安排搬运人员和运输车辆,高效完成任务,得到领导表扬。此后,他逐渐适应了工作节奏,与同事关系也愈发融洽。

一、什么是职场适应

职业适应是由"适应"一词延伸而来,又称为工作适应,是指个体进入职场后,其个体素质与职业要求之间通过相互作用、相互协调,最终达到的一种和谐状态。职业适应是一个动态的、持续的过程,涉及个体在职业环境中不断地调整自身行为和心理状态,以契合职场环境的要求。

大学生职场适应特指大学生从学生角色向职场人角色转变的过程中,通过主动调节自身行为来适应环境的变化,使自身逐渐符合所从事职业的要求。这一过程并非一蹴而就,而是在个体与职业环境不断磨合的过程中逐步实现的。通过这种磨合,个体不仅能够提升自身的职业能力,还能增强对职业环境的认同感和归属感,从而在职场中实现自我价值与职业发展的有机统一。

二、职场适应问题及表现形式

初入职场的大学毕业生常会面临诸多"第一次",如建立同事关系、独立处理生活事务等。这些新挑战易导致"不适应"现象。这种不适应的表现形式和持续时间因人而异:有些毕业生因角色转换产生畏难焦虑;有的因环境改变感到彷徨迷茫;还

有的因缺乏人际交往经验而情绪敏感、心理脆弱，这种现象通常被称为“玻璃心”。上述情况均属大学毕业生适应职场的正常现象。

根据不适应的表现形式和成因，职场适应问题可表现为不同的形式。

（一）角色转换不适应

从学生到职场人的角色转换，不仅仅是身份的转变，更是思维方式和行为模式的全面升级。许多新人容易陷入“学生思维”，习惯被动接受知识，缺乏主动解决实际问题的能力，且过度依赖明确答案，难以应对开放性工作任务。为实现从“好学生”到“好职场人”的转变，新人需主动适应新角色定位和工作职责，学习并掌握职场规则。同时，培养团队协作意识，积极参与团队活动，主动寻求反馈，以便更好地融入职场环境。

（二）职场人际关系不适应

职场人际关系比校园交往更为复杂，新人需主动适应与领导、同事的交往模式。与领导相处时，要了解其工作风格和沟通习惯，及时准确汇报工作进展，虚心接受指导，展现工作态度和能力。与同事相处则要秉持尊重、包容、合作原则，主动参与团队活动，增进彼此了解与信任。遇分歧时，以工作目标为导向，理性沟通，共同寻求妥善解决方案。

（三）职场心理不适应

从校园步入职场，环境发生巨大变化，及时调整心态是顺利适应职场的关键。校园生活相对轻松自由，而职场节奏快、压力大，可能面临繁重工作任务和绩效考核等挑战。这些压力可能导致毕业生在职场初期产生焦虑、迷茫、难过等负面情绪。若能学会自我调适，便可尽快投入工作，适应角色需要，缩短适应周期。

（四）职业能力不适应

职业能力不适应是职场新人常见的挑战，主要表现为专业技能与实际工作需求存在差距，难以高效完成任务。这种不适应不仅影响工作效率和质量，还可能导致新人遭遇挫折，影响自信心和积极性。面对这一问题，新人应主动学习提升技能，利用培训、在线课程和书籍等资源更新知识体系。同时，注重实践锻炼，主动承担工作任务，积累经验，提高解决问题的能力，向同事、领导请教，积极参与团队项目和协作，也能帮助新人快速提升技能水平。

（五）职场文化不适应

不同企业具有独特的文化氛围与管理理念，新人在适应这些文化差异的过程中常会遇到挑战。部分企业注重高强度工作与竞争，这与校园环境差异较大，可能引发不适感和孤立感。为顺利融入职场，新人需敏锐观察并主动适应企业文化，尊重团队合作与沟通方式,积极参与企业活动和学习行业规范。在适应企业文化的过程中,新人不仅能减少焦虑感,更能通过理解和认同企业的核心价值,建立职业归属感,获得更多发展机会。

(六)工作与生活平衡失调

职场生活节奏紧凑,与校园生活截然不同,因此学会平衡工作与生活至关重要。为确保在规定工作时间内完成任务,需制订科学合理的工作计划,提高工作效率,避免过度加班影响生活质量。同时,重视个人身心健康,保证充足休息时间,合理安排饮食与锻炼。此外,维持与家人朋友的交流互动,良好的人际关系与支持系统可缓解工作压力,丰富生活。

初入职场,遭遇批评、项目受阻或人际摩擦?别灰心!挫折是新人蜕变的必经熔炉,更是能力跃升的隐形台阶。拥抱这段淬炼之旅,锻造强大的心理韧性与问题解决智慧,你会发现自己远比想象中强大,在逆风中加速成长为更成熟的职场人!

扫一扫,观看视频

三、职场适应的方法与途径

在职场的初期阶段,刚毕业的学生常常会遇到对工作的不满和困惑,这种情绪在工作内容与所学专业不相关时可能会被放大,导致失落甚至想要辞职。在这种情况下,思考以下关键问题是很有必要的。

第一,开展职业发展的自我探索。职业发展本质上是一个不断探索和尝试的过程。没有人能在职业生涯的起点就明确自己适合哪种职业。因此,应该以开放和积极的心态去融入社会、参与团队合作,并在实践中不断摸索。通过实习、项目合作、职业测评等方式,逐步了解自己的兴趣、能力和价值观,从而找到真正适合自己的职业方向。

第二,重视第一份工作。第一份工作是迈入社会的重要起点。它不仅是职业发展的开端,也是塑造职业素养和积累实践经验的关键阶段。在第一份工作中,可以学习到职场的基本规范、培养解决问题的能力、建立初步的人脉关系等。

第三,对工作保持敬畏之心。每一份工作都有其独特的价值和意义。无论是高薪的写字楼工作,还是基层的技术岗位,都值得尊重。心怀敬畏,才能在工作中发现价值,体会成就感。这种敬畏之心不仅是对工作的尊重,也是对自己职业发展的负责。

第四,持续优化工作方法。在职场中,效率和质量是衡量工作表现的重要标准。

主动改进工作方式、提升工作效率，不仅能更好地展现个人能力，还能在工作中获得更多的成就感和满足感。

第五，保持持续学习的态度。职场环境变化迅速，持续学习是应对变化、提升竞争力的关键。只有保持学习的态度，不断更新知识体系，提升专业技能，才能在职场中保持竞争力，适应不断变化的工作需求。

在面对职业困惑和不满时，不妨先认真思考上述关键问题。通过理性分析，清晰地认识自己的职业现状。

明尼苏达工作适应论提出，工作稳定与满意源于个人能力与岗位要求、个人需求与组织回报的持续双向匹配。它不仅是职业选择的理论基石，更是指引我们动态调整、主动适应，在职场中实现个人价值与组织目标共赢的实用框架。

扫一扫，了解详情

（一）树立良好的职业形象

职业形象是职场中的个人名片，它不仅关乎外在表现，更体现了内在素养。良好的职业形象如同个人品牌，彰显着你的价值，对职业发展至关重要。

1. 注重第一印象

职场新人要将入职后首个独立任务打造为“形象工程”。无论是第一次接受任务、发言，还是出差、写计划、组织会议，都要认真准备，精心完成。在接受任务时，仔细理解任务要求，制订详细计划，确保每个环节都到位；在发言前，梳理思路，准备好观点和材料，确保表达清晰、有条理。外貌方面，保持整洁得体，符合职场规范。男职员可穿整洁衬衫配合适裤子，女职员可选职业套装或简约连衣裙，展现专业干练。

2. 提升专业能力

不断学习和提升与工作相关的专业知识和技能，确保能够高效、准确地完成工作任务。通过参加培训、阅读专业书籍和文献、向同事请教等方式，让自己在专业领域逐渐崭露头角，使专业形象深入人心。制订学习计划，每周安排固定时间进行专业学习和技术提升。可以利用周末参加线上或线下的专业课程培训，或到图书馆查阅专业书籍。关注行业动态，订阅行业杂志或专业机构发布的报告，及时了解最新的技术和发展趋势。遇到问题时，主动向领导和同事请教，寻求帮助，不断提升自己的专业能力。

3. 保持职场礼仪

在职场中，保持良好的礼仪是体现个人修养的重要方式，也影响着他人对你的看法。遵守公司的规章制度，按时上下班，不迟到、不早退。开会时，不要随意打断他人发言,认真倾听并积极参与讨论。使用文明用语,避免粗俗或不当的言语。与同事和客户交流时,保持礼貌和尊重,展现良好的职业素养。遇到同事或领导时主动问候,使用“您好”“请”“谢谢”等礼貌用语;在邮件往来中,注意邮件格式和语气,保持专业和礼貌。这些细节不仅能够提升个人形象,还能营造和谐的工作氛围,促进团队合作和工作效率的提升。

(二)融入职场文化

1. 理解公司价值

公司价值是企业的核心灵魂,贯穿于企业的所有活动和决策之中。新人要通过多种方式深入理解公司的使命、愿景和价值观。首先,仔细阅读公司手册,这是了解公司历史、文化和发展战略的直接途径。其次,积极参加新职场人培训,这是系统学习公司文化的重要机会。此外,还可以参与公司组织的文化活动,如年会、团建等,这些活动能够让你亲身体验公司文化的魅力,加深对公司的认同感和归属感。在日常工作中,要将公司的价值观融入自己的行为中。图 7-2 为企业文化的基本层级图。

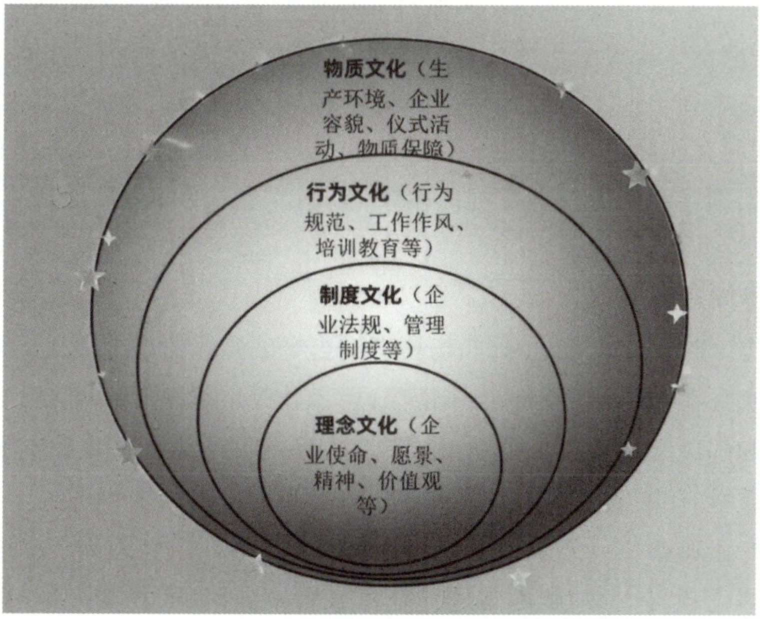

图 7-2 企业文化的基本层级

2. 适应工作节奏

每个团队都有其独特的工作方式和节奏,适应团队的工作节奏是融入职场的关键一步。首先,要与同事进行充分的交流,了解团队的工作模式,包括工作时间的安排、任务的分配方式、会议的频率以及沟通的主要渠道等。观察团队成员的工作习惯和流程，学习他们的优点和经验。根据团队的工作方式，及时调整自己的工作态度和方法，通过与团队保持一致的工作节奏，能够提高工作效率，减少不必要的摩擦和误解，更好地实现团队目标。

3. 参与团队建设

积极参与团队建设活动是融入职场文化、建立良好人际关系的重要途径。公司通常会组织各种形式的团队建设活动，如聚餐、拓展训练、文体比赛等。这些活动为职场人提供了一个轻松愉快的交流平台，有助于打破工作中的隔阂，增强团队凝聚力。在活动中，要主动与同事交流互动，分享自己的兴趣爱好和工作中的点滴，同时也要关心了解同事的性格特点和兴趣爱好。通过这些互动，可以建立起真诚的友谊和互信，为日常工作中的合作打下坚实的基础。此外，积极参与团队建设活动还能展现你的团队精神和积极向上的态度，提升你在团队中的形象和影响力。

（三）尽显自己的才华

1. 积极承接任务

在职场环境中，主动承接任务是展现个人能力和价值的关键途径。面对工作中的挑战，职场新人应当持有积极主动的态度，主动向领导和团队成员请求承担任务，特别是在自己具有专业优势或个人兴趣的领域。主动参与任务能够充分发挥个人的专业技能，同时在实际工作中不断学习新知识、提升自身能力。此外，积极主动的工作态度能够给领导和同事留下良好的印象，为个人未来的职业发展积累宝贵的经验和认可。

2. 创新性问题解决

当在工作中遇到各种问题时，职场新人应当突破传统的思维模式，勇于提出具有创新性的解决方案。结合实际的工作情况，思考并提出新颖的解决办法，以此展示自己灵活应对和解决复杂问题的能力。创新性的解决问题方法不仅能够有效提升工作效率和成果质量，还能为公司创造新的商业机会和竞争优势。

3. 分享专业观点

在团队讨论项目方案、技术难题或业务发展方向时，职场新人应具备足够的自信，积极发表自己的专业观点和建议。通过分享个人的专业知识和实践经验，不仅能够协助团队找到更优的解决方案，也能够让同事和领导认识到个人的专业能力和独特的思考方式。在团队讨论中积极贡献自己的智慧，能够促进团队成员之间的深入交流与协作，共同推动项目的顺利进行，同时也能够增强个人在团队中的影响力和价值。

（四）成为高效能的职场人

1. 目标管理能力

大学毕业生踏入职场，首要任务是学会目标管理。运用 SMART 原则设定目标，能确保目标具体、可衡量、可实现、相关且有明确完成时限。制订详细行动计划，把长期目标拆解为多个短期可执行的任务，定期检查目标进展，及时调整策略，确保始终与职业发展方向保持一致。

2. 决策与解决问题能力

果断决策和有效解决问题的能力是高效能职场人的核心素质。决策时，他们会全面收集相关信息，深入分析各种选择的利弊，同时考虑潜在风险与收益，并借鉴过往经验。遇到问题时，能保持冷静，运用严谨的逻辑思维和创新意识寻找切实可行的解决方案。当项目进度出现延迟迹象时，他们能迅速且精准地找出根本原因，通过灵活调整资源分配或优化流程等措施，确保项目按计划推进。

3. 高效沟通协作能力

良好的沟通和团队协作能力对职场新人至关重要。要能够敏锐地洞察不同沟通对象的风格，并灵活调整自己的沟通方式。在交流中，注重积极倾听，确保准确理解对方意图，并及时给予恰当反馈。在团队合作项目中，明确成员的角色和任务分工，建立相互信任和支持的团队氛围。参与跨部门合作时，主动与各方保持密切沟通，及时分享关键信息，携手攻克项目难题，有力推动项目向前发展。

> 职场中，高效沟通至关重要。高效沟通绝非能说会道，而是精准传达信息、深度理解对方、并推动目标达成的关键能力。掌握核心技巧，消除误解内耗，提升协作效率，建立信任关系，让你的每一次对话都成为推动目标实现的加速器！
>
> 扫一扫，观看视频

4. 抗压与情商管理能力

职场压力无处不在，新人须具备抗压和情商管理能力。面对高强度的工作任务和紧迫的时间节点，职场新人能以积极心态应对，运用有效的压力管理策略，如合理规划时间、适当进行自我调节等。同时，还要善于管理自身情绪，展现高度的情商素养，在与同事的日常互动中，能够设身处地理解他人感受，妥善处理人际关系，营造和谐融洽的共事氛围，为团队合作和项目推进提供坚实保障。

5. 学习创新能力

在知识更新换代迅速的当下，持续学习和创新是职场人保持竞争力的关键所在。作为职场新人，我们更应时刻关注行业最新动态，积极参加各类培训课程和学习活动，勇于尝试新技术和新方法，不断拓宽自身知识边界。在创新方面，能够突破传统思维模式的束缚，提出新颖独特的想法和解决方案，积极探索工作流程的优化路径，为企业业务的创新发展注入源源不断的活力。

【成长小故事】

小陈是机械制造专业高职生，进入一家机械加工厂工作。起初，他只能从事简单的零件加工操作。但小陈有明确职业目标，想成为机械设计工程师。他白天认真完成本职工作，晚上参加机械设计的线上课程学习，周末还去参加专业培训。经过三年努力，他成功设计出一款新型机械零件，提高了工厂生产效率，也因此晋升为设计助理，开启了职业发展新征程。

思考 1：小陈为实现职业发展目标采取了哪些行动？

思考 2：结合自身专业，谈谈如何制定并实现职业发展目标。

四、职业成功与可持续发展

（一）职业发展的通道

职业发展通道为职场人提供了多样化的晋升路径和成长机会，主要分为以下几种类型。

1. 传统职业发展通道

传统职业发展通道呈现单一纵向模式，要求职场人从低层岗位逐级晋升，例如从专员到高级专员，再到主管、经理，直至高层管理职位。这种模式强调在每个岗位积累经验、掌握技能，为更高层次的工作做准备。以成为部门经理为例，通常需要先担任主管，熟悉团队管理流程并提升领导能力。然而，传统职业发展通道也存在局限性，主要体现在职业发展路径过于单一，仅限于管理方向，可能限制个人的多元发展。

2. 横向职业发展通道

横向职业发展通道允许职场人在相近层次或不同部门间横向移动，目的是丰富工作经验、提升工作热情和综合能力。比如，员工可以从市场部调至销售部进行轮岗。这有助于拓宽职场人的视野，使他们更全面地了解组织运作，为企业培养复合型人才。但横向移动可能延缓晋升速度，需要平衡个人发展意愿与组织需求。

3. 多重职业发展通道

多重职业发展通道结合了传统纵向和横向通道的特点，职场人既可以在组织内纵向晋升，也可以横向转移，增加了发展的灵活性和多样性。例如，先在某一部门纵向晋升，再横向转移到其他部门。不过，这种灵活性可能导致管理复杂性增加，职场人可能因过于关注岗位转换而忽视对当前工作的深入钻研。

4. 双重职业发展通道

为职场人提供了管理类和专业类两条发展路径（图 7-3）。管理路径侧重于培养领导能力和团队管理技能，而专业路径则侧重于专业技能的深化和提升。职场人可以根据自身兴趣和能力选择合适的方向，比如技术专家可继续深耕技术领域，而不必转向管理岗位。这种模式有助于提高工作满意度和忠诚度，促进个人与组织的共同发展。

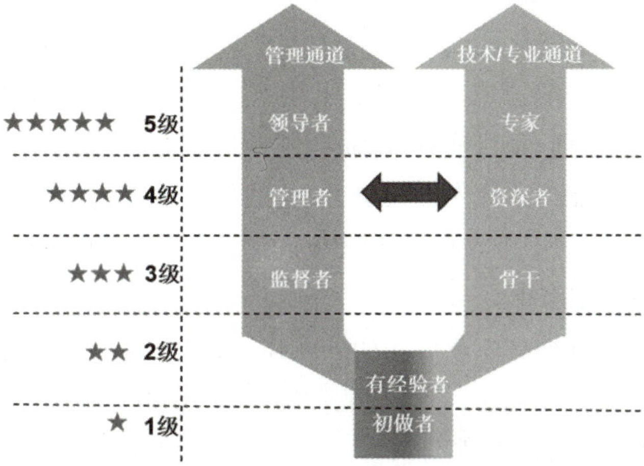

图 7-3 双重职业发展通道

（二）职业成功的标准

职业成功是一个多维度的概念，涵盖了个人在职业发展中所取得的成就和满足感。对于职场新人来说，了解职业成功的标准，能够帮助你更好地规划自己的职业道路，明确努力的方向，逐步实现自己的职业目标。以下是职业成功关键标准。

1. 职业发展与晋升

职业发展与晋升是职业成功的重要显性标志，它直观展现了个人在组织中的成长轨迹与价值认可。这一要素体现在两个层面：一是职位层级的提升，从基层岗位逐步向管理岗位或专家岗位进阶，承担更复杂的职责与更高的工作要求；二是职业领域的拓展，通过轮岗、跨项目实践等方式，接触不同类型的工作内容，拓宽职业视野与发展空间。

2. 薪资与福利

合理的薪资与完善的福利体系是职业成功在经济层面的重要体现，反映了个人价值与市场需求的匹配程度。个人应获得与自身能力、工作表现和市场价值相匹配的薪资待遇。此外，完善的社会福利体系，如保险、公积金、带薪休假等，体现了企业对职场人的关怀与尊重，是职业成功的重要组成部分。好的薪资和福利不仅能提高生活质量，还能增强个人对工作的满意度和忠诚度。

3. 工作满意度与团队氛围

积极的工作体验是职业成功不可或缺的组成部分，直接影响个人的职业幸福感与工作投入度。从事与个人兴趣、专业能力相匹配的工作，能够激发工作热情，提升工作主动性与创造力。同时，良好的团队氛围以尊重、包容、高效沟通为基础，不仅能提升工作效率，还能增强职场人的归属感与职业幸福感，形成良性的职场生态。

4. 个人成长与技能提升

持续的自我提升是职业成功的核心驱动力，也是个人保持职场竞争力的关键。通过在职学习、技能培训、项目实践等方式，不断更新专业知识，掌握行业前沿技术，提升解决实际问题的能力。除专业技能外，沟通能力、团队协作能力、问题解决能力等通用技能的提升，有助于个人在复杂职场环境中灵活应对挑战，实现全面发展。

5. 社会认可与行业声誉

社会认可与行业声誉是职业成功的外在体现，反映了个人在行业内的影响力与价值贡献。通过发表专业见解、参与行业标准制定、获得专业奖项等方式，在行业内树立专业形象，赢得同行的尊重与认可。此外，也可以通过工作成果为社会创造价值，获得社会层面的认可，实现个人价值与社会价值的统一。

6. 生活平衡与身心健康

实现生活与工作的平衡，保持身心健康，是职业成功的最终目标与可持续发展的基础。合理分配工作与生活时间，避免过度劳累，确保有足够的时间用于家庭、休闲与自我提升。同时，保持身心健康是享受生活和工作的前提，也是个人能够持续职业发展的基础。注重身体锻炼、心理调适，能够提高个人的生活质量，增强抵御压力的能力，从而更好地应对职业生涯中的各种挑战。

（三）职业成功的条件

1. 目标明晰

明确的职业目标是职业发展的起点和方向，有助于集中精力和资源，避免盲目行动和资源浪费。进行自我评估，通过职业测评和反思，了解个人兴趣、价值观、优势和劣势。例如，如果喜欢与人交流且具备良好的沟通能力，可考虑市场营销或人力资源领域；制定 SMART 目标，确保目标具体、可衡量、可实现、相关且有时限，将长期目标细化为短期和中期目标，制订具体行动计划。

2. 专注执行

专注是将计划转化为实际成果的关键,要求在工作或学习中保持注意力集中,全力以赴。制订详细的工作计划,为每个工作日或项目列出待办事项和优先级,可以使用时间管理工具如番茄工作法,提升专注度和效率。减少干扰因素,在工作环境中关闭无关软件通知,设置特定时间段处理邮件和消息,保持专注。培养深度工作习惯,安排连续时间段专注于重要任务,避免频繁切换任务导致的注意力分散。

3. 拥有毅力

毅力是在面对困难和挫折时坚持不懈的能力,是保持前进动力的关键。培养成长型思维,相信个人能力可以通过努力提升,将失败视为学习和成长的机会。将"我做不到"改为"我暂时还没做到,但我会继续努力"。设定小目标与奖励机制,在实现长期目标的过程中,设定小目标并给予自己奖励。寻找榜样激励,关注行业内成功人士的故事,从中汲取力量和灵感。

4. 终身学习

在快速变化的社会中,持续学习是适应职场变化、保持竞争力的关键。通过不断学习新知识和技能,拓宽视野,提升个人价值,为职业发展注入源源不断的动力。制订学习计划,每周安排固定时间进行专业学习和技术提升。可利用周末参加线上或线下的专业课程培训,或到图书馆查阅专业书籍。拓宽学习渠道,关注行业动态和市场趋势。可以通过订阅行业杂志、关注专业机构发布的报告,以及参加行业研讨会和论坛来实现。学以致用,主动申请参与新项目,将所学知识应用于实践。

5. 求变创新

创新是推动职业发展和个人成长的重要动力,在竞争激烈的职场中备受重视。培养创新思维,定期进行头脑风暴,提出新想法和解决方案。例如,在团队会议中组织创新点子分享环节,激发集体创造力。关注行业前沿,了解行业内最新技术应用和创新趋势,尝试将其引入工作。勇于尝试新事物,主动请缨负责新业务或项目,积累经验。

成长思辨台

1. 回顾自己以往实习或兼职经历,分析自己在职场适应方面表现如何,还存在哪些不足?

2. 结合自己所学专业,分析未来职业发展可能面临的挑战和机遇。

技能小挑战

挑战 1:入职第一天

目标:

1. 体验职场中的沟通、协作与问题解决流程。

2. 培养团队协作意识与角色适应能力。

时间:30 分钟。

准备:

1. 课件(展示角色分配表,每场景设置 3~4 个角色)

2. 场景卡片

新人入职:新职场人首次参加部门会议,需自我介绍并理解团队目标。

团队会议:项目进度滞后,团队成员需协商解决方案。

客户沟通:客户对产品不满,需安抚情绪并提出改进方案。

3. 观察反馈表:包含"沟通能力""团队协作""问题解决"3 项评分维度,供观察员使用。

流程:

Step 1 小组分工(5 分钟)。

① 5~6 人一组,抽签确定场景与角色。

②教师简要说明场景背景与角色目标(如"客户沟通"场景需达成投诉处理共识)。

③小组内分配角色(扮演者、观察员),观察员填写反馈表。

Step 2 角色扮演(5~20 分钟)。

①按场景设定进行角色扮演,重点模拟职场互动。

②观察员记录角色扮演中的问题,注意观察扮演者的沟通能力、团队协作和问题解决等方面的表现。

Step 3 总结与分享(20~25 分钟)。

①每组观察员汇报反馈表,指出亮点与改进点。

②演员分享角色扮演过程中的感受和体会,反思自己在沟通、协作和解决问题方面存在的不足。

③全班围绕角色扮演中的常见问题展开讨论,总结问题解决的最佳实践和建议。

挑战2:职场竞争适应度测试

独立完成如下测试题,然后与同学讨论如何提高自己的职场竞争力。

如今,竞争可以说是无所不在。无论是在学校还是在职场,你都要面对各种各样的竞争。

下面这套测试题,能带你初步测试自己的党争指数有多高,能否应对日趋激烈的职场。在下面括号中填入代表选项的字母。

1. 我喜欢和大家一起工作,因为这样可以互相帮助。(　　)

A. 完全不是　B. 不太一样　C. 一般　D. 很像　E. 完全一样

2. 看到别人开好车,会让我想要超越对方,想要买辆更好的车。(　　)

A. 完全不是　B. 不太一样　C. 一般　D. 很像　E. 完全一样

3. 我总想比同事穿戴得更好。(　　)

A. 完全不是　B. 不太一样　C. 一般　D. 很像　E. 完全一样

4. 看到老朋友比我成功,会激励我更加努力。(　　)

A. 完全不是　B. 不太一样　C. 一般　D. 很像　E. 完全一样

5. 我不会拿自己和别人相比来衡量自己是否成功。(　　)

A. 完全不是　B. 不太一样　C. 一般　D. 很像　E. 完全一样

6. 有人向我提问时,即使不懂也要装懂。(　　)

A. 完全不是　B. 不太一样　C. 一般　D. 很像　E. 完全一样

7. 我不希望与比我强的人一起共事。(　　)

A. 完全不是　B. 不太一样　C. 一般　D. 很像　E. 完全一样

8. 对于我了解的事,最讨厌有人不懂装懂,在我面前班门弄斧。(　　)

A. 完全不是　B. 不太一样　C. 一般　D. 很像　E. 完全一样

9. 我最得意的是有个工作能力出众的同事与我关系密切。(　　)

A. 完全不是　B. 不太一样　C. 一般　D. 很像　E. 完全一样

10. 我最讨厌别人说:“凡事不必太要强,不必凡事都争出头。”(　　)

A. 完全不是　B. 不太一样　C. 一般　D. 很像　E. 完全一样

11. 我认为比我成功的人不会事事都称心如意,所以对他们的成功不以为然。(　　)

A. 完全不是　B. 不太一样　C. 一般　D. 很像　E. 完全一样

12. 如果能获得特别的肯定,我乐意做个工作狂。(　　)

A. 完全不是　B. 不太一样　C. 一般　D. 很像　E. 完全一样

13. 即使周围的人都想表现,我也觉得做好本职工作就可以了。(　　)

A. 完全不是　　B. 不太一样　　C. 一般　　D. 很像　　E. 完全一样

14. 当事情变得越来越棘手时,我会考虑争强好胜是否值得。(　　)

A. 完全不是　　B. 不太一样　　C. 一般　　D. 很像　　E. 完全一样

15. 如果觉得不可能获胜,我会选择放弃参与。(　　)

A. 完全不是　　B. 不太一样　　C. 一般　　D. 很像　　E. 完全一样

16. 人生有太多比争强好胜更重要的事情。(　　)

A. 完全不是　　B. 不太一样　　C. 一般　　D. 很像　　E. 完全一样

17. 我不认同把别人踩在脚下而获得成功的做法。(　　)

A. 完全不是　　B. 不太一样　　C. 一般　　D. 很像　　E. 完全一样

计分方法:A=5 分:B=4 分;C=3 分;D=2 分;E=1 分。将以上题目的得分累加,得到总分。

25~35 分:你的职场竞争心不强,并强烈地害怕失败。这种害怕和伴随而来的焦虑,极可能就是你不愿意竞争的原因,也将成为你职业发展的最大障碍,建议你放开手脚,从实现眼前多个目标开始,一步步达到最后的成功。

36~49 分:你觉得参与竞争太过辛苦,所以尽可能避免职业上的竞争,这只是你的惰性。你应该把自己的竞争优势拿出来,仔细分析是否有实力参与竞争,你会发现,自己还是有潜力的。

50~65 分:你在职场上不会事事与人竞争,通常视情况来决定是否参与竞争。如果成功足以吸引你,如获得报酬、奖赏、荣誉等,就会让你想参与竞争。参与竞争的原因并不重要,关键在于你如何把握,不要有太多功利心。

66~79 分:你性格开朗,见解独特,好胜心强,喜欢受人关注,喜欢追求成功。对你来说,竞争是一种生活态度。因此,你通常很注意自我形象,有坚定的信心,也愿意为成功而努力,而且成功率较高。

80 分以上:你是竞争爱好者,对你来说,竞争的过程比赢得胜利更为重要。这种好斗的性格,虽然能使你在职场竞争中获得强大的动力,但也容易因此失去朋友。

挑战 3:职业价值观拍卖会

目标:

1. 通过群体互动观察价值观多样性。

2. 培养尊重差异的职场包容心态。

时间:20 分钟。

准备:PPT(展示 10 种职业价值观)、便笺纸和笔。

流程:

Step 1 规则说明(5 分钟)。

① 6 人一组。

②每个买家手中有 1000 万元虚拟货币,它代表一个人一生的时间和精力。每个人可以根据自己对人生的理解竞拍自己最喜欢的商品。

③ 100 万元起拍,每次加价不少于 50 万元。出价最高者拍卖师确认三次后成交,三次后再加价无效。

④拍卖过程不可逆,大家要想好自己要买的物品哦!每组分别安排一名同学负责担任拍卖师(该名同学不参与竞拍),安排一名同学负责核对本组所有同学最终拍得物品以及所消耗货币是否正确组活动。

Step 2 分析与讨论(5~15 分钟)。

有没有无人竞拍的商品或者什么都没有买到的同学?分析原因。

Step 3 总结与分享(15~20 分钟)。

随机邀请 3~4 名拍得者说明选择理由。

本章凝萃

职场进阶就像一场充满挑战的升级打怪之旅！从学生到职场人的转变，是我们人生中的重大“战役”，需要我们做好万全准备，完成这场关键的“角色蜕变”。

在进阶之路上，我们首先得武装好自己，理解职业生涯的规律，掌握心态塑造的秘籍，培养积极的职场心态。这就好比练武之人先要扎稳马步，只有打好基础，才能在后续的挑战中稳如泰山。

在职场中，我们要像勇敢的探险家一样，面对复杂的人际关系、高强度的工作任务等未知“丛林”，保持好奇心与勇气。同时，我们也要学会灵活运用各种武器，比如时间管理四象限法、番茄工作法等技巧，这些就是我们的“倚天剑”和“屠龙刀”，助力我们在职场中披荆斩棘。

记住，职场之路不是一蹴而就的，它是一个持续成长的过程。我们可能会遇到“怪兽”般的难题，也可能会陷入“沼泽”般的困境，但每一次克服困难，都是一次宝贵的历练。保持行动与反思的循环模式，就像游戏里的存档与读档功能，不断总结经验教训，升级自己的能力。

最终，我们会发现，这段旅程不仅是为了薪资和职位的提升，更是为了实现自我价值。在职场中探索、成长，最终达到“修身、立业、济世”的境界，开启属于自己的职业辉煌篇章！